古典文獻研究輯刊

二四編

潘美月・杜潔祥 主編

第 **2** 冊

詩經斠詮評譯（二）

蔡 文 錦 著

國家圖書館出版品預行編目資料

詩經斠詮評譯（二）／蔡文錦 著 -- 初版 -- 新北市：花木蘭
文化出版社，2017〔民106〕
目 4+226 面；19×26 公分
（古典文獻研究輯刊 二四編；第 2 冊）
ISBN 978-986-404-988-2（精裝）
1. 詩經 2. 注釋 3. 研究考訂
011.08   106001862

ISBN-978-986-404-988-2

9 789864 049882

古典文獻研究輯刊
二四編　第 二 冊　　　　　ISBN：978-986-404-988-2

詩經斠詮評譯（二）

作　　者　蔡文錦
主　　編　潘美月　杜潔祥
總 編 輯　杜潔祥
副總編輯　楊嘉樂
編　　輯　許郁翎、王筑　美術編輯　陳逸婷
企劃出版　北京大學文化資源研究中心
出　　版　花木蘭文化出版社
社　　長　高小娟
聯絡地址　235 新北市中和區中安街七二號十三樓
　　　　　電話：02-2923-1455／傳真：02-2923-1452
網　　址　http://www.huamulan.tw 信箱 hml810518@gmail.com
印　　刷　普羅文化出版廣告事業
初　　版　2017 年 3 月
全書字數　915287 字
定　　價　二四編 32 冊（精裝）新台幣 62,000 元

版權所有·請勿翻印

詩經斠詮評譯（二）

蔡文錦 著

目次

卷五　國風五

衛　風

《漢志》：周滅殷，分殷畿內爲邶、鄘、衛三國。衛，相當於以今河南省鶴壁市淇濱區爲中心的豫北地區，安陽、濮陽、滑縣、淇縣等。《衛風》是衛國的民歌選集，《淇奧》頌美衛武公，《考槃》寫隱士，《碩人》美名媛，《氓》刻畫了由陷入初戀不能自拔、遭棄後自寬的棄婦的典型形象，《竹竿》《河廣》寫思歸，《芄蘭》寫初戀者男士突然長大成人不理自己的痛苦，《伯兮》寫刻骨相思，《有狐》寫怨曠，《木瓜》寫兩情相悅後的贈答，《淇奧》《碩人》垂之久遠，《邶風》《鄘風》《衛風》，衛國的民歌，《齊傳》《漢書·地理志》三監叛，周公誅之，盡以其地封弟康叔，故邶、鄘、衛三國之詩相與同風。衛頃侯（前866～前855）並邶、鄘。所以《左傳·襄29》吳公子季札請觀於周樂，「爲之歌《邶》《鄘》《衛》，曰：『美哉！淵乎！憂而不困者也。吾聞衛康叔、武公之德如是，是其《衛風》乎？」《左傳·襄31》北宮文子引《衛詩》曰：「威儀棣棣，不可選也。」（今本則在《邶風》）

淇奧〔淇隩〕

瞻彼淇奧〔隩澳〕，

〔中州太奇妙，太驚豔〕
遙看那淇水，酷如太極陰陽魚，

綠〔菉〕竹〔蓁薄〕猗猗。
有匪〔邲斐〕君子，
如切〔鱪〕如磋〔瑳〕。
如琢〔磨錯〕如磨〔錯摩礰〕。
瑟兮僩兮！
赫兮咺〔愃喧煊宣〕兮！
有匪〔邲斐〕君子，
終不可諼〔萱諠藼萲蕿〕兮！〔1〕

王芻萹苨葱青，
斐斐然有德性有文采的君子啊，
如切磋象牙砥礪節行，
如琢磨寶石道德規範！
內心完善縝密莊嚴，
光明正大威儀豈一般！
如此斐斐然的君子啊，
永不可忘，鏤諸心版！

瞻彼淇奧〔陳澳〕，
綠〔菉〕竹〔蓁薄〕青青〔菁〕。
有匪〔邲斐〕君子，
充耳琇〔璓〕瑩〔螢〕，
會〔冠驗璯〕弁如星。
瑟兮僩〔擱〕兮，
赫兮咺〔宣愃煊〕兮，
有匪〔邲斐〕君子。
終不可諼〔萱諠藼萲蕿〕兮！〔2〕

遙看那淇水，酷如太極陰陽魚，
王芻萹苨菁菁，
斐斐然有德性有文采的君子啊，
美石當耳瑱晶晶瑩瑩，
冠弁會縫處寶石耀如星。
內心完美縝密莊嚴，
光明正大威儀豈一般！
如此斐斐然的君子啊，
永不可忘，鏤諸〔3〕心版！

瞻彼淇奧〔陳澳〕，
綠〔菉〕竹〔蓁薄〕如簀〔積〕。
有匪〔邲斐〕君子，
如金如錫，
如圭〔珪〕如璧〔臂〕。
寬〔綰裛〕兮〔旖〕綽〔鵗婥〕兮，
倚〔猗〕重較〔車爻〕兮。
善戲謔兮！
不為虐兮！〔3〕

遙看淇水如太極陰陽魚，
王芻萹苨碧青，
斐斐然有德性有文采的君子啊，
金錫般精純的心性，
圭璧般溫潤的為人，
寬宏大度！
依在重較一邊，
善於跟咱戲謔幽默，
並無粗俗刻毒的那般！
永不可忘，鏤諸心版！

【詩旨】

案：衛武公和，前 812～前 758 年在位，據《史記·衛康叔世家》在前 758 年，衛武公佐周平王平戎，甚有功，封卿士，開創了「百姓和集」的政治大局，乃至 95 歲時尚求諫於國乃至卿以下至師長、士，無謂我老髦而捨我，必朝夕以交戒國，訓導我。國人頌其德，讚揚衛武公能受人規諫、攻錯以成

其大德，而賦《淇奧》。此詩從軍政、道德、威儀、文采乃至幽默，多側面歌頌作爲著名政治家的美德，《孔叢子・記義》引孔子云：「於《淇澳》，見學之可以爲君子也。」

　　《魯說》《史・衛世家》：「武公即位，修康叔之德，百姓和集。四十二年，犬戎殺周幽王，武公將兵往佐周平戎，甚有功。周平王命武公爲公。」劉向《說苑・建本》徐幹《中論・修本》論述其修德聞道與親賢問學。

　　《韓說》《外傳》2、9主張「內明於去就之義」、「君子尊賢而容眾」。

　　《齊說》《大學》「《大學》之道，在明明德，在親民，在止於至善。……道得眾則得國，失眾則失國。……《詩》云：『瞻彼淇澳，菉竹猗猗。有斐君子，如切如磋，如琢如磨。瑟兮僩兮，赫兮喧兮。有斐君子，終不可諠兮。』『如切如磋』者，道學也。『如琢如磨』者，自修也。『瑟兮僩』兮者，恂慄也。『赫兮喧兮』者，威儀也。『有斐君子，終不可諠兮』者，道盛德至善，民之不能忘也。」

　　《毛序》：「《淇奧》，美武公之德也，有文章，又能聽其規諫，以禮自防，故能入相于周，美而作是詩也。」

【校勘】

　　〔1〕案：《魯》《漢石經魯詩校記》《釋丘》《疏》《釋水疏》《釋文》引《齊》隩，《說文》《中論・虛道》《大學》《左傳・昭2》《英》4/223、《灢水注》、《毛詩音》《唐抄文選集注》《群書治要》澳。案：本字作隩，校釋此字應依據淇水在河南淇縣一帶，航拍圖片呈陰陽太極魚形，淇水曲深，隈曲，隩 yù，奧讀如隩，澳同。本字作菉，《毛》綠、竹，《三家》《釋草》《離騷》注《說文》《大學》《水經注》菉，《英》4/223 s2729/7 班彪《遊居賦》綠，綠通菉。《魯》《漢石經》《說文》《韓》薄，《定聲》薄又作葍，竹通薄，葍，或體。宋・程大昌據《史記》漢世河役云作「綠竹」不誤。本字作斐，《三家》《荀・大略》《釋訓》《列女傳》《齊》《大學》《眾經音義》9、《說苑・建本》《正義》斐，《韓》邲，《毛》匪，匪邲通斐。《釋言》引《三家》斐，匪讀斐，文章貌。《魯》《釋器》釋文《說文》𥫃𥫗，《毛》切，《釋器》釋文：切，本或作𥫃𥫗。切通𥫃𥫗。案：本字作瑳，《三家》《說苑・建本》《韓詩外傳》2《說文》瑳，《說文》有瑳無磋，《大學》《台》121/517、《讀詩記》《補亡詩》李注引《毛》岳珂本作瑳，《唐石經》磋，俗字。《荀・大略》《列女傳・班婕妤》《風俗通義》「如琢如磨」，清・宋綿初考證：「磨」「錯」當上下互易以諧韻，《韓》本作『如錯

如磨」，《外傳》今本並作「琢」，後人順毛而改。晉‧束皙《補亡詩》「粲粲門子，如磨如錯」，《御覽》764引《韓》：「如磨如錯」。磨，古字作礳，《說文》礪，《魯》《齊》《大學》《考文》《說文》《玉篇》《玄應音義》10引《爾雅》作礳。《毛》瑟，《定聲》瑟通惢。《毛》僩，《爾雅‧釋文》僩，本或作撊，《廣雅》撊，僩通撊。本字作愃，《魯》《列女傳》《釋訓》《廣雅‧釋詁》《禮部增修韻略》《韻會》烜，《大學》《易林‧坤之巽》咺，《釋訓》釋文：「烜者，光明宣著」，《疏證》：「烜，宣明」，赫烜，連語，S2729/7咺。《毛》咺，《齊》喧，《韓》宣亦作愃，《三家》《說文》愃。喧咺愃與烜字異音義同。《玉篇》《釋文》諼，本又作萱，《列女傳‧班婕妤》《毛》《英》4/223諼，《說文》諼，因音同而用假借義，《疏》：「諼訓為忘，非草名。」《齊》《大學》諠，《漢平輿令薛君碑》愃，《說文》藼，云：令人忘憂也。古字又作蕿萲蘐，謝惠連《西陵遇雨獻康樂》李注引《韓》、蘇頌《圖經》作萱。蕿、蘐、萱、萲、諠、愃蘐通諼。

〔2〕青讀作菁。《釋文》本或作菁。《唐石經》《毛》琇瑩，《三家》《說文》琇，琇是琇的隸省。P2529琇螢，螢讀如瑩。案：本字作襘，《唐石經》日刊本《毛》會，《魯》《呂覽‧上農》高注作冠，《三家》《說文》《五經文字》襘，會是襘之省。《釋文》會，本又作璯。璯檜會讀如襘。

〔3〕《毛》「綠竹如簀」，《西京賦》李注引《韓詩章句》「簀，綠薄盛如積也」，簀通積。案：本字作圭，《毛》圭，《阜》S064作圭，《說文》《考文》P2529珪，珪古字。《毛》璧，《阜》S065作臂，讀如璧。《毛》寬兮綽兮，《慧琳音義》79引、《韓》婥，《玉篇‧系部》引《韓》綽或作緯婥，《阜》S065作裒旖綽旖，《說文》寬緯，《晉姜鼎》綽綰，字異而音義同。旖即猗，同兮。本字作猗，《毛》倚，《唐石經》《白文》猗，《阜》S065依，P2529猗，《三家》宋本《正義》《西京賦》注引、《荀子‧非相》注、《論語‧鄉黨》疏、《通鑒》胡注、《曲禮》《疏》、《說文繫傳》、《考文》倚。猗通倚。《毛》較，《說文》較，同。

【詮釋】

〔1〕案：淇，源出河南省林州市東南，經今衛輝市淇門鎮流入黃河，淇水航拍照片呈太極陰陽魚圖形。該水已有五億多年歷史，素有「水影山光，勝過桃源」、「北國灘江」之稱。隩 yù，水灣。綠，菉 lù，王芻。薄 dú，扁竹，蓼科，全草入藥。猗猗阿阿 ēē，美盛貌。案：匪，（古）幫微；斐，（古）並

微；邲，（古）幫質。幫、并鄰紐，質、微通轉，匪邲通斐。有斐，斐斐 fěifěi，文治之功，文采、道德之美。詩人倡導道德美。商、周是中國絲文化、玉文化的成熟期。切，切象牙象骨；瑳，剉平；琢，雕琢玉石；石靡 ，磨，磨礪。此處用喻，《大學》載《齊說》：「『如切如磋（《外傳》9 作瑳）』，道學也。『如琢如磨』，自修也。」「如切如瑳，如錯如磨」，對偶句。成語「如切如磋，如琢如磨」出此。瑟 sè，（古）山質；寨sè，（古）心職。山、心鄰紐，陰聲韻質職相轉，瑟通寨，內心完善誠實，嚴密矜莊。倜搁xiàn，寬和莊重貌。詩人倡導內心善良忠實美。案：赫烜 xuǎn，連語，正大光明有威信。《釋文》引《韓詩》：宣，顯也。《說文》愃 xuān，寬嫻（閑）心腹貌。《齊說》《大學》：「『瑟兮倜兮』者，恂慄（謹慎恐懼）也。『赫兮咺兮』者，威儀也。」詩人倡導內心美與儀表美的辯證統一。終，永遠。《魯說》《釋訓》：諼，忘。

韻部：猗、磋（瑳）磨，歌部。

〔2〕匪通斐，誼愃，萲通諼 xuān，忘。青通菁，菁菁然蔥綠茂盛貌。充耳，耳塡 tiàn。瑓瑩 xiùyíng，連語，似玉美石。弁 biàn，皮弁，鹿皮冠。鬠kuài，用象牙、象骨會總束頭髮，簪子，在會縫處綴上寶石，用骨器穿起頭髮。璯 huì，玉飾冠縫。

韻部：青瑩星，耕部；倜咺諼，元部。

〔3〕簀 zé，積 jī，疊韻通借，簀通積。用喻，道德的精純如金錫，爲人的寬厚如玉璧溫潤。珪 guī，長方形，上端呈三角形，下端正方形，珪、璧 bì，平而圓形玉器，正中有孔，朝聘、祭祀、喪葬時的禮器。綽 chuò，寬綽，寬裕，連語，寬宏大量。《韓》：柔貌。猗通倚。較jiào，重較，大夫所乘大車車箱兩旁板上的橫木，上有銅曲鉤，可以依靠。衛武公是卿士，可以乘重較之車。善，善於。案：謔，戲謔，雙聲詞，積極性幽默，善於用詼諧的語言。案：虐 nuè，消極頹廢性幽默玩笑。他絕不去作粗俗刻毒的幽默、玩笑。

韻部：簀錫璧，錫部；綽（綽婥）謔虐較，藥部。

【評論】

《論語・學而》「子貢曰：『貧而無諂 chǎn，富而無驕，何如？』子曰：『未若貧而樂，富而好禮者也。』」《魯說》《說苑・建本》：「學者所以反情、治性，盡才者也。親賢學問，所以長德也；論交合友，所以相致也。《詩》云：『如切如瑳，如琢如磨！』此之謂也。」《程氏經說》3，「首章言德美文章由善學自治而然。二章言其威儀之美，服飾之盛。三章言其成質之美，如金、錫、

圭、璧然。」《臆評》:「有道氣象,千古如見。」(《續修》58/187)《詩志》1,
「理致精微,神氣充悅。……通篇以比喻勝。德性學問之事最難寫,似非詩
家所長,此篇描寫武公,都有精理眞氣,細看純是一片神韻,何曾一字落板
腐也。……其體安以莊,其神鮮以暢,此《風》詩之近《雅》者。」《會通》:
「舊評云:通篇無一字腐,得法在用興、用比,用形容詠歎。末章就『寬綽』、
『戲謔』寫,尤妙!」案:此詩芳潤,鏤玉裁冰,多詩趣,刻畫衛武公的多
側面,君臣相親,有矜莊,有文德,又有天趣幽默,衛武公和(前 812～前
758 年在位)此詩歌頌了在淇水美麗的山光水色的背景中映襯的一位英武謹重
而儒雅,心地光明、文才風流、對人寬裕,還會積極性幽默的衛國衛武公的
意象,而且比《林語堂名著全集》(東北師範大學出版社,1994,273)所說
「莊子可稱爲中國之幽默之祖」更早的幽默人物。

<h2 style="text-align:center">考 槃</h2>

考槃〔昇般盤槃忬〕在澗〔干〕, 結廬叩槃徜徉在山澗,
碩人之寬。 心境高逸的人天地寬!
獨寐寤〔未吾晤吾〕言, 醒來難喻隱逸的樂趣,
永〔柄〕矢弗諼〔蕙萱愃諠縵菱〕!〔1〕 發誓永遠別忘只合在大自然!

考槃〔昇般槃忬盤〕在阿, 結廬喜樂徜徉在山阿,
碩人之薖〔偭竆過〕。 心境和樂的人樂呵呵,
獨寐寤〔晤〕歌, 醒來相對吟唱心中的歌,
永〔柄〕矢弗過。〔2〕 方外的樂趣永世莫違過。

考槃〔盤〕在陸, 結廬喜樂徜徉在山陸,
碩人之軸〔逐頓〕。 修練達道眞正是正路。
獨寐寤宿〔歚〕, 醒來嘯歌唱唱自由調,
永〔柄〕矢弗告。〔3〕 其中的樂趣莫對俗人訴!

【詩旨】

　　案:大道至簡,託旨沖澹,心自澹寧,天人合一,《莊・天道》「言以虛
靜推於天地,通於萬物,此之謂『天樂』。」《論語・述而》:「飯疏(粗)食,
飲水,曲肱而枕之,樂亦在其中矣。不義而富且貴,於我如浮雲。」《考槃》
爲隱居林泉的賢者寫照。該夫婦遠離遍佈陷阱、喧囂紛繁的紅塵濁世,依偎
在大自然的懷抱裡,得到宇宙的靈氣與正能量,在二人的世界裡相互烤著聖

潔的生命之火，自娛自樂，叩槃而歌，捧心對歌，既張揚著不可多得的人格魅力，又品味著「上善若水」（《老子》第八章）「致虛極，守靜篤」（《老子》第十八章）空明曠逸的無窮樂趣。此詩與《衡門》《白駒》《鶴鳴》抒寫了隱逸之士的情懷與別有的樂趣。

〔魯說〕《孔叢子・記義》孔子云：「於《考槃》，見遯世之士而不悶也。」

〔齊說〕《易林・復之謙》：「虎狼並處，不可以仕！忠謀輔正，禍必及己。隱退深山，身乃不殆。」

《毛序》：「《考槃》，刺莊公也。不能繼先公之業，使賢者退而窮處。」《詩集傳》3，「詩人美賢者隱處澗谷之間，而碩大寬廣，無戚戚之意，雖獨寐而寤言，猶自誓其不忘此樂也。」張啓成《新解》：棄婦詩。劉毓慶、李蹊譯注《詩經》：隱士之歌。

【校勘】

〔1〕本字作般或昪，《魯》《釋詁上》般。《孔叢子》《毛》《說文》《考文》《白帖》陸雲《贈顧驃騎》槃，《書・無逸》《正義》《東都賦》《鵩鵲賦》注引《漢・敘傳》顏注引《釋詁》《吳都賦》注引《韓》《英藏》4/223《毛詩音》《御覽》69 盤，《廣雅・釋器》《說文》昪。般盤槃通昪。昪忭古今字。《毛》《魯》《爾雅》《說文》作澗，《釋文》引《韓》作干，云：境垠之處。幹澗雙聲通借。《毛》寐寤，《阜》S066 作未吾，P2529 寐寤，未讀如寐，吾讀如寤。疑寤、吾俱通晤，古寤、晤字通用，又《慧琳音義》8、14 引《倉頡篇》《說文》：寤。本字作諼，《平輿令薛君碑》作愃，詳前詩校勘。《毛》永矢弗諼，《阜》柄矢弗緩，愃緩諼疊韻通借。

〔2〕案：薖通匼 kē，《故訓傳》：薖通窠。《釋文》引《韓》匼。窠薖匼 kē，（古）溪歌，段玉裁、俞曲園校爲薖通窠，俞氏云：窠，和也。也是褒義詞。《韓詩》匼，美相近。隱居山林的賢良有寬裕平和的心態，有天人合一的妙處。

〔3〕《毛》謝朓《冬日晚郡事隙》軸，《魯》《爾雅》《箋》逐，病也。案：逐，逐逐 dídí，（古）定沃，《易・頤》「其欲逐逐」，逐逐，速速。軸，毛訓迪，迪，進也。《魯》《毛》二說並存。歗嘯 xiào，同爲心母，宿通歗，戚口歗歌。案：《唐石經》永，《阜》S067 柄，永 yōng，柄 bǐng，〈古〉幫陽，同在陽部，柄讀若永。

【詮釋】

〔1〕徐有富《詩學問津錄》認爲男女對唱。宋·陳傅良：考，扣；槃，樂趣。案：據《虢季子槃》《伯侯父槃》可知槃 pán，盛器，如扣之有聲，又爲樂器，槃又有樂的義項。考訓成，忭般槃盤昇依《魯》《釋詁上》訓樂。考訓叩，如《廣雅·釋器》訓盂盤，如《說文》訓承槃，叩擊槃（盤），兩訓並存。澗 jiàn，《魯》《釋水》山夾水曰澗。至於《韓》作干，云境埆之處，疑《韓》干不誤，《韓說》誤爲境埆之地，《易經·漸》「鴻漸於干」《釋文》引荀、王肅云：干，山間澗水也。《釋文》引《傳》：干，澗也。王肅是徹底的毛詩派，著《王氏毛詩注》。依據群經注經的古經詮釋原則，可以得出結論：漢初《韓》與《魯》《齊》列於博士教科書之列，《毛》稍晚，但《韓》《考文》俱作干，干通澗，訓爲山夾水，至於《韓》詩派傳承中所訓有歧不足爲怪。此條不知國內外賢達允我否？碩人，湖南方言說高個子叫長子。碩子即高人，世外高人，方外曠逸之賢士。寬，善人大度，仁德寬宏。寐，睡。寤通晤，晤言，相互傾心交談。又寤亦有「覺而有言」的義項，則寤言是連語。兩訓並存。陶淵明《飲酒》：「此中有真意，欲辨已忘言」。方外之樂，更非可言宣，愃緩讀如諼 xuān，忘，故詩人云：「永矢弗諼」，矢誓古今字，發誓永遠不能忘！

韻部：澗寬言諼，元部。

〔2〕阿 ē。山阜限曲處。薖通匼 kē，美貌，薖匼，宋本同，葉抄朱抄作過，都由咼得音，咼和 hé，咼和古今字，詳《魯傳》《淮南·説山》高注。咼薖匼歌部，薖、匼、咼和薖、匼通咼、和疊韻通借。案：賢士心仁，隱士心寬，數千年來和平、和睦、和美、和諧，中和之美是中國倫理道德所宣導的一種精神境界，而絕非爾虞我詐，日日紛爭不休。寤歌即晤歌，中國民歌常見的一種樣式，此處當是夫妻間、知心人晤歌。《玉篇》：過，越也。《詩緝》：「弗過，永矢不復他往。」

韻部：阿薖歌過，歌部。

〔3〕陸 lù，《韓說》：陸，高平無水。《易·漸》《釋文》引馬融云：山上高平曰陸。案：軸 zhóu，軸讀如迪，迪 dí，迪有道義，《大禹謨》：「惠迪吉」。迪有進義，《荀·儒教》：「弗求弗迪」。《魯》《釋詁下》「迪，進也。」又軸 zhóu，（古）澄幽；逐 zhú，（古）澄沃，雙聲通借，軸通逐，追求，《易經·睽》「喪馬勿逐」。隱士自有他更高尚的人生追求。宿通歗，蹙口而嘯。嘯 xiào。歗嘯古今字，歌無章曲稱嘯，俗稱自由調。告 gào，告訴他人。朱熹、嚴粲、戴溪：

不與世接。張啟成《新解》：告（挍攪 jiǎo），攪拌。陸時雍：「謂『獨寐寤宿，永矢弗告』，此（謝靈運《南樹園激流植援》）云『賞心不可忘，妙善冀能同』，皆是得趣深矣。」（《古詩源》）陶弘景《詔問山中何所有？賦詩以答》：「只可自怡悅，不堪持寄君。」

韻部：陸軸宿告，覺部。

【評論】

案：民間隱逸詩，是隱遁山林江湖而不是「大隱隱於市」，此詩句句協韻，藻思雅飭，託旨沖淡，善狀寫行動，以傳神之筆寫隱者精神世界之美，天地人整體美，天人相與相得之樂，首章寫隱士心寬，二章寫隱士寬和；三章寫隱士速速而進，進而成道，天人合一之歌，興會神到之吟，陶詩等隱逸詩文取法乎此。《原解序》：「《三百篇》所以高絕千古，惟其寄興高遠。」戴君恩：「每章精神都在第二句下二句，卻從個裡拈出，細讀此詩一過，居然覺山月窺人，澗芳襲袂，那得不作人外想？」（《叢編》，經部 61/243）《詩志》：「泠泠清幽，讀之有出世之想。」《詩志》：「泠泠幽幽，讀之有出世之想。」《會歸》頁 530「據《毛傳》『弗告』，為『無所告語』，乃狀大賢識超意遠，非常人所能解，故無可與語，最得詩人狀事明心之妙。」

碩　人

碩〔石〕人其頎〔頎頎姬姬〕，	女中高人身材頎長，
衣錦褧〔絅絅嶺穎〕衣，	穿上麻布的単罩衣。
齊〔夷〕侯之子，	她本是齊侯的女兒，
衛侯之妻，	衛國莊公的愛妻，
東宮之妹，	齊國太子的妹妹，
邢〔荊刑邢〕侯之姨〔夷〕，	是邢侯的小姨，
譚〔覃覃鄯 登〕公維〔惟〕私〔厶〕。〔1〕	譚公是她的妹婿。
手如柔荑〔紈荑〕，	手兒如初生柔嫩的荑，
膚如凝〔冰凝〕脂〔脂〕，	肌膚如潔白的冰脂，
領如蝤〔蟧〕蠐〔夫舖齊〕，	脖頸如白而長的蟧蠐，
齒如瓠〔會〕犀〔犀棲師言伊〕，	白齒如瓠瓜白皙的瓜子，
螓〔蜻頷湔〕首蛾〔娥〕眉〔矐〕。	寬頭廣額真，又有美眉。
巧笑〔笑咲〕倩〔蒨〕兮，	嫣嫣然一笑百媚生啊！

美目盼〔矘盼〕兮，﹝2﹞

顧盼動人別有神啊！
一向以爲絕色佳人啊！

碩人敖敖〔贅朝朝〕，
說〔稅襚〕于農郊。
四牡有驕〔喬蹻〕，
朱〔帶〕幩鑣鑣〔儦儦〕，
翟〔狄〕茀〔蔽〕以朝，
無〔每〕使君勞！﹝3﹞

高人的頭高高的，身材曼妙，
歇駕休息在農郊，
四匹公馬高頭大馬，
紅綢飄飄，馬隊盛大，威風高。
長野雞毛飾車上朝，
不要讓國君過度疲勞。

河水洋洋〔油油〕，
北流活活〔活〕。
施眾〔罧罜〕濊濊〔汯瀎濊〕，
鱣鮪發發〔魬鱍潑〕，
葭菼揭揭，
庶姜孽孽〔孼孼〕，
庶士有朅〔仡桀偈〕。﹝4﹞

河水盛廣流著，
向北流去流聲活活，
投大魚網濊濊聲響，
鱣鮪掉尾潑刺聲作，
初生蘆葦高高生長，
陪嫁姪娣豪華妝飾，
隨員護衛威武偈偈。

【詩旨】

案：《左傳·隱 3》衛莊公楊娶齊國太子得臣的妹妹莊姜、衛國的大詩人爲此周代名媛、絕色美人作《碩人》。莊姜不僅外表驚豔八方，內心亦甚美，曾將莊公妾厲嬀 guī 之妹戴嬀 guī 之子孝伯視如己出，撫育成人。如果說《召南·鵲巢》是周王公主出嫁的結婚進行曲，風情萬種、倩盼動人、氣質高雅的女神莊姜出嫁了，看衛國的詩人正面描繪她，詩人使一代名媛活色生香，是閔莊姜的詩，《碩人》則是周朝齊國大國方伯女兒出嫁的祝頌之歌與國色之賦，以藻繪，以神來之筆，以排筆，以靈動之繪，從出身之貴，種種之美，車服之麗，護衛之盛，極寫東方大國名媛的豪華氣派。大約是詩人驚豔後，爲華夏的雅典娜寫照，讓中外人士一睹東方絕豔範兒。此詩是中國第一篇美人賦。繫於前 720 年。

《魯說》《韓說》《列女傳》莊姜傅母作。《列女傳·齊女傅母篇》：衛莊公夫人，齊女。名莊姜，姣好。傅母作《詩》云：『碩人其頎，衣錦絅衣。齊侯之子，衛侯之妻，東宮之妹，邢侯之姨，譚公維私。』砥礪女之心以高節……。」
《左傳·隱 3》：「衛莊公娶於齊東宮得臣之妹，曰莊姜，美而無子，衛人所爲賦《碩人》也。又娶於陳，曰厲嬀 guī，生孝伯，早死。其娣戴嬀生桓公，莊姜以爲己子。公子州吁，嬖人之子也，有寵而好兵。公弗禁，莊姜惡之。」

可見莊姜的道德品質與政治卓見。

　　《齊說》《易林·豫之家人》「夫婦相背，和氣弗處，陰陽俱否，莊姜無子。」

　　《毛序》：「《碩人》，閔莊姜也。莊公惑於嬖妾，使驕上僭。莊姜賢而不答，終以無子。國人閔而憂之。」《詩補傳》《詩總聞》同。

【校勘】

　　〔1〕《唐石經》《釋文》《正義》「碩人其頎」，《魯》《箋》、漢·蔡邕《青衣賦》《玉篇》作「碩人頎頎」，1978 年武漢發現漢代《魯詩鏡》作「石人姬姬」，聲近義通。在《詩》中 xx、其 x 句式頻頻出現，重言。案：正字當依《三家》《說文》作緘。《魯》《列女傳·齊女傅母》《齊》《鹽鐵論·散不足》《毛》褧，《三家》《說文》古本《玉篇》作緘，《中庸》《廣韻》《集韻》絅，904 年抄《玉篇》絅，緘褧，絅通緘。《士冠禮》熲 jiǒng，《書大傳》熲，《漢魯鏡》緞，熲，同緘、褧；作緞，則是《小學蒐佚·埤蒼》：「熲，緞。」皆字異義同。《毛》齊，《漢魯詩鏡》作夷，夷異體。夷齊 yí，夷通齊。夷有齊等義，《桑柔》「亂生不夷」。《毛》邢、姨，《魯銅鏡》刑、夷，《阜》S068 作邢，邢讀若邢，金文作井，《璽匯》○○一六作坓，邢令戈作型，邢是邢的古寫。夷是姨的省寫。《魯》《白虎通·號》覃，《漢魯詩鏡》登，覃古字，後人加形旁作鄲、譚。覃 tán，（古）定侵；登，dēng，（古）端蒸，端、定鄰紐，陽聲韻蒸侵相轉，登通覃。《說文》鄲，古字，通作譚。《毛》維，《白虎通》作惟，維惟古通用。《毛》私，《說文繫傳》引《齊》《韓》私作厶，古字，私是厶的俗字。

　　〔2〕《毛》柔荑，《魯詩鏡》汩淒。淒，荑，同為脂部，齒音清、喉音餘准鄰紐，淒通荑。《毛》凝脂，《魯》《釋器》「冰脂」，《唐石經》脂，同。《魯詩鏡》紈淒，《阜》S069 疑脂，關鍵在《釋器》「冰，脂也」，東漢亦為經文，作冰脂，又因為冰凝古今字，冰是正字，凝是俗字，詳《段注》。紈淒讀如凝脂，冰是正字，疑是凝的省借。凝通冰。《唐石經》《定本》《正義》小字本、相臺本、《毛》蝤蠐，《魯》《青衣賦》蠐蝤，《玉篇》作蠐蝤，蝤、蠐疊韻通借。齋本亦作蠐又作齊，《初刻》8/166 唐寫本作齊，《釋文》：蠐，又作齊，齊是蠐的形省，《魯詩鏡》作夷，夷、夷通齊、蠐。《阜》S069 蝤餔，餔 bǔ，餔通蠐，《阜》異本。《毛》齒如瓠犀，《魯詩鏡》會師。《魯》《釋草》注作瓠棲。會 huì，瓠 hú，同為匣母，會通瓠。犀又作屖，《說文》《玉篇》《廣韻》屖棲師脂同為脂部，棲屖同聲，山心準鄰紐，棲、師通犀。《阜》S069 會誦，異本。《阜詩》漢·司馬相如《美人賦》、東漢蔡邕《青衣賦》《箋》《方言》《廣

雅》《王肅注》《類聚》18《御覽》380《唐石經》《毛》《唐抄文選集注匯存》
1.815《詩集傳》《小箋》蝤首蛾眉，《御覽》頁 1681 蝤、蛾、盼，《御覽》頁
1754 秦、娥、盷，《說文》有䪼、蜻無蝤，《三家》《說文》䪼，《王氏注》《爾
雅》郭舍人注《釋文》蜻，《方言》蝤，蝤、蜻通䪼。《阜》S069 作湔首蚩麋，
《魯詩鏡》繽首娥麋，湔繽通䪼，蚩即蛾，麋、眉同為明母，二字古通用，麋
通眉。《魯》《大招注》漢・枚乘《七發》《說文》《離騷注》《甘泉賦》《慧琳
音義》41 引《韓》《類聚》18、《漢・孝武李夫人傳》《廣雅》《別雅》娥眉，
蛾通娥。更何況蚩蛾的眉並不美《漢魯詩鏡》為時較早，作「娥」字可信。
案：本字作蒨，《毛》巧笑倩兮，《魯詩鏡》睬咲㖽兮，《釋文》倩，本亦作蒨。
古考字又讀如巧，《周書・金縢》：「予仁若考。」，《史・魯世家》引作巧。《唐
石經》笑，古字。案：本字作盼，證據有八：一、《魯》、《青衣賦》盼，二、《韓》
《說文》《論語・八佾》《字林》《文心・情采》《釋文》引《韓》盼，三、《類
篇》《玉篇》《類聚》17、《正字》《唐石經》盼，《考文》《白帖》《毛》岳本、
監本、《釋文》小字本、相臺本、明監本作盻，誤。四、《類聚》35、《初學記》
19 引蔡邕《青衣賦》盻，《台》121/517 盻，盻讀如盼。五、《玄應音義》8、《慧
琳音義》77 引《字書》、《毛》正作盼，王粲《神女賦》《考文》作盷，《毛》
《考文》《英藏》4/223 盼，均誤。六、《說文繫傳》作盼；七、宋《風艦》作
盼；八、《白文》朱筆批作盼。

〔3〕《論語・八佾》有「素以為絢兮」，逸詩。至於當時孔子稱讚子夏「始
可與言詩已矣，」《毛》敖，《說文》贅，敖是贅的形省，《魯詩鏡》靭是敖字
之訛。稅為本字，《魯詩鏡》《上林賦》注引《毛》P2529 作稅，朱熹本作說。
說讀為稅。《箋》當作襚，與上下文不貫。此章啟發了曹植《洛神賦》「肌若白
雪，齒若含貝。」《魯詩鏡》喬，《毛》《英藏》4/223、《台》121/517 驕，《文選
注》引作蹻，陳奐以為驕猶蹻，蹻蹻，壯也，三說並存。《魯》喬為正字，喬，
高，高頭大馬，驕蹻是後人所增益形旁字。案：《逸周》《毛》《說文》鑣，《玉
篇》《韓詩》儦，儦鑣麃共麃。《毛》朱，《魯詩鏡》作帶，異本。《毛》翟茀，
P2529 狄茀，狄讀如翟。《三家詩》《禮記注》《巾車》注引蔽，古今文之異。
案：本字作復，復退古今字，《毛》夙退，《漢石經》退，《魯詩鏡》宿夏，宿
通夙，退，《說文》復，夏是復之省。《毛》無，《魯詩鏡》作毐，從上下文義
推知此處無當讀如毋，禁止之辭，《魯詩鏡》作「毐」保留古字，母 mǔ，毋
wú，同為明母，陰聲韻之魚相轉，金文中多見此例，《陳侯午敦》：「永世母忘。」

〔4〕《毛》洋洋，《魯》《惜賢注》油油，洋油，同爲餘母。《毛》活，《說文》浯，浯活古今字。《齊》《說文》《毛》《馬融注》《白帖》眾濊，《魯》《說文》罟，字異義同。本字作濊，《唐石經》濊，《說文》一作洷，《三家》《說文》《玉篇》《類篇》《集韻》《群經正字》濊，濊或體。字異義同。《齊》《說文》鲅、鱍，《韓》鱍，《毛》《馬氏毛詩注》發，《唐石經》初刻作撥，磨改作發，《魯》《淮南·說山》《呂覽·季春》注 P2529 潑，《齊》《韓》《說文》鲅鲅 bō。發潑鲅通鱍 bō。唐寫本作滗。滗 chuǒ，誤。案：本作轙。《唐石經》、P2529 孽，誤，當作擘，岳本作擘，《三家》《呂覽·過理》注、《西京賦》注、《說文》《釋文》《廣雅》轙，擘通轙。《毛》揭，《韓》朅，《魏都賦》注引作揭，《說文》《定本》仡，揭通仡。（詳《續修》64/79）揭通朅，朅古字，《玉篇》引作偈，揭揭仡朅讀如偈。

【詮釋】

〔1〕石通碩，碩人，身材頎長的女人。其頎，頎頎 qíqí，《玉篇》：「頎，頎頎然佳也。」《說文繫傳》訓爲頭佳貌（頭很俊美），姬通頎。衣，穿衣，此是說線條美，苗條美，高大爲美。《白華》等詩同此。衣錦，絅穎通褧 qǐng，枲麻，麻纖維織的外罩衣，《箋》訓裟，襌（襌穀 dānhú，細絹。誤。當作褧，枲麻）。莊姜，齊侯女兒，齊國太子得臣的妹妹，嫁給衛莊公蒯聵爲妻。邢侯的小姨子，譚侯是她妹夫。齊在今山東大部，都營邱（今淄博），東方大國。邢在今河北邢臺市境。譚在今山東濟南東龍山鎮附近。

韻部：頎衣，微部；子妻姨私，脂部。微脂通韻。

〔2〕案：詩人善於體物取譬，極爲恰當。手如鮮嫩柔軟白皙的初生香茅草芽。皮膚如冰脂一般潔白鮮嫩。案：蝤蠐同爲從母，雙聲詞，脖子如蝤蠐 cáoqí，金龜子的幼蟲，乳白，細長。案：本當如《唐本草》名蠐螬即金龜子，《詩》爲叶韻作蝤蠐，詳《藥海》。牙齒如瓠瓜子那麼潔白而整齊。蝤蠐 qiúqí，天牛幼蟲，天牛科，黃白色，身長。蝤讀如蟲。案：本字作頏、娥，《毛》蠑，《箋》《白帖》蜻首蛾眉，《魯詩鏡》娥麊，麊通眉，《三家》《說文》頏（方廣額頭）首娥眉。《說文》頏 jìng，好貌。《說文》蜻，蜻蜻 jìng jìng，小蟬，廣而方的額。今通行訓釋爲蛾眉，蠶蛾觸絲細長而彎曲，形容女子美眉。案：《說文》無蠑有蜻，《箋》王肅《毛詩注》蜻 qīng，方頭廣額。蛾眉，形若蠶蛾眉，是《漢·孝武李夫人傳》顏師古注才有此一說，《離騷注》《招魂注》《甘泉賦》注引《青衣賦》《南都賦》引《毛》作蛾眉。《魯傳》、漢·王粲《神女

賦》娥，朱熹《詩集傳》說如蠶蛾的眉細長而美。後儒方有六類比喻之說，陳喬樅說：「三家並今文，字自作蛾，與螓首與類。」本文舉六條證據：一、《說文》P2529頡首娥眉，頡jìng，頭顏美好貌。娥é，美好貌。二、從語彙形成看，《方言》1《廣雅·釋詁》：「娥，好。」《別雅》《廣韻》作娥眉，三、《魯》《漢魯詩鏡》娥，《列子·周穆王傳》：「簡鄭、衛之處子娥媌靡曼者」，娥媌，美好，《魯》《大招注》《招魂注》《離騷注》《甘泉賦》漢武帝《悼李夫人賦》《日出東南隅》《別賦》庾信《七夕賦》注引《古今事文類聚後集》2《御覽》頁1754作娥，俱作娥眉，《類聚》頁324引《毛》作娥眉引《楚辭》作娥眉，案：從文學創作而言，娥娘，即美娘，娥眉，即美眉，等描繪眉目之美，倩盼有神；從音韻看，娥é，（古）疑歌；媌miáo，（古）明宵，聯綿詞。娥媚，娥眉，娥é，（古）疑歌；媚、眉méi，（古）明脂，疑、明準鄰紐，娥媚在陰聲韻旁轉中歌、脂相轉，是比較寬的聯綿詞；《廣韻》嬽yuān，娥眉也。五、從文學用語，《古詩十九首·青青河畔草》：「娥眉紅粉妝」，劉宋·鮑照《玩月城西》「娟娟似娥眉」，宋·蘇東坡《申王畫馬圖》：「青驄蜀棧西超忽，高准濃娥散荊棘」；六、從文字學分析，段玉裁《定本小箋》《毛詩詁訓傳》《詩經小學》古作娥眉。《今注》：「取〔蛾〕其觸鬚細長而彎。」倩qiàn，嫣然一笑，粲然一笑的笑容，笑靨美好貌。蒨qiàn，蒨麗。《大招》「宜笑嘕只」，嘕xiān，（古）曉元，嘕嘕然笑，《說文》作嫣，嫣yān，倩、蒨，（古）清眞；嘕，（古）曉元；嫣，（古）影元，清與影、曉准鄰紐，曉、影鄰紐，陽聲韻眞元相轉，所以倩、蒨、嘕通嫣，嫣嫣然笑得很美。盼pàn，美目白黑分明，美目流轉，深邃豔麗，神光四射，顧盼有神。巧笑倩盼，明眸善睞，傳神。成語「美目倩盼」出此。案：此詩人技法高明處，阿堵傳神，刻畫明眸，開千古畫眼睛之先。此章啓發了魏·曹植《洛神賦》：「肌若白雪，齒若含貝。」

韻部：羙脂犀眉，脂部。倩，眞部；盼，諄部。眞、諄通韻。

〔3〕碩shuò，修長美好貌，健壯佼好貌。敖通頻，顤ào，她的頭頻頻然高。或訓敖敖，頎頎，修長的頸，修長的身材美。說讀如稅，稅shuì，卸車止息。案：《箋》改說爲襚，襚suì，換衣服。驕，蹻通高，高頭大馬。高gāo。蹻有蹻，蹻蹻jiǎojiǎo，強健貌。驕jiāo，《說文》馬高六尺曰驕。朱幘，繫在馬勒外鐵的紅色絲帛，用以扇汗。案：鑣儦麀共麀，麀麀biāobiāo，盛貌。翟dí，用長野雞毛裝飾車子；茀，車蔽，車弇。以朝，以此車赴朝廷。朝cháo，早朝。宿通夙，夙退，早早退朝。無庤，毋。君，國君，或指女君。勞láo，過勞。

韻部：敖郊驕鑣朝勞，宵部。

〔4〕洋 yáng 油 yóu 雙聲通假，盛廣貌。北流，黃河水向東北流去。活活 guōguō，水流聲。宋・范處義《詩補傳》五，「此章以河之流，喻齊國之強大；以施罟，喻〔衛〕莊公求婚於齊；以鱣鮪，喻莊姜來歸於衛。」《魯》《淮南・說山訓》高注：眾罟 gǔ，大魚網。濊濊濊濊：huóhuó，大魚網入水聲。鱣 zhān，鱘鰉魚，江南稱黃魚，口在頷下，頭尾尖細。鮪 wěi，鱘魚。鱍 bō，（古）幫月，魚掉尾游貌。一說魚盛貌。案：發潑古今字，鱍發潑鱍撥跋 bōbō，魚掉尾潑啦、跋剌聲，李白《酬中都小吏攜斗酒雙魚於逆旅見贈》：「雙鯉呀呷鬐鬣張，跋剌銀盤欲飛去。」杜甫《觀打魚歌》：「綿州江水之東津，魴魚鱍鱍色勝銀。」葭 jiā 菼 tǎn，初生蘆葦。揭 jiē，揭揭然長得高。庶姜，齊姜貴族女子陪嫁的姪娣。孽孽 nièniè，孽孽通轙轙，《韓說》轙轙，nièniè，高長貌。伈，伈伈 yìyì，勇壯貌。庶士，媵臣、衛士。董氏訓為媵民。朅 qiè，通桀、傑、偈桀桀，傑傑，偈偈，雄武有力貌。

案：活濊濊發（鱍鱍）揭孽（轙）朅（桀），月部。

【評論】

案：生香活色《碩人》詩，沉博絕豔擅辭藻。此詩詞采班璘，蔚為一絕。滬博《戰國楚竹書》第四冊《采風曲目》簡 1 有「《碩人》曲目。」明・鍾惺《詩經》：「《洛神賦》。畫美人不在形體，要得其性情。此章前五句猶狀其形體之妙，後二句並其性情生動處寫出矣。」《臆評》，「誇美鋪張，備極其致。」「次章《洛神〔賦〕》藍本也。『倩』『盼』二語尤精，所謂四體妍媸，無關妙處，傳神寫照，在阿堵中。」「起得輕便。何等地步？何等氣象？一副美人圖，並其性情畫出。始來光景如在目前。」《通論》：「千古頌美人者，無出其右。是為絕唱。」案：《左傳・隱 3》、《衛世家》記載莊姜美。《通論》：「千古頌美人者，無出其右。是為絕唱。」此詩語彙豐贍，技法多樣，擅長正面描繪而不是依仗烘託，與意大利詩人但丁「誰能從女人群中見到我的女郎」相比，用語密附，比喻新穎得體，活脫而諧暢，善用疊韻，善畫明眸，多側面描繪，首章寫一代名媛莊姜修長的身材有曲線美，衣服華豔，出身顯赫，二章正面描摹外形種種美，美目倩盼分外有神，三章寫稅駕農郊，心憂社稷，美豔絕倫，（視戴媯 guī 之子如己出）四章寫護衛。下啓中國名媛詩，美人賦，美女篇如宋玉《神女賦》、司馬相如《美人賦》、辛延年《羽林郎》、《古詩・青青河畔草》、漢樂府《焦仲卿妻》《陌上桑》、曹植《洛神賦》《美

女篇》等。由此生發一個帶有普遍性的文學創作問題即文藝家的學者化問題。《碩人》《紅樓夢》《莎士比亞全集》的用字統計，字數之多，長袖善舞，技法之多實在是發人深省的問題。此詩又是文學創作精品、文質彬彬的範例，《論語・雍也》記載孔子的著名論斷：「質勝文則野，文勝質則史。」《文心雕龍・事類》：「是以綜學在博，取事貴約，校練務精，捃理須核，眾美輻輳，表裡發揮。」

氓

氓〔甿〕之蚩蚩〔蛌嗤〕，	那個移民貌似莊重厚重，
抱〔枹〕布貿〔賀〕絲。	抱著布帛來換絲，
匪來貿〔賀〕絲，	不是來換我的絲，
來即我謀。	來打本姑娘的主意。
送子涉淇，	已是情癡送他過淇水，
至于頓〔敦〕丘。	一直送到敦丘市。
匪我愆〔譽〕期，	甭怪咱誤了你的好日子，
子無良媒。	你沒有請出好媒人，
將子無怒，	願你且莫有怒氣，
秋以為期。〔1〕	選個秋天吉日期。
乘彼垝〔陒〕垣，	登上高高的牆垣，
以望復〔復〕關〔開〕。	眺望情郎所在的復關，
不見復〔復〕關〔開〕，	一日看不到復關的你，
泣〔波〕涕漣漣。	不由得淚珠兒連連。
既見復關，	已見著復關的你，
載笑〔笑〕載言。	乃是笑啊乃是歡聲笑言。
「爾卜爾筮〔笂〕，	「你用龜占卜用著占筮，
體〔躰履〕無咎言。	幸無凶咎之言。
以爾車來，	你駕著大車來，
以我賄遷。」〔2〕	將我的財物搬遷。」
桑〔桒〕之未落〔洛〕，	桑葉兒沒落時，
其葉〔茶〕沃〔沃泼〕若。	桑葉兒肥肥沃沃，
「于〔吁〕嗟鳩兮，	「可悲啊布穀鳥啊！
無食桑葚〔葚椹黮〕！	莫吃桑果，莫與男子把情慾陷沈！

于〔吁〕嗟女兮，
無與士耽〔妉躭酖湛媅〕！
士〔土〕之耽〔妉躭酖湛媅〕兮，
猶可說〔脫〕兮，
女之耽〔躭酖湛媅〕兮，
不可說〔脫〕兮！」〔3〕

可憐啊，少女啊！
莫與男子把情慾陷沈！
男子沉湎情慾啊，
尚可以擺脫啊！
女子沉湎情慾啊，
那就難於解脫啊！」

桑之落矣〔洛誃〕，
其黃而隕〔芸隕〕。
「自我徂爾，
三歲食貧。
淇水湯湯，
漸車帷〔幬惟〕裳。
女也不爽，
士貳〔貳忒式〕其行。
士也〔之〕罔〔罔〕極，
二三其德。〔4〕

桑葉兒掉落了，
黃黃的就隕落了，
「從我嫁到你家，
多年來含辛茹苦。
淇水水勢盛，
濺濕了我的車帷裳，
本女子從無差錯，
是你變心壞了品行。
做男子的喪失準則，
朝三暮四，遑論道德！

三歲〔歲〕為婦，
靡室勞矣；
夙興夜寐〔寢〕，
靡有朝矣。
言既遂〔茶〕矣，
至于暴矣。
兄弟不知，
咥其笑〔笑笈〕矣。
靜言思之，
躬自悼矣！」〔5〕

多年為妻，
同甘苦共患難，任勞任怨；
早早起，遲遲睡，
無一日不辛勞。
目的已經達到了，
竟至於對我施暴。
回到家，兄弟不解，
竟吃吃地把我笑。
靜心反思，
我自己又悔又傷悼。」

「及爾偕〔皆〕老」，
老使我怨！
淇則有岸，
隰〔濕漯〕則有泮〔畔〕，
總〔捴〕角之宴，
言笑〔笑〕晏晏〔宴〕。
信誓〔誓〕旦旦〔悬怛〕，

「與您百年偕老！」
久了，直使我抱怨！
淇水那也有了岸，
漯水那也有畔，
少男少女宴然有樂，
說話笑語和和柔柔，
那陣兒信誓旦旦，

不思其反！	不想那初戀重返，
反是不思，	初戀重返不想了，
亦已〔巳〕焉哉！〔6〕	也就算了悔也晚！

【詩旨】

案：這是棄婦悲催的歌。爲棄婦作怨詩，並告誡人們莫上人騙誘，別沉溺情慾，抨擊了背叛愛情的男士。末二句自寬，感慨良深。《詩集傳》頁48，「此淫婦爲人所棄」，誤。

《齊說》《易林・蒙之困》：「氓伯以婚，抱布自媒，棄禮急情，卒罹悔憂。」

《韓說》《韓詩外傳》2「孔子曰：口欲味，心欲佚，教之以仁。心欲安，身惡勞，教之以恭。好辯論而畏懼，教之以勇。目好色，耳好聲，教之以義。《易》曰：艮其限，列其夤，薰心。《詩》曰：『吁嗟女兮，無與士耽。』皆防邪禁佚，調合心志。」

《毛序》：「《氓》（《唐石經》甿，避唐諱，下同）刺時也。宣公之時，禮義消亡，淫風大行，男女無別，遂相奔誘；華落色衰，復相棄（《唐石經》唐寫本作「弃」，弃古字）背，或乃困而自悔，喪其妃耦（《台》121/517作偶，唐寫本作配偶），故序其事以風焉。美反正（由邪歸正），刺淫佚（《唐石經》、唐寫本作泆）也。」《稽古編》4，「里巷猥事足爲勸誡者，文人墨士往往歌述爲詩，以示後世。如《陌上桑》《雉朝飛》《秋胡妻》《焦仲卿妻》《木蘭詩》之類，皆非其人自作也，特代爲其人之言耳。《國風》美刺諸篇大率此類。〔朱熹《詩集傳》概指爲其人自作，決無是理也。」

【校勘】

〔1〕本字作氓。《考文》《唐石經》《注疏》避唐太宗諱作甿。《台》121/517與唐寫本《十三經及校勘記》小字體、相臺本、明監本、P2529氓。古本作蚩，《倉頡》蚩，笑。《慧琳音義》7注引《韓》嗤，笑也；可見本字作嗤。《說文》吹、嗤。吹嗤古今字，蚩通嗤。《毛》抱貿，P2529枹貿，俗字。《毛》《風俗通義》《釋文》頓丘，《魯》《釋丘》敦丘。頓敦雙聲通借。《漢石經》《毛》愆，古字作諐。

〔2〕《說文》《玉篇》《毛》垝，亦作陒，毀也。《毛》泣，《魯》《九歎注》宋本《詩考》引作波，波有一讀如《集韻》彼義切，bì，（古）幫錫；泣qì，（古）溪緝，幫、溪准鄰紐，波通泣。本字作履，《魯》《爾雅》《坊記》鄭注引《韓》作履，《唐石經》《毛》體，《台》121/517 躰，異體，體體同，躰

當是敦煌卷子手寫簡體字。《魯》、《韓》作履亦通，《韓說》履。履、體、禮古通。「體無咎言」，《齊》《禮記・坊記》作「履體無咎言」。段玉裁《定本》漣，連字之誤。《毛》泣，《魯》《憂苦注》波，通作泣。

〔3〕《毛》《台》121/517 沃，《說文》茯。本作茯，隸作沃。體無咎言，《齊》《禮記・坊記》作「履體無咎言」。本字作吁，《外傳》2《慧琳音義》引《毛》《還至梁城作》李注引《毛》作籲。〔8〕《釋文》甚，本又作椹。《說文》《五經文字》《慧琳音義》《類聚》《唐抄文選集注》1.53、唐寫本作椹，或體。《爾雅義疏》：甚，通作黮。《三家》《漢石經》《說文》《唐石經》《農政全書》甚。《毛》于，《韓》吁，于讀如籲。本字作妉，《說文》《一切經音義》4《慧琳音義》26 妉，後作妔，《魯》《釋詁上》《韓》妔，《毛》耽，《說文繫傳》酖。《聲類》酖，《台》121/517 躭。妔耽酖躭湛妉，音義同。

〔4〕《毛》落矣，《阜》S071 洛詓，洛讀落，詓讀矣。《魯》《離騷注》《齊》《易林・履之噬嗑》《毛》《釋文》隕，《定聲》字又作殞。《阜》S071 作芸。本字作隕，殞是或體，芸讀如隕。《毛》遂，《說文》家，家遂古今字。《毛》帷，《考文》《儀禮・昏禮》《疏》作幃，帷幃通。本字作忒，《說文》忒，《唐石經》貳，《三家》弍，貳，當讀如貣，貣弍通忒。《毛》士也《初刻》8/166 土之，土、士古通作之，當是異本。

〔6〕《唐石經》偕，《阜》S072 皆，皆讀若偕。案：本字當作濕，古字，漯 tà，《夏書・禹貢》《穆天子傳》郭璞注、《史記》《河水注》、《玉篇》《廣韻》漯濕、漯，今漯河，《唐石經》《毛》隰，《北堂書抄》82 作濕，古漯字，《說文》《墨子閒詁》《集韻》《廿二史考異・後漢二》濕，濕讀如漯。《毛》泮，鄭讀爲畔，畔，涯，宋版作岸。《毛》《定本》宴，《釋文》本或作芔〔艸〕者，非。本字作宴。《毛》偕，《阜》072 皆，皆偕古通。至於敦煌本 P2529 我作𢦏，涉作沙，關作開，簜作𥱻，體作躰，桑作𣓑，隰作陙，貳作弍 tè，岡作崗，歲作歲，寐作寀，總作惣，宴作𪐴，誓作𧩙，俗字。《毛》偕，《阜》S072 皆，皆通偕。《毛》淇，《阜》S072 萠，通淇。本字杲怛，《三家》《說文》杲，《考文》作旦，《魯》《釋訓》：「旦旦，悔爽忒也」，《爾雅義疏》：旦，杲字之省。《釋訓》釋文：本或作杲。段玉裁《故訓傳》：旦旦字，即懇惻款誠之旦旦字。《考文》《定本》：旦旦猶怛怛。《說文》杲，《齊》《坊記》《毛》旦。《漢石經》《毛》已，《唐石經》已，當作已。

【詮釋】

〔1〕氓 méng，《魯說》《淮南・修務》高注：「野民曰氓。」《孟・滕文公》所云遷徙之人（外來戶）。蚩蚩 chīchī 當如《韓》作嗤嗤，《韓說》：氓，美貌。嗤嗤，貌似敦厚和悅的愛情騙子。案：布，《說文》布，布帛，枲織（棉、麻、苧、葛等織物）。《傳》《箋》訓布為幣誤。再從本句文例看是抱布，則為布帛之布，從《齊》《易林・夬之兌》「以縞易絲」也是用絲織布換絲，由《氓》「以我賄遷」看，主人公財色雙全。從貨幣史看，由中國農具鎛 bò 演變而成的空首布，鎛、布聲近，古錢，春秋晚期才有金屬製幣，即鑄造與流通於周王畿或三晉的銅頭首布，戰國時才大量流行，從古籍看，《周語下》周景王 21 年（前 524）「將鑄大錢單穆公加以規諫」，這與《衛風》成詩，乃至《詩經》成書相去甚遠，公認為《詩經》的成詩末篇《株林》在前 599 年陳靈公被殺，而衛宣公時淫樂成風大氣候下所產生的道德淪喪，《氓》之刺，其成於衛宣公。怎麼可能衛國率先鑄幣而且普及於農村？《齊傳》、《鹽鐵論・錯幣》文學曰：「古者，市朝而無刀幣，各以其所有易所無，『抱布貿絲而』已。後世即有龜貝金錢，交施之也。」作為漢代鹽法大會 60 多位賢良文學的辯論紀要，《齊》《鹽鐵論》與《左傳》《易林》互證。《疏》《通釋》程俊英、蔣建元（1991）訓為布，不訓為泉。黃侃《訓詁學講詞》云：「小學之訓詁貴圓，經學之訓詁貴專。」匪，不是。即 jí，就 jiù，精、從鄰紐，陰入旁對轉質、幽相轉，即通就，《詩經》不乏其例。欸 xī 嗤蚩 chī，喜笑貌。或訓為貌似莊重厚道。如《齊說》《易林・蒙之困》所云：雙方無媒，是自媒，自由戀愛，《詩》一章「子無良媒」，當時是婚姻大忌。淇，水名。頓敦同聲通借。頓丘，《水經注》在淇水南。在今河南省清豐縣。愆，誤。良，善。指男人未通善媒，是男子挑逗女子。《齊》《曲禮》：「男女非有行媒，不相知名。」將 qiāng，欲。無，勿。怒 nú，怨。子，你。秋以為期，以秋為期。

韻部：蚩（嗤）絲絲謀淇丘期媒期，之部。

〔2〕乘，登。案：陒垝 guǐ 危共危，危，高。陒垣 guǐyuán，連語，垣牆，《管・霸形》「東山之西，水深滅垝。」復關，《詩地理考》引《太平寰宇記》：澶州（今河南濮陽市境）臨河縣，復關在南，黃河北阜也，復關堤在南三百步。借代格，大約該男子是徙居復關城的外來戶。芳心已許的女子癡迷於他，乃至不見復關城出來的他，每每泣涕連連。既，已。復關借指氓。載，乃。言 yán。爾，你，卜、筮，用龜占卜，用蓍草占筮，體 tǐ，讀如履 lǚ，《韓詩》：

履，幸。以爾，爾以。以我，將我。《魯》《釋言》：賄 huì，財也。遷 qiān，
運。案：大約是當時的閃婚族，女子輕許又輕信了男子。

　　韻部：垣關關漣關言言遷，元部。

　　〔3〕落 luò 若 ruò 沃若，沃沃然，肥腆光澤貌。於通吁，吁嗟，悲歎辭。
鳩，布穀鳥，詳清・趙鼎《毛詩名物圖說》。食椹（黮葚）shèn，比喻婚前性
生活。桑果，《藥海》頁 1687～1689 Morus a1bal。又名桑棗，入肝、腎、心
三經，補益肝腎，治消渴症、肝陽上亢、肝火內動，增液生津，關節不利，
津傷口渴，能滋陰養血，延年益壽。於通籲。于讀如吁，籲嘆，吁嗟，感傷
性嘆詞。耽 dān，《說文》媅 dān，耽躭湛妉音義同。《字林考逸》：「嗜色爲媅」，
此處指氓的先亂後棄，女主人公的先亂、沉溺情愛，告誡人們不要陷溺情慾。
說讀如脫。

　　韻部：落，若，鐸部。葚耽，侵部。說（脫）說（脫），月部。

　　〔4〕案：第三章比而興。猶，尚。說讀如脫 tuō，解脫，擺脫。隕 yǔn，
隕落。隕芸殞同爲匣母文部相通借。徂爾，嫁到你家。三，多。食貧，過著貧
困生活。貧 pín。湯 shāng，湯湯，水勢大貌。漸，濺濕，帷裳 cháng，四面圍
合的車帷幔。爽 shuǎng，爽差，過錯。案：爽、貣忒字異義同之例，爽忒，連
語，變更、差失，貳當是貣字，貣忒 tè，差錯、變心。行 xíng，品行。詩主恒
德不忒，愛心不變。極 jí，準則，行範規範，罔，無，喪失。德 dé，此處爲叶
韻，其心其德行變化無常。屈萬里《詮釋》：「二三其德，猶今言三心二意也。」

　　韻部：隕貧，諄部。湯裳爽行，陽部。極德，職部。

　　〔5〕案：靡 mǐ，隨 suí 疊韻通借，《荀・榮辱》：「靡之儇之」。《韓說》：
「靡，共也。」《易・中孚》：「吾與爾靡之」。夙興，很早起身忙；夜寐，很
晚才睡。靡，無；室，家務、農業、蠶桑、織布。朱熹：「言我三歲爲婦，盡
心盡力，不以室家之務爲勞。」勞 láo，辛勞。朝 zhāo，日，此處「朝」協韻，
無一日不勞。成語「夙興夜寐」出此。言，結構助詞。既遂矣，遂了氓的心，
達到目的，竟對我實行家庭暴力。一說遂，久。遂，成。暴 bào，暴虐。咥其，
咥咥 xìxì 然，大笑貌。靜言，靜焉，安下心來靜靜反思。躬，自身。悼，後
悔傷悼。

　　韻部：勞朝笑暴，宵部；悼，藥部。宵藥通韻。

　　〔6〕「及爾偕老！」當年氓的愛情誓言。老使我怨，《魯說》《獨斷》上
「老謂久也」，可時間長了，卻使我怨恨：「遇人不淑」。岸 àn。隰、淇對文，

隰通濕，濕水，古漯字，漯 tà 河，古黃河支流，源自河南省浚縣西南，東入海。《禹貢》：「浮於濟漯。」，詳《漢書雜誌》《廿二史考釋異》《尚書地理今釋》《廣經室文抄》。泮讀如阪 bǎn，澤障。或讀如畔 pàn，河岸。二句暗寫女主人公的辛苦沒有邊。別了，辛傷怵迫的棄婦生涯。

總角，未成年時。作爲少女時，女子被誘。宴宴 yànyàn，和和柔柔，晏然而樂。旦旦，曻曻 dádá，那時那外來戶氓懇惻款誠地發誓：「及爾偕老」。成語「信誓旦旦」出此。反返同音通假，已經不去想重返那情境。反，反本。不思其始。反是不思，是、之，倒句以下協韻。思，思念。哉 zāi，句末語氣詞。初戀，不去想它。亦已焉哉，也就算了吧，表示決絕，重新昂然開始新的生活。江有誥《詩經韻讀》認爲哉音茲。

韻部：怨岸泮宴晏旦反，元部；思哉，之部。

【評論】

《詩本義》：「今考其詩，一篇始終是女責其男之語。」（《四庫》經部 70/2011）《東坡志林》10「詩人有寫物之功，『桑之未落，其葉沃若。』他本殆不足當此。」《臆評》：「觀詩中『以爾賄遷』，氓非徒貪色，『沃若』二字尤見形容之簡妙。」（《續修》58/189）陳澧《讀詩錄》：「此篇絕妙」。《詩志》1：「末章將始末情事通身打摺一番，無情不集，無筆不轉，繚繞怊恍，摧心動魄，古騷怨詩之絕調也。」《原始》，「〔一章〕直起，與『昔有霍家奴』同一起法。訂約。〔二章〕懷想一段。落到合諧。〔三章〕色盛見憐一段，已有悔意。色衰愛弛一段，歸咎男子。〔四章〕歷敘勞苦，反遭見棄，自怨自艾，如泣如訴，情至之文。〔五章〕跌宕語，極有致，付之一歎。」案：此詩頗似詩劇，有故事情節，有主角配角，有細節，有恰切的比喻，有鮮明對比的人物形象，女則癡情、勤苦、善良、剛烈而悲催，令人同情，氓則誘騙、狡詐、虛僞、卑劣、自私、粗暴，對比十分鮮明，兄弟則無同情心，則作陪襯。用詞淒婉哀怨，又有絕唱口吻，似振奮精神，步入新的人生旅途，其故事性、戲劇性，是宋代嚴羽《滄浪詩話》所稱許的淒婉派詩歌的傑構，同是閨怨詩，棄婦歌，《谷風》由悲劇向正劇方向發展，高歌博愛。《氓》的結構由兄弟「咥其笑矣」「尤添悲淒，而女主人公能走出被棄的陰影，」「反是不思，亦已焉哉！」重燃生活之旅的航燈。成爲漢詩《白頭吟》、《上山采蘼蕪 mì wu》《怨歌行》、《董嬌嬈》與《焦仲卿妻》的胚芽。

竹　竿

籊籊〔翟藋〕竹竿〔干〕，	細長的竹竿好釣魚，
以釣于淇。	難忘那釣魚在淇水，
豈不爾〔爾〕思？	哪能不想故園的水，
遠莫致之。〔1〕	迢迢路遠我不能至。
泉源〔原〕在左，	百泉之源在左面，
淇水在右。	淇水環流正在右，
女子有行，	女子出嫁心在家，
遠兄弟父母〔遠父母兄弟〕。〔2〕	遠離家鄉心懷憂。
淇水在右，	淇水環流正在右，
泉源〔原〕在左，	百泉之源又在左，
巧〔丂〕笑〔笑芺〕之瑳〔齹〕，	嫣然一笑齒如玉，
佩玉之儺。〔3〕	佩玉走來多婀娜！
淇水滺滺〔攸悠悠潊油〕，	淇水悠悠油油流，
檜楫〔檝〕松舟〔州〕，	圓柏作槳松作舟，
駕言出遊，	駕著船兒去遨遊，
以寫我憂。〔4〕	排解宣瀉我心憂。

【詩旨】

　　案：《泉水》《竹竿》，衛女思歸詩。慎終追遠。人生多有故園之戀。蘇中鄉諺：「八十歲離不開娘家的路。」《竹竿》這是衛國女子遠嫁他鄉，每每回憶頗媲南國灘江的淇水風光，卻回歸不得，惆悵不已，情湛湛，意綿綿吟成思鄉調。這是一首富有情趣韻味悠遠的思鄉之歌。

　　《齊說》《類聚》頁 419 引三國魏・荀爽《女誡》：「『泉源在左，淇水在右。女子有行，遠父母兄弟。』明當許嫁，配適君子，竭節從理，昏定晨省，夜臥早起，和顏悅色，事如依恃，正身潔行，稱為順婦，以崇《螽斯》百葉之祉。」

　　《毛序》「《竹竿》，衛女思歸也。適異國而不見答，思而能以禮者也。」《詩集傳》3，「衛女嫁於諸侯，思歸寧而不可得，故作此詩。言思以竹竿釣於淇水，而遠不可至也。」馬乘風《今注今譯》：「這是衛女嫁於異國而思衛之詩。」

【校勘】

〔1〕《毛》籊，《說文》有翟無籊，《初刻》8/167作藋，《集韻》《廣韻》有籊，大約古字作翟，取其長義，後人增形爲籊，作藋爲傳寫之誤。P2529作幹，爾作尒。

《毛》源，《說文》灥，省作原。古本作原，《廣雅》源，俗字。後通作源。《唐石經》、《台》121/518、《毛》「遠兄弟父母」。《正字》引作、《類聚》23引漢·荀爽《女戒》引、英4/223、古本、諸舊本、朱熹本、小字本作「遠父母兄弟」。案：《齊》《類聚》頁419載三國魏·荀爽《女誡》引作「遠父母兄弟」，相台本同，毛本初刻「遠兄弟父母」，後改從相臺本。阮《校》：相臺本誤也。《釋文》以『遠兄』二字作音，可證。段玉裁《六書音均表》：從《唐石經》，今本誤，則非韻。今從古韻審，右、母都屬之部，弟屬脂部，荀爽屬《齊詩》派，昔儒以爲俗本，其實是《詩經》異本，而且之、脂合韻在先秦中甚多，愚以爲當並存。

〔2〕《毛》《唐石經》遠兄弟父母，閩本、明監本，小字本同，相臺本作遠父母兄弟，應從《唐石經》。《毛》巧笑，P2529巧笑，俗字。《毛》瑳，毛《傳》訓爲笑貌，朱熹訓爲「笑而見齒，其色瑳然」，則可推知《一切經音義》「磋（瑳，一作磋），古文齹，同。」《後箋》《通釋》《平議》：齹，古字。

〔4〕古字作攸。《說文》《考文》《五經文字》作攸。《毛》滺，《說文》有攸無滺，通作悠，P2529悠，（台）121/518作悠，《漢石經魯詩校記》、《事類賦》引、江淹《李都尉從軍》李注引《毛》、《御覽》64悠，《釋文》：「滺，本亦作滺」，滺後人增形旁字。《魯》《惜賢注》油，異本。《毛》楫，《台》121/518作檝，《釋文》：楫，本又作檝，同。《類聚》、御覽》引作檝。《阜》S070作州，州讀如舟。

【詮釋】

〔1〕籊籊 tìtì，細長貌。淇 qí。爾思，思爾。思 sī。遠莫致之，路太遠不能至，致通至。

韻部：淇思之，之部。

〔2〕泉，泉源，百泉，在衛國西北，在今河南省輝縣北百泉鎮西，泉水在北，淇水在南，後匯合。行，出嫁。

韻部：右母，之部。

〔3〕瑳、䡨cuō，笑而見齒，吳秋暉《談經》：嫣然一笑，靨渦。儺儺 nuónuó，佩玉時行動有節度，有美感。

韻部：左儺，歌部。

〔4〕攸、悠 yōu，水流長。油 yóu，《疏證》：油油、滺滺、浟浟、攸攸，並字異而義同。檜 gui 楫，圓柏爲槳 jiǎng。松舟，松木爲舟。《漢石經》言，言讀如焉，駕焉，駕舟，出遊，外出暢遊。遊、遊 yóu。以，以此方式。寫（寫）通瀉（瀉），宣瀉，排解。憂 yōu，憂愁。

韻部：攸（滺）舟（州）遊憂，幽部。

【評論】

宋・王質：「此去家歸人猶在衛，故不離淇水也。舉目不見，舉足難至，雖近亦以爲遠，所謂寸步千里，前人亦常見吟詠之間。」(《四庫》，經部 72/486）《詩志》1「『分明思歸不得，卻諉於遠莫致之，』含蓄入妙。自恨不如二水矣，不說出，意致自遠。」《後箋》5「比興深遠，使人不覺至章末『駕言出遊，以寫我憂，』始露不答思歸之意。」《原始》四，「詩固有以無心求工而自工者，迨至工時，自不能磨，此類是已。」案：此詩下啓漢・蔡邕《思歸賦》、張衡《歸田賦》、晉・向秀《思舊賦》、宋・齊・梁・江淹《別賦》。《會歸》頁 548「全詩皆以上興構體，以禮植綱，璧合珠聯，一線穿成，情婉韻長，思深神遠，此其所以爲風詩之神妙，然豈徒以詞句所可窺識者哉！」案：末章爲亂，一唱三歎，句句押韻，累累如貫珠，歸於抒懷，含蘊良深。下啓《樂府詩》，唐賢詩。

芄　蘭

芄〔丸〕蘭之支〔枝〕，	蘿藦的枝莢象解結錐，
童子佩觿〔鑴〕，	童子配上象骨錐，
雖則佩觿〔鑴〕，	雖然配上象骨錐，
能不我知？	卻不來與我長相知？
容兮遂〔家璲〕兮，	容刀配上玉璲，
垂帶悸〔萃綮〕兮。〔1〕	垂帶綮綮顯擺威？
芄〔丸〕蘭之葉〔桊〕，	蘿藦葉厚可以吃，
童子佩韘〔韘韘韘韘〕。	童兒配上扳指可練習？
雖則佩韘〔韘韘韘韘〕，	雖然佩韘像模像樣呢，

能不我甲〔狎〕？　　　　　　乃不和我來親昵？
容兮遂〔璲〕兮，　　　　　　　容刀配上玉璲喲，
垂帶悸〔萃綾〕兮。〔2〕　　　　垂帶綾綾往下垂喲。

【詩旨】

聞一多《類鈔》「末二句言外之意是：『瞧你那假正經！』」案：可能是女子大膽示愛的詩。清・吳懋清《毛詩復古錄》：「蓋衛之國子弟有不循教育，作是歌以誨之。」

《魯說》《說苑・修文》：「知天道者冠鉥，知地道者履蹻。能治煩亂者佩觿，能射御者韘，能正三軍者揖芴衣，必荷規而承矩，負繩而準下。故君子衣服中而容貌得，接其服而象其德。故望玉貌而行能有所定矣。《詩》曰：『芄蘭之枝，童子佩觿。』說行能者也。」

《毛序》「《芄蘭》，刺惠公也。驕而無禮，大夫刺之。」《詩總聞》3，「此貴家飾童子，而不知其不可勝也。」程俊英、蔣見英《注析》：「這是一首諷刺貴族少年的詩。」

【校勘】

〔1〕《毛》芄支，《魯》《釋草》P2529 丸，《釋文》芄，本亦作丸。《說文》作莞，《說文》莞，《爾雅》虇，《集韻》虇，丸是古字。案：正字作枝，《毛》P2529 支，古字，《三家》《說文》《說苑・修文》《曹全碑》《唐石經》枝。支枝古今字。《唐石經》觿，《齊》《管子》《疏證》《玉篇》觿，《呂覽集釋》引王念孫云與雟同，《周禮・眂祲》賈疏《疏證》本字作觿，雟本義是布穀鳥，鑴雟讀如觿，雟是觿之省借。P2529 作觿，觿俗字，觿鑴同。古字作爻，《毛》遂，《箋》瑞，當作璲，《大東》鞙鞙配璲。《正義》璲，《正義》云：遂璲古今字。《魯詩世學》作璲。《毛》悸，《平議》字亦作痵，《釋文》引《韓》萃，《左傳・哀13》綾。案：悸、痵假借字，悸 jì，（古）群脂；萃 cuì，（古）從微；綾 ruǐ，（古）日歌。群、從准鄰紐，脂微相轉。從、日鄰紐，陰聲韻微。歌相轉。《定聲》綾，又作蕊、蘂。悸通萃，萃通綾。《韓》作萃可謂定本，正字則作綾。

〔2〕《毛》葉、韘，避唐諱，《阜》S071 葉，《唐石經》枼。本字作葉韘，又作鞢、韘，《說文》《初刻》8/168 韘，或作弽。《唐石經》鞢。弽韘同，鞢，避諱。作㯆為俗人增形字。《毛》甲，漢馬王堆帛書《老子》甲本《德經》閘，甲、閘讀如狎。《魯》《釋言》「甲，狎也。」則古本本作甲，《釋文》引《韓》作狎，古字作甲，今文作狎，甲通狎。《匡俗正謬》甲，讀如狎。

【詮釋】

〔1〕丸通芄。《釋名》雚，《疏》芄蘭（蘭），陸《疏》雀瓢。結子莢形如解結錐。案：芄蘭，疊韻詞，蘿藦科，莖、葉、果入藥。《本草綱目》18，蘿藦作藤生，摘之有白乳汁，人家都種之，厚而大可生啖，亦可蒸煮食之，補益精氣。《藥海》頁 1589，Metaplexis japonica Tnunb. Mak。其子入心肺腎三經，補益腎精，解毒生肌，治金瘡出血。宋・沈括：「支，莢也。芄蘭生莢，支生於葉間，垂之如觿狀。」(《四庫》，經部，73/404)。童子，尚未成年。貴族家長忙著給他成人化的裝飾，而其德其能遠未相稱。韘shè，射箭時著於大拇指用以鉤弦的用具，以象骨或晶玉製成。觿 xī，用象骨製成的解結錐。鑴 xī，則是用青銅製成的解結器，銳末。又作爲配飾。能 néng，(古) 泥蒸；而 ér，(古) 日之。泥、日準鄰紐，陰陽對轉中蒸、之對轉，能通而，而，卻。知 zhī，相知，即後來《漢樂府・上邪》：「上邪！我欲與君長相知！」大約抒情主人公青梅竹馬式與童子曾相知，幾年不見了，童子竄高了，像模像樣地配上成人裝飾，豪華起來，竟不與女抒情主人公長相知。容，《箋》：容刀。容，容止；遂，遂遂、綏綏 suísuí，有修養貌，文貌。《魯說》《荀・儒效》「綏綏然其有文章也。」豕遂，讀如璲，《正義》：佩玉璲，《魯》《釋器》「璲，瑞也。」《玉篇》璲，玉璲，以玉爲佩也。」《傳》「佩玉遂遂然」，也作佩玉。帶，紳帶，由於容刀、佩璲，則有垂帶，悸通萃，萃通縈，縈，玉飾佩時垂帶貌。

韻部：韻部：支（枝）觿（鑴）觿知，支部。遂（豕璲），微部，萃，微部，悸，脂部，縈，歌部。

〔2〕《本草綱目》18 蘿藦葉厚大可食。韘 shè，又作玦、決，扳指用象骨或晶玉做成，著於右手大拇指，用以引弦。案：這也是成人用的器具。貴族則在培育子弟時往往希望早熟化，成人化。詩人諷刺這一通病。甲讀如狎。甲狎 xiá，疊韻通借，狎，狎習，親近，親昵，俗稱「要好」。能 néng，(古) 泥蒸；竟 jìng，(古) 見陽；而 ér，(古) 日之。泥、見准鄰紐，泥母、日母准鄰紐，蒸陽對轉，蒸之對轉，能通竟，能通而，《詩經》多有此例。

韻部：葉韘韘甲，盍部；遂萃，微部。(悸，脂部，縈，歌部)。

【評論】

《魯說》、《說苑・修文》：「能治煩亂者佩觿，能射御者佩韘，能正三軍者搢笏。必荷規而承矩，負繩而準下。」唐・張九齡《曲江張先生文集・宋

使圖寫眞圖贊並序》：「意得神傳，筆精形似。」案：《芄蘭》截取了社會生活的一個橫斷面，一個生活細節，繪寫了女主人公的內心感受，情不自禁地對眼前這個竄高了、服飾突然豪華的當年相知說：「能不我知」，進而說出「能不我狎」，活脫脫寫出內心的奧秘：「你還愛我？」宋·王質：「此豪家飾童子而不知其不可勝也。」（《四庫》，經部，72/487）明·戴君恩：「詩意殆別有刺也，直作刺童子看，索然無味矣。」（《存目》經部 61/244）《田間詩學》：「觿所以解結，以象智也。智不足，則虛佩觿矣。韘所以發矢，以象武也。武不足，則虛佩韘矣。」龔橙《詩本誼》：「刺在位非人也。」《會歸》頁 552「全篇以德爲主幹，分層形容，再以分章平列，兩章若複疊者，所謂言之，不足而長言之；正陳美而反刺惡，又所謂言在此而意在彼，皆詩人婉而多風之精妙高格也。」

河　廣

誰謂河廣？	誰說黃河寬廣？
一葦杭〔斻杭航〕之。	一束蘆葦可渡航！
誰謂宋遠〔遠〕？	誰說宋國隔得遠？
跂〔企〕予望之。〔1〕	踮起腳跟我能望！
誰謂河廣？	誰說黃河寬廣？
曾不容刀〔舠舳〕。	竟不容下小船航。
誰謂宋遠〔遠〕？	誰說宋國隔得遠？
曾不崇朝。〔2〕	一個早上就能到家鄉。

【詩旨】

　　宋桓公夫人姬作思歸歌。至於「曾不容舠」，「一葦杭之」誇飾手法。《齊說》《鹽鐵論·執務》「好德如《河廣》……孔子曰：『吾於《河廣》，知德之至也。』而欲得之，各反其本，復諸古而已。」《注析》：此詩作者，望鄉之情，已壓倒一切。

　　《毛序》：「《河廣》，宋襄公母歸於衛，思而不止，故作是詩也。」

　　《原解》6，「此詩作於衛未遷國之先，宋襄公爲世子時也。衛都朝歌，在河北。宋都睢陽，在河南。至戴公遭狄難渡河，文公營楚丘，則衛、宋皆在河南，而襄公始爲諸侯耳。按此時慈母思之，不爲不切，而不可則止之義隱然言外，詩之婉而不盡類此，彼說詩者必欲直言而後信，何與？」

【校勘】

〔1〕本字作斻。《毛》《魯》《惜誦注》杭，《說文》《後漢書·杜篤傳》斻 háng，《爾雅》方，斻航古今字。敦煌本作沆，唐寫本初作沆，添改作杭，《思玄賦》P2529 唐寫本《玉篇》《初學記》《類聚》《白帖》6 作航。字異義同。《漢石經》遠，《毛》遠，同。本字作企，《三家》《遠逝注》《說文》《易林·觀之明夷》作企，《大戴禮記·勸學》引作「跂而望之」，作「跂而」是引孔子語，並未說明引《詩》。《毛》《釋文》《正義》跂，跂通企，又作踲、蹝、𨂂，是企的或體字。

〔2〕《毛》刀，《字書》《箋》《釋文》《正義》刀，刀通舠，《埤蒼》《說文》《釋名》《方言》《集韻》舠，《字書》《正義》引《說文》舠。《玉篇》《文心·誇飾》《書抄》《初學記》P2529、《御覽》舠。刀舠古今字，舠舠同。

【詮釋】

〔1〕《讀風偶識》2「《載馳》，許詩。《河廣》，宋詩。而繫列於庸、衛之風，以二夫人於其宗國皆有存亡繼絕之思，故錄之。」河，黃河。廣 guǎng。一葦，一束蘆葦。誇飾手法。斻杭航 háng，舟渡。衛都朝歌在黃河北，宋都睢陽在黃河南，在今河南省商丘東南，子姓。母子情深，本是人的天性。所以當母親的時時跂起腳後跟向河南眺望。案：跂讀如企，《說文》「跂，足多指。」「企，舉踵。」跂通企，企 qǐ。企予，企予踵而聳身眺望。遠望。

韻部：廣杭（斻航）望，陽部。

〔2〕曾，竟。刀通舠，刀舠舠dāo，小船。崇通終，終朝 cháo，一個早上。

韻部：刀（舠舠）朝，宵部。

【評論】

明·戴君恩：「四『誰謂』字，何等情緒！」《升菴詩話》：漢·韋孟《諷諫》步《河廣》，下啓三國·魏·曹丕《至廣陵於馬上作詩》。《詩志》1，「偏說宋不遠，所憾不在宋遠也。語意自妙。……《竹竿》憾遠，《河廣》却說不遠，用意各有其妙。意以翻空而奇，語以歇後而遠。突然而起，咄然而止，不更添一字。」徐立綱《旁訓》：「『盈盈一水間，脈脈不得語。』義之所在也。同一不可往，一云遠莫致，一云誰謂宋遠，讀者思。」《原始》，「〔一章〕飄忽而來，起最得勢，語亦奇秀可歌。」

伯 兮

伯兮朅〔偈〕兮，	〔秋〕情哥哥英武特立啊，
邦〔邦〕之桀〔傑〕兮，	是衛國的英雄豪傑啊，
伯也執殳〔役、投〕，	情哥哥手執丈二長殳，
爲王前驅。〔1〕	爲國王開路先鋒當頭立！
自伯之東，	自從情哥哥開赴洛陽東，
首如飛蓬，	我的頭髮亂如飛蓬，
豈無膏沐？	難道沒有脂膏沐液？
誰適〔適〕爲容！〔2〕	我當爲誰妝飾面容？
其雨其雨！	〔連月乾旱〕祈雨！祈雨！
杲杲出日。	偏偏日出高高連日炎熱，
願〔顧〕言思伯，	思念情哥哥您喲，
甘心首疾。〔3〕	甘心想得頭顱受疾！
焉〔安〕得〔能〕諼〔蕙萱蘐菱〕草？	何能有令人忘憂草啊，
言樹〔植〕之背。	我栽到北堂！
願〔顧〕言思伯，	每每念想情哥哥，
使我心痗。〔4〕	後悔縈繞在我的心房！

【詩旨】

案：《詩古微〈王風〉義例篇下》引宋・蘇轍：《詩》止於陳靈。誤。《伯兮》作於前589年，才是《詩》最晚之作。詳《左傳・成2》《衛世家》。這是一位虎賁之士的妻子對心愛的英雄懷有刻骨相思的英雄頌歌（Chansonde gest），閨情詩，寫實詩。由於是衰世之音，思懷之歌，《詩經》最晚之作，雖曲盡閨情，哀婉已甚。

《齊說》《易林・節之謙》：「伯去我東，首髮如蓬；長夜不寐，輾轉空床；內懷惆悵，憂摧傷肝。」《編年史》繫於前589年，云：刺征戰頻繁，過時不返。

《毛序》「《伯兮》，刺時也。言君子行役，爲王前驅，過時而不反焉。」

朱熹《詩集傳》：「夫人以夫久從徵役而作是詩。言其君子之才之美如是，今方執殳而爲前驅也。」

【校勘】

〔1〕《毛》竭、桀，《魯》《廣雅》《高唐賦》注引《韓》偈，P2529 邞，邞是邦字之誤。《毛》桀，《箋》《玉篇》《韓》《台》121/518、《正義》傑，桀古字。竭通偈。《毛》殳，《急就篇》《五經文字》殳杸古字。

〔4〕《毛》焉，《說文》安。《毛》得，P2529 能。本字作藼，《說文》藼，萱、蕿，諼同蕿，異體，諼通藼。《毛》諼，《魯》《釋訓》「蕿、諼，忘也」，《釋文》：諼，本又作萱，《說文》作藼，或作蘐。謝惠連《西陵遇風詩》李注引《韓》《初學記》《白帖》《廣韻》萱（同諠）陸機《贈從兄車騎》注引《韓》作諼。《平輿令薛君碑》愃，《阮籍詩注》《事類賦》24 引作蕿，《說文》諼本義欺詐，蕿蘐愃諼通藼，萱藼同。《毛》適、杲、願，P2529 適，杲作杲，願作顅，俗字。《毛》樹，尌為籀文，通作樹，《演繁露》作「言植之北」，樹、植義同，背通北。《魯》《釋詁下》《毛》瘏，《韓詩章句》作癏，傳寫之誤。

【詮釋】

〔1〕竭通偈，偈 jié，《高唐賦》李注引《韓》「偈，桀從也，疾驅也。」案：伯，《毛傳》訓州伯，謬矣。伯，妻子對丈夫的昵稱，如情哥哥，中原官話，襄汾、曲沃方言伯伯子〔pei²¹pei²¹ tsl²²⁻²¹〕。〔2〕邦，諸侯國。桀通傑 jié，英傑。〔3〕殳 shū，長一丈二而無刃的棒，前驅之器，主人當是國王的虎賁之士。驅 qū，開路先鋒。

韻部：竭（偈）桀（傑），月部。殳（杸殳）驅，侯部。

〔2〕之，開赴。東，東周都邑在洛陽，衛等部隊先到洛陽。前 707 年衛國隨周桓王伐鄭，王師大敗，周桓王被射中肩膀。〔5〕頭髮猶如亂飛的蓬草。細節刻畫。〔6〕豈 qi，反詰副詞，難道，並非。膏沐，連語，油脂與香料等製成的化妝品，難道沒有洗頭的脂膏、洗垢澤髮的液汁。《三蒼》：適 shì，悅 yuè，為誰打扮？《新證》適，當。容 róng，打扮容儀。

韻部：東蓬容，東部。

〔3〕其 qí，祈 qí，同為群母，之、微相轉，其通祈。其雨其雨，一再重申祈雨。前 707 年大旱，蝗災，而進行「大雩」即求雨之祭。杲杲，日出亮亮，炎日。日 rì。出日，日出，為叶韻。願 yuàn，思念。言、焉，襯音助詞。甘心，甘願。疾 jí，首疾，疾首，倒文便韻。

韻部：日疾，質部。

〔4〕焉得，安得，何能。誼 xuān，見《淇奧》校注。言，我。樹，植。背 bèi 北 běi，雙聲通借，蕿 xuān，令人忘憂草，栽蕿草於北堂階下。痗 mèi，《魯》《釋詁下》「痗，病也。」痗，痗痗 mèimèi，憂傷貌。《韓詩章句》痗音悔。痗讀若悔。

韻部：背痗，之部。

【評論】

案：民歌是文學的乳娘。思夫情歌，永誌不忘。情理豐沛，抒情極為強烈，陽剛之氣與陰柔之美並濟。晉‧潘岳《寡婦賦》與杜甫《新婚別》《玄都壇歌》《醉時歌》，本此。袁仁《毛詩或問》：「唐詩云：『承恩不在貌，教妾若為容』，猶有怨意。此云『豈無膏沐，誰適為容？』切而婉矣。言首疾，則不止飛蓬而已也。言心痗，則又不止首疾而已也，時漸久而思漸深矣。」《詩志》「偏說得極興頭極榮幸。……羅敷詩『何用識夫婿，白馬從驪駒』，唐人詩『良人執戟明光裡』皆同《伯兮》之旨。『甘心』字可感可閔。……媚情奇趣，靈婉中有沉摯處。」《原始》4，「〔二章〕宛然閨閣中語，漢、魏多襲此調。〔四章〕奇想。」《藝概》：尺水興波。案：中國閨情詩之祖，此詩濃情而出以簡筆，閨情以細節傳神。下啟《古詩‧行行重行行》、《冉冉孤生竹》，曹丕《燕歌行》、曹植《雜詩》、李白《子夜吳歌》、金昌緒《春怨》。

有　狐

有狐綏綏〔綏夊〕，	雄狐緩緩覓對象，
在彼淇梁，	走在那淇水的石樑上，
心之憂矣！	我的心兒憂思真悠長，
之子無裳。〔1〕	這小夥而今缺少衣裳。
有狐綏綏〔綏夊〕，	雄狐慢慢找對象，
在彼淇厲〔瀘灟砅瀨〕，	走在那淇水淺灘上，
心之憂矣！	我的心兒憂思正悠長，
之子無帶。〔2〕	這小夥缺衣冷得慌。
有狐綏綏〔綏夊〕，	雄狐逶迤找對象，
在彼淇側。	走在那淇水涯岸上，
心之憂矣！	我的心兒憂思正悠長，
之子無服。〔3〕	我欲為這小夥縫衣裳！

【詩旨】

案：有天理良知，對寒微人士灑一掬同情之淚，當封建等級制度扼殺了許多確有情感的男女婚姻時，女詩人大膽地用詩的語言既表示對寒士的悲憫同情，又以實際行動將愛給予對方，難道人一輩子窮困潦倒麼？這是悲情男女的情歌，婦人思夫歌。

《韓說》《外傳》3，「己惡飢寒焉，則知天下之欲衣食也。己惡勞苦焉，則知天下之欲安佚也；己惡衰乏焉，則知天下之欲富足也。知此三者，聖王之所以不降席而匡天下。故君子之道，忠恕而已矣。」

《齊說》《易林·觀之蠱》：「長女三嫁，進退無羞；逐狐作妖，行者離憂。」

《毛序》：「《有狐》，刺時也。衛之男女失時，喪其妃（讀如配）耦焉。古者國有凶荒，則殺禮而多昏，會男女之無夫（《台》121/518 下有「室」字）家者。所以（《台》121/518 下有『蕃』字）育人民（《考文》古本作民人，《唐石經》作「所以育人尸也」）也。」上紹《傳》《箋》，朱熹《詩集傳》，「國亂民散，喪其妃耦。有寡夫見鰥夫而欲嫁之，故託言有狐獨行，而憂其無裳也。」《田間詩學》：求匹之情。《通論》：婦人以夫從役於外，而憂其無衣之作。《讀風偶識》2 所說公允：「狐在淇梁，寒將至矣。衣裳未具，何以禦冬？其為丈夫行役，婦人憂念之詩顯然。」《注析》：「這首詩是一位女子憂念她流離失所的丈夫無衣無裳而作。」夏傳才教授《思無邪詩經論稿》：「一個人來到淇水岸邊，看見毛茸茸的狐狸從河梁下來，那茸茸的毛皮使之想起自己最關心的人還缺少衣裳，於是睹物生情，對心上人深深關懷，別無深意。」

【校勘】

〔1〕《毛》綏綏，《漢石經》綏綏，《韓》《說文》《玉篇》《詩考》引《齊》夊夊，綏綏古今字。

〔2〕《毛》厲，《魯》《離世注》：瀨《說文》《毛詩音》瀨。《漢石經》作瀘，《魯》《釋水》《釋文》厲，本或作瀨，瀘，古字，《說文》又作砅，音義同。

【詮釋】

〔1〕有狐，狐。綏綏 ruìruì，下垂貌。夊夊、綏綏 suísuí，行遲貌。朱熹：獨行求匹貌。託物起興。梁 liáng，厚石絕水為梁。裳，下服。

韻部：梁、裳，陽部。

〔2〕憂，抒情女主人公思也，憂亦思，表示悲憫同情。《讀風偶識》釋為「憂念」。之子，是子。裳，下裳，代指衣服。以下改字換韻。案：在當時凶荒飢饉，抒情主人公能沖決世俗觀念，以為之子無裳誠一時事實，難道永遠受窮？她絕不以衣取人，芳心暗許。故難能可貴。瀍砯瀨，屬 lì 瀨 lài 同聲假借，沙石灘。帶 dài，衣帶，借代指衣服。

韻部：厲（瀨瀨）帶，月部。

〔3〕側 cè，涯，《代檀》：「寘之河之側兮。」服 fú，衣服。

韻部：側服，職部。

【評論】

《集解》「此詩言衛之男女年盛之時而喪其妃（配）耦也。」（《四庫》經71/177）《容齋隨筆》：「語少意足，有無窮之味。」《讀風臆補》上，「兩不相干，而代為之憂，千古奇情。首言有狐，而不言其人，此藏頭語也。末言無裳，而不言願為縫裳，此蓋腳語也。尚見亂離所迫。廉恥仍存。」

木 瓜

投我以木〔梾〕瓜〔爪苽〕，	贈我以木瓜啊，
報〔保〕之以瓊〔瓊瓊〕琚。	回報以瓊琚啊，
匪〔非〕報也，	並非回報啊，
永〔柄〕以為好也！〔1〕	永結情好啊！
投我以木桃〔杫〕，	贈我以木桃啊，
報〔保〕之以瓊〔瓊瓊瓊〕瑤。	回報以瓊瑤啊，
匪〔非〕報也，	並非回報啊，
永〔柄〕以為好也！〔2〕	永締百年之好啊！
投我以木李，	贈我以木李啊，
報〔保〕之以瓊〔瓊瓊〕玖。	回報以瓊玖啊，
匪〔非〕報也，	並非回報啊，
永〔柄〕以為好也！〔3〕	永誓終老之好啊！

【詩旨】

案：本為衛國民歌，男女相愛，贈以信物，男女對歌，永結百年之好的戀歌。朱熹：「男女相贈答之詞」，聞一多文學的義蘊與受眾有關，何以企業

家讀四大名著良受啓迪？此詩用於友誼之締、上恤下下報上、外交之盟也有普世價值。

　　《孔叢子・記義》孔子云：「於《木瓜》見苞苴（bāo jū，包裹的禮品）之禮行也。」《詩論》簡 18：「《木芯》，木芯之保（報），㠯俞丌㤪（以喻其悁，㤪yāun，怨）。」

　　《魯說》《新書・禮》「由余云：苞苴時有，筐篚時至，則群臣附。《詩》曰：「『投我以木瓜，報之以瓊琚，匪報也，永以爲好也。』……」

　　《毛序》「《木瓜》，美齊桓公也。衛國有狄人之敗，出處於漕（《台》121/518 作曹），齊桓公救而封之，遺之車馬器服焉（詳《左傳・閔 2》）。衛人思之，欲厚報之，而作是詩也。」《原解》6，「此詩蓋作於齊桓公既死之後，衛文公忘齊人再造之恩，乘五子之亂而伐其喪，故詩人追思桓公，以諷衛人之背德也。」則爲外交方面詩，睦鄰友好之歌。

【校勘】

　　〔1〕《毛》木瓜，《詩論》簡 18 木芯，《唐石經》木爪，芯爪俗字。《魯》《爾雅》《說文》作楙。音義同。P2529 枚，誤。我作我，瓜作爪，俗字。《毛》桃，《漢石經》P2529桃，古字。《漢石經》《毛》報，《詩論》簡 18 保，保通報。《毛》瓊，《唐石經》瓊，同。《唐石經》匪永，《阜》S067 非柄，柄讀如永。

【詮釋】

　　〔1〕投，贈。以，拿；木瓜，《本草綱目》30，《魯》《釋木》名楙，木實如小瓜。於廣陵區沙頭鎮西江生態園見臺灣木瓜（Chaenomeles sinensis），薔薇科落葉喬木，黎果長橢圓體形，深黃色，果肉木質，微酸有芳香。味酸，可食，山陰、宣城等都有，《藥海》木瓜入肝、脾二經，功效舒筋活絡、化濕和胃，其枝、核、根也有藥用功效，其枝舒筋除濕、去邪滌濁，其核去邪除煩，治霍亂、煩躁氣急，其根治風濕麻木腳氣。此處投木瓜，報瓊琚，男女贈信物，唯摯情厚意。報 bào，回報，回贈，報答。瓊 qióng，赤玉。琚 jū，繫在珩、璜間的佩玉，次玉。「匪報也，永以爲好也」，副歌，下同。匪，非。永，永遠。好 hǎo，秦晉夫婦之好（以及友朋之好，上下級之好，盟邦之好）。

　　韻部：瓜琚，魚部。報好，幽部。

　　〔2〕桃 táo，木桃，《本草綱目》30，《埤雅》名木桃，孟州多，似梨酢酸，入蜜煮湯則香美過之。功效：斷痢、去噁心咽酸、止酒痰黃水，治霍亂轉筋。《三家》、《說文》《洛神賦》注《招魂》注瑤，玉之美者。

　　韻部：桃瑤，宵部。報好，幽部。

　　〔3〕李 lǐ。木李，《本草綱目》30，木李，榠樝 Chaenomeles sinensis，《埤雅》稱木李。比木瓜大而黃，津酒去痰，置衣箱去蟲，解酒去痰、去噁心，止酸水，止痢，治白髮，治霍亂轉筋。《藥海》榠樝，入肺、胃、大腸三經，功效：消痰和胃化濕，止瀉，治噁心、泛酸、吐瀉、轉筋、痢疾；治肺炎咳嗽等，祛痰消癭。玖 jiǔ，黑色玉。

　　韻部：李玖，之部。報好，幽部。

【評論】

　　《集解》：「木瓜、木桃、木李，皆微物也，而詩人頌以瓊琚、瓊瑤、瓊玖報之，猶以為未足，而心之不足也。」（《四庫》經部 71/180，宋‧戴溪《讀衛風》「報德者不重其物而重其意（誼），不重其能而重其能繼。」《臆評》6「末二句，不更一字，令傳奇合唱猶本諸比。」（《續修》58/191）明‧陳第《讀詩拙言》：「動乎天機，不費雕刻。」《詩志》1，「木瓜之贈猶以瓊瑤報之，況齊桓公之德於衛之厚且大者，非以齊桓之惠直比於木瓜也。如此看，詩意自高妙。筆端繚繞，言外含蓄。」「三疊三複，纏綿濃致。」《臆補》上，「千古交情，盡此數語。」案：《木瓜》用連章複唱，以物傳情，所抒發的真愛、真的友情是無價的，非可言宣。瞧，純真的愛情詩，愛情世界何其美好香甜。推及友情、邦交，何嘗不是？所以妙詩常常耐人尋味。漢‧張衡《四愁詩》胎息於此。案：男女贈答歌，連章複唱，有主歌，有副歌，寄意深遠，故傳之久遠。

卷六　國風六

王　風

　　王，王都，周代東都洛邑，古城故址在今河南省洛陽市西工區南、洛龍區西北，畿內含洛陽、孟縣、沁陽、偃師、鞏縣、溫縣，濟源東南的陽樊、濟源縣北的原、修武北的攢茅及伊川、嵩縣等地。前 770 年周平王東遷洛邑，王風，洛邑的民歌選集。案：《王風》《鄭風》《陳風》中土之風。《王風》周王朝畿內民歌選集，除《君子陽陽》寫京畿之地房中樂的流播，《丘中有麻》追思賢良，其餘皆刺詩。《黍離》《兔爰》閔周，《君子于役》思夫于役，《揚之水》戍申甫，《中谷有蓷》棄婦詩，《葛藟》寫流民，《采葛》寫相思苦，《大車》寫愛情忠貞。從一定程度上反映了京畿士民的率眞與傷感，寫詩者、選詩者乃至編纂詩的最高領導太師、太史的獨具隻眼，主政者采風采詩的包容，這大約是周朝延祚 790 年的原因之一。《原始》5：「無怪其音之哀以思，不止怨，而怒矣。後世杜甫遭天寶大亂，故其中有《無家別》《垂老別》《哀江頭》《哀王孫》等篇，與此先後如出一轍。杜作人稱『詩史』，而此冊實開其先」。

黍離〔褵〕

彼黍〔柔柔〕離離〔纏蠡稰歷〕，	那穄子長成一行行，
彼稷〔襪齎〕之苗，	那稷子尚未秀穗，

行邁靡靡〔䃊䃊〕，　　　　　　　我行步遲遲啊，
中心搖搖〔愮愮遙搖〕。　　　　　　憂心愮愮訴於誰？
知我者，　　　　　　　　　　　　體會我的人，
謂我心憂；　　　　　　　　　　　說我為國分憂，
不知我〔不我知〕者，　　　　　　不能體會我的人，
謂我何求？　　　　　　　　　　　卻說我別有所求！
悠悠蒼〔倉〕天，　　　　　　　　浩浩渺渺的上天啊，
此何人哉！〔1〕　　　　　　　　　這究竟是何許人喲！

彼黍〔柔黍〕離離〔纚蠡穲歷〕，　那穄子長成一列列，
彼稷之穗〔穧蓫采穗〕，　　　　　那稷子秀成了穗，
行邁靡靡〔䃊䃊〕，　　　　　　　我行步遲遲啊，
中心如醉。　　　　　　　　　　　心中憂深真如醉。
知我者，　　　　　　　　　　　　體會我的人，
謂我心憂；　　　　　　　　　　　說我為國分憂，
不知我〔不我知〕者，　　　　　　不能體會我的人，
謂我何求？　　　　　　　　　　　卻說我別有所求！
悠悠蒼〔倉〕天，　　　　　　　　浩浩渺渺的上蒼啊，
此何人哉？〔2〕　　　　　　　　　這究竟是何許人喲！

彼黍〔柔黍〕離離（纚蠡穲歷），　那穄子長成一道，
彼稷〔穧〕之實，　　　　　　　　那稷子也長成子粒，
行邁靡靡〔䃊䃊〕，　　　　　　　我行步遲遲啊，
中心如噎〔欭〕，　　　　　　　　心中憂抑太鬱結。
知我者，　　　　　　　　　　　　體會我的人，
謂我心憂；　　　　　　　　　　　會說我為國分憂，
不知我〔不我知〕者，　　　　　　不能體會我的人，
謂我何求？　　　　　　　　　　　卻說我別有所求！
悠悠蒼〔倉〕天，　　　　　　　　浩浩渺渺的上天啊，
此何人哉？〔3〕　　　　　　　　　這究竟是何許人？

【詩旨】

　　案：大約在周桓王（前719～前697）時，士大夫經過宗周，見西周的宗
廟宮室之地長滿黍稷，滿目瘡痍，悲不自勝，憑弔故國，悲歌宗周的傾覆，
哀傷的遊子歌，心何以堪，淚灑長空，徒喚奈何，誰能挽回周朝衰微的頹勢，
個中有何教訓，耐人深思。這是詩人憂時憫宗周的詩。此詩可能受到箕子在

周初所作《麥秀歌》的啓示，後來者居上，詩的意境，抒情筆致，生活細節，善於傳神，具有強大的震撼力。

《魯說》《御覽》151《琴操》「尹吉甫子伯奇，母早亡，吉甫更娶後妻，乃譖於吉甫曰：『伯奇見妾美，欲有邪心。』」……於是吉甫大怒，放伯奇於野。《新序校釋》頁847～879：衛宣公之子，伋也壽也、朔也。伋，前母子也；壽與朔，後母子也。壽之母與朔謀欲殺太子伋而立壽也。使人與伋乘舟於河中，將沉而殺之，壽知不能止也，因與之同舟，舟人不能殺也，於是，壽閔其兄之且見害，作憂思之詩，《黍離》，之詩是。《列女傳》：夫魯國有患者，君臣父子，皆被其辱，禍及眾庶，婦人獨安所避乎？吾甚憂之。君子曰：遠矣！漆室女之思也。《詩》云：『知我者謂我心憂，不知我者謂我何求？』此之謂矣。

〔韓說〕《御覽》469、842引《韓詩》：「《黍离》伯奇作。」薛君注：「詩人求己兄不得憂慽不識於物，視彼黍离离然，憂甚之時，反以爲稷之苗。乃自知憂之甚也。」《御覽・人事》110，曹植《令禽惡鳥論》：「昔尹吉甫信後妻之讒，而殺孝子伯奇，其弟伯封，求而不得，作《黍离》之詩。」又見《後漢・郅惲傳》。《後箋》從時代否定《韓說》。

《毛序》：「《黍離》，閔宗周也。〔周〕大夫行役，至於宗周，過故宗廟宮室，盡爲禾黍，閔周室之顛覆，彷徨不忍去，而作是詩也。」

郭沫若《中國古代社會研究》：「這是有悲的『故宮禾黍』之悲，事實上怕就是悲自己的破產。」余師《選譯》：「流浪者述說他的憂思。」

【校勘】

〔1〕（毛）黍，《漢石經》秝，《說文》《玉篇》《古今注》P2529秬，秝秬秝同。《毛》離，《說文》稽，《集韻》纚。《九歎・惜賢》蠡，王逸注：蠡蠡猶歷歷，行列貌也。音義同。蠡離纚讀如稽。《漢石經》《毛》稷，《說文》齋，同。《毛》靡，《玉篇》䊸。案：靡通䊸。《魯》《釋訓》《新序・節士》《說苑》《方言》《玉篇》《詩考補遺》引《三家》作愮，《毛》搖，樊光本作遙，P2529榣，搖榣遙通愮。《毛》蒼，《外傳》《史晨碑》倉，古字。

〔2〕《毛》穗，《說文》采。《玄應音義》注引《說文》穗，《說文》又作稶，《慧琳音義》19，又作蓫、穖古字作采，通作穗，穖。《修華嶽碑》黍，同黍，P2529黍作黍，稷作禝，穗作穂，醉作醉，俗字。當爲「不我知者。」下同。

〔3〕《毛》噎，「說文」作欭。欭、噎義同。

【詮釋】

〔1〕黍黍黍 shǔ，粘性黃米。抗旱力強，夏種。離 lí。離穋、蘊、穛，穛穛 lì lì，行列貌，一說穀穗下垂貌。稷 jì，粟，穀子，春種。《御覽》842 引《韓詩章句》《黍離》伯封所作。詩人述己見不同，憂不識物，視彼黍乃以爲稷也。如質實而訓，則黍已秀穗，苗，稷而未秀穗，《閟宮》P3757「黍種稷穆」，稷遲熟。行邁，連語，行。靡 mǐ 通遲。《玉篇》攡 mǐ，攡猶遲 cí。唇音明、舌音定準鄰紐。搖通愮。愮搖遙傛字異音義同，《魯》《釋訓》《說文》：愮愮 yàoyào，憂無告也。」知，懂得，體諒；謂，認爲，今說。憂 yōu，心憂國家命運。求 qiú，你還有什麼追求？蒼天，上天。哉 zāi，責問語氣詞，承上句「不知我者，謂我何求」？此何人哉？這是什麼人？以小人之心度君子之腹，國家者，人民之國家。天下者，百姓之天下。犬戎毀了宗周，釀成前 771 年周幽王宮涅滅亡的根本原因是什麼？推諉 wěi 之於「女人禍水」，合適嗎？《史記》：昭王「王室衰微乃至昭，南征，舟沉於漢」，懿王時「王室遂衰」，夷王、厲王時諸侯或不朝，或叛之。噎、歐 yì，憂，不平。

韻部：離靡，歌部；苗搖，宵部；憂求，幽部。天人，眞部；哉，之部，遙韻。

〔2〕采穟 suì，俗作穗，又作遂，禾黍黍實。醉，詩人憂國之心如醉於酒，恍惚，不能自己。

韻部：離靡，歌部；穗（采穟），脂部；醉，微部。脂微通韻。憂求，幽部。天人，眞部；哉，之部，遙韻。

〔3〕實 shí，子實，黍稷長成了，米粒子實。歐 yì 噎 yē 同聲通借。憂抑、歐嗳、噎噎，氣逆歐塞，堵塞，閉結。又噎憂雙聲通借，《玉篇》引詩云：「謂噎憂不能息也。」憂抑不已，內心痛苦。《慧琳音義》34 注引《傳》噎，憂抑也。

韻部：離靡，歌部；實噎，質部；憂求，幽部；天人，眞部。哉，之部，遙韻。

【評論】

晉·向秀《思舊賦》：「歎《黍離》之湣周兮，悲《麥秀》於殷墟。」《文心雕龍·時序》：「幽、厲昏而《板》《蕩》怒，平王微而《黍離》哀」。《魯傳》《中說·王道》：「王國之有《風》，天子與諸侯夷乎？誰居乎？幽王之罪也。故始之以《黍離》於是雅道息矣。」這大約如同古希臘·亞里斯多德《詩學》所說的輓歌詩人所作，本於箕子《麥秀歌》，拓得時間、空間、心靈更爲廣、

更爲深、更爲發人深思，善於賦體，在駕馭詩歌語言方面更爲匠心獨運。爲漢・班婕妤《怨詩》，班彪《北征賦》、《古詩》曹操《薤露》《蒿里》曹植《送應氏》鮑照《蕪城賦》杜甫《哀江頭》《哀王孫》《無家別》《垂老別》所本。宋・俞德鄰《佩韋齋集・曹之才詩序》「因事變懷舊俗，詩人之旨也。然感慨之深，激烈繼之，往往蹈語弄而觸禍機者有矣。……此正詩人所當涵泳而紬繹者也。」《詩集傳》引元城劉氏云：「常人之情，於憂樂之事，初遇之則其心變焉，次遇之則其變少衰，三遇之則其心如常矣。至於君子忠厚之情則不然。其行役往來，固『非一見也』。初見稷之苗矣，又見稷之穗矣，又見稷之實矣，而所感之心終始如一，不少變而愈深，此則詩人之意也。」《詩疑》「周大夫之作，亦善於爲詩者。感慨深而言不迫切，初不言其宗國傾覆之事，反覆歌詠之，自見其悽愴追恨之意，出人意表。」《詩志》「如醉如噎，寫憂思入神，開後世騷人多少奇想。悲涼之調，沉鬱頓挫，高呼長吁亡國之恨，驚心動魄，所謂幽蕩泣鬼神者是也。」《詩誦》「三章章十句，所易者只三字耳，觸目傷心，低回反覆，眞有如醉如噎之神，二『彼』字，四『我』字，一『此』字，緊相呼應。」《原始》，「三章只換六字，而一往情深，低佪無限。此專以描摹虛神擅長，憑弔詩中絕唱也。唐人劉滄、許渾懷古諸詩，往跡襲其音調。」黃秋暉：「何忽黍稷之不分若是？因『行邁靡靡』，而『中心搖搖』也。其傳神之處全在兩『彼』字及一『之』字，將一種迷離徜恍之神情，活現紙上，千載下猶如聞其聲，下復急以『中心搖搖』等句說明之，是何等婉妙！」（《佗傺軒說經》，齊魯書社，頁 156）《會歸》：「此抒情之作，委曲盡致，所用事興，極詩人狀物言情之工妙，最合詩之神致，爲本義不虛矣。」

君子于役

君子于〔行〕役〔役〕，
不知其期。
曷至哉〔曷其至哉我〕？
鷄〔雞〕棲于塒〔怙時榯怙〕，
日之夕〔姼〕矣〔誒〕，
羊牛〔牛羊〕下來，
君子于〔行〕役，
如之何勿思！〔1〕

夫君往役好久啦，
不知歸期好想他，
何時回來相會哉？
雞兒上塒休息啦，
太陽已經落山啦，
羊牛都已回圈哉！
夫君往役好久啦，
叫我怎能不想他！

君子于〔行〕役，　　　　　　夫君往役好久啦，
不日不月。　　　　　　　　　沒有期限，
曷其有佸〔括佸捂〕？　　　　何時歸來能相會，
鷄〔雞〕棲于桀〔揭弋杙榤〕，雞兒登上小木桩，
日之夕〔𢓊〕矣〔誒〕，　　　太陽下山天晚啦，
羊牛下括〔佸捂栝〕。　　　　羊牛都已回圈哉！
君子于〔行〕役，　　　　　　夫君往役這麼久，
苟無飢〔饑〕渴？ [2]　　　　　夫君且無饑渴吧？

【詩旨】

案：思婦歌。《墨子‧非命下》：「故昔者禹、湯、文、武，方爲政乎天下之時，曰：必使饑者得食，寒者得衣，勞者得息，亂者得治，遂得光譽令問於天下。」此思婦詞。丈夫在遠處服役，夕時見雞棲於代，羊牛都回來，農村婦女不見丈夫回家，其時其境，勾起不盡閨思，唯其白描，唯其純情，景眞意摯，故深摯動人，傳之千古。由於其淳樸的民歌氣息，爲中國先秦現實主義不朽詩作之一。繫於前 735 年。

《毛序》：「《君子于役》，刺平王也。君子于役無期度，大夫思其危難以風焉。」《唐石經》同。案：該詩純是民歌，酷肖民間女子口吻，《毛詩》動輒把詩的創作者定爲王、后、士，有失公允。《詩補傳》「此詩作於大夫」。強爲之說。《詩總聞》，「當是在郊之民以役適遠，而其妻子日暮之時約雞歸棲，呼牛羊來下，故興懷也。大率此時最難爲別懷，婦人尤甚。」（《四庫》經部72/491）確論。

【校勘】

〔1〕《毛》役，《漢石經》役，《北征賦》李善注引作行，《說文》、P2529役，役古字。《唐石經》曷至哉，《考文》「曷其至哉？」與二章，「曷其有佸」正好相應，《唐石經》「如之何勿思」，陶淵明《答庞參軍》「一日不見，如何不思」，劉宋‧羊微《答丘泉之詩》「對影華署，如何勿懷？」，固然是四言詩體，有可能陶詩「如何不思」是由（如之何勿思）縮寫的。《毛》鷄，《漢石經》雞，同。本亦作塒，《說文》《毛》塒，《釋文》《群經音辨》時，P2529㫑，《釋文》時，本字作塒。㫑是塒字之訛。《唐石經》、《詩總聞》作牛羊，誤。《阜》S097𢓊誒是增形字。《漢石經》《毛》《埤雅》《文選》頁 431、班彪《北征賦》注《文選考異》作羊牛。正是從物性而校而訓。

〔2〕《五經文字》《毛》佸，《韓》括，《說文》捰，古字。《說文》《群經正字》㖒，古字，隸變爲佸。本字作弋，《魯》《釋宮》《說文》弋，《唐石經》桀，《說文》《擬鄴中集·劉禎》注引《毛》揭、桀、弋。《釋文》弋，本字作弋。《毛》桀，李巡《爾雅注》：雞棲於弋爲桀。桀榤古今字。P2529 作㮰、㯾、㯰、桰，俗字。《唐石經》飢，《兩漢全書》饑，古通。

【詮釋】

〔1〕君子，丈夫。于役，往役。期，歸期。曷通何，期，期限，何時回來。時之夕矣，之，助詞，《埤雅·釋獸》羊牛下來，羊性畏露，晚出而早歸。裴學海《古書虛字集釋》：來猶哉。塒 shí，鑿牆爲雞棲曰塒。哉，呢。如之何，之代君子，對他怎能，思念懷想。勿，不。

韻部：期哉塒來思，之部。

〔2〕役，服役。不日不月，無法以日月計。佸佸 huó，相會。《韓詩》括，至。弋（弋）yì，桀榤義同，古今字，木樁，。雞晚上立弋休息，雞糞掉在下面。桀（榤）jié。括捰佸 kuò，相會，至。括 kuò，讀如佸。苟，或許。

韻部：月括（佸）桀括（佸）渴，月部。

【評論】

詩主眞情，怎一个眞字了得？《詩論》簡 4：「民之又懟（duì，怨也），卡（上下）不知者丌甬（其用），心也戁（將）可女（何如）？」宋·王質：「當是在郊之民，以役適遠，而其妻於日暮之時，約雞歸棲，呼牛羊來下，故興懷抱也。大率此時最難爲別懷，婦人尤甚。」《詩疑》「閨思之正也。感時念遠，因人之常情，至情所鍾，在『苟無饑渴』一句上。」鍾惺：「君子于役，苟無饑渴」，眞婦人語。《詩通》：通篇語意句法，俱參善交換，唯兩喚，『君子于役』及『雞棲』三句不變，似是寬閒之語，正是寫情獨至處，……『苟』字最下得淒惋，有無可奈何之意，此思之極也。」（《存目》經部 65/352-353）王夫之《詩廣傳》：「『君子于役，不知其期』，非不爲之期也，雖欲期之而不得也。東周之失民，宜其亡矣。」《臆補》6：「情景俱絕」，「『日之夕矣』，猶唐人云：月明花落又黃昏，有无限感慨。」（《續修》58/192 ）《原始》，「傍晚懷人，眞情眞境，描寫如畫。晉、唐人田家諸詩，恐無此眞實自然。」周代行役詩不少，開啓了後代如三曹的《蒿里》《苦寒行》《卻東西門行》《於清河見挽船士新婚與妻別》《送應氏》及唐人行役詩。

君子陽陽

君子陽陽〔腸湯養暘揚〕， 左執簧； 右招我由房。〔右撓我繇謠房〕 其樂只〔旨〕且！ (1)	這個舞師揚揚剛猛英武， 左手兒持著大笙抒心懷， 右手兒招唱《房中樂》， 其中樂趣很滋潤很自在也哉！
君子陶陶〔僛僛〕， 左執翿〔翯翳纛纛〕， 右招我由〔游〕敖〔遨鷔〕。 其樂只〔旨〕且！ (2)	這個舞師和樂自得意， 左手兒執著彩翳舞得樂陶陶， 右手兒招唱古樂《鷔夏》， 其中樂趣真個樂陶陶也哉！

【詩旨】

案：《王风》是周王畿域的民歌選，《考文》房中樂（《四庫》190/180）詩人用雜言體寫君子處亂世，自得其樂。舞師一會兒左手執笙簧樂器清歌曼舞，一會兒左手執羽葆幢翩翩起舞，另有一種樂趣。

《毛序》：「《君子陽陽》，閔周也。君子遭亂。〔伏〕（《台》121/518 有『伏』字，各本脫）相招爲祿仕，全身遠害而已〔矣〕（《台》121/518 有『矣』字，）宋·劉克《詩說》：此伶人優者官之章。

程俊英《譯注》：「這是描寫舞師和樂工共同歌舞的詩。」

朱謀㙔《詩故》3，「非閔周也，君子爲貧而仕卑官也。所謂卑官，則籥師也。」李學勤院士：《孔子詩論》「暘暘」斷簡上補「君子」。關於作者，《詩總聞》、朱熹《詩集傳》：婦人作。

【校勘】

〔1〕《毛》陽陽，《史》《晏·雜上》揚揚，《廣雅》養養，P2529 湯湯，暘湯養揚通陽。案：本字作謠房。《毛》由房，《阜》S081 作「右撓我繇房」。撓讀爲招，繇、由通謠，繇、由同爲喻母，宵、幽旁轉。在古佚書《十六經·本伐》郭店楚簡《尊德義》等多有此例。《毛》只，《韓》《左傳·襄 20》《遊方碑》旨。只通旨，美樂。由此詩與《北風》「既亟只且」。《韓詩》作旨，訓樂，可備一說。詳《南山有臺》校注。

〔2〕《漢石經》《毛》陶，《段注》陶，通僛，《魯》《釋言》繇。《韓》陶。《韓》偹《毛》陶。漢初所見異本。《毛》翿，《說文》翳，隸作翳，《方言》《廣雅》《玉篇》翳，《齊》《鄉師》《唐石經》《集韻》纛，俗字；《廣雅》

《類篇》翿，魏・孫炎《爾雅注》纛。翳古字。《五經文字》纛，作纛訛，翿翳同。案：本字作翿 ào，《毛》翿，《考文》遨，《平議》8：翿當讀爲「翿」，各自爲訓。《初刻》8/877 遨，《考文》遨。翿，疑爲《驁夏》之驁。詳《稗疏》、《通釋》、《平議》、《通解》。一說翿，舞位。

【詮釋】

案：訓釋此詩有兩個關鍵：一是王畿之風，歌舞盛行；二、樂舞與歌相得益彰，是歌無疑。

〔1〕陽陽，揚揚，洋洋，剛猛英武貌。《荀・儒效》「則揚揚如也」簧 huáng，有簧片的管樂器，大笙。詳《長笛賦》李善注引《風俗通》。案：《皐》繇 yáo，由 yóu，謠 yáo，同聲通借，繇、由讀若謠，徒歌曰謠，《房》，周代有房中樂。黃焯《平議》：「由房、由翿同句異解，而義互足。由房之由當訓用，由翿之由當訓以，言房中之樂以翿也。房爲名詞，翿爲形容詞耳。」劉延良《〈詩經．二南〉與房中樂關係考》，房中樂是「燕朝」之禮的樂奏。（《文史》49 輯），房 fáng，《房中樂》，詳《齊傳》《周禮・春官・磬師》《儀禮・燕禮》《毛傳》、《後箋》劉師培《毛詩札記》黃焯《平議》。《箋》、朱熹訓房，房。《通釋》訓房，遊放。《傳》：〔由房〕，房中樂。招，招引，撓通招。只通旨，《玉篇》引《韓說》作旨，旨，樂也。

韻部：陽、簧、房，陽部。且，魚部，遙韻。

〔2〕陶陶 táotáo，僐僐 yáoyáo，喜悅，舒暢貌。原本《玉篇・系部》引《韓說》：「陶陶，君子之貌也。」翿 dāo，羽葆幢，用紅的羽毛交雜製成的舞具。案：《驁夏》，古樂章。《周禮・鍾師》鄭注「公出入，奏《驁夏》」。承一章執簧而歌《房中樂》，二章執翿而歌《驁夏》。翿 áo。《翿》《驁》《齊傳》《儀禮・大射禮》《周官・鍾師》：奏九夏，其九爲《驁夏》。古代著名樂歌。（《釋文》：翿，遊也。《通釋》，由翿，猶遨遊也。一章訓遊放，勉強說得通，二章訓遨遊，執簧而遊？執翿而遨，說不通。）

韻部：陶翿，幽部；翿，宵部。幽宵通韻。且，魚部，遙韻。

【評論】

《經說》3，「陽陽，自得。陶陶，自樂之狀。皆不任憂責，全身自樂而已。君子處亂世如是而已。」《原始》：「蓋三代賢人君子，多隱仕于伶官，以其得節禮樂，可以陶情淑性而收和樂之功，故或處一房之中，或侍遨遊之際，

無不揚揚自得，陶陶斯詠，有以自樂。」鄧翔《繹參》:「詩有韻只三句，末一句在長哦之後，另綴一句，似不在吟韻中，而意氣所歸，正是詩後之微言。」《會歸》:「詞婉而意達，閔詩中寄微旨於言外之格也。」

揚〔楊〕之水

揚〔楊陽湯瘍〕之水，	激揚的水，
不流束薪〔新〕？	流不動一束柴薪？
彼其〔姬冥紀己記〕之子，	那紀侯之子，
不與〔與〕我戍申。	卻不和我衛申。
懷哉！懷哉！	眷戀家人啊！眷戀家人啊！
曷月予〔余〕還歸哉〔歸哉〕！〔1〕	何月我才旋歸家園啊！

揚〔楊〕之水，	激揚的水，
不流束楚。	流不動一束荊楚？
彼其〔冥紀己記〕之子，	那紀侯之子，
不與我戍甫〔呂〕。	卻不和我衛甫。
懷哉！懷哉！	懷戀家人啊！懷戀家人啊！
曷月予還歸哉！〔2〕	何日我才回歸家園！

揚〔楊〕之水，	激揚的水，
不流束蒲。	流不動一束蒲柳
彼其〔冥紀己記〕之子，	那紀侯之子，
不與我戍許〔鄜〕。	卻不和我衛許，
懷哉懷哉！	眷戀鄉親啊！眷戀鄉親啊！
曷月予還歸哉！〔3〕	何時我才能回歸家庭！

【詩旨】

　　這是在周平王時王畿的征人戍守申邑的，對一些貴族依仗特權並不戍申的不平之謠。據王國維《今本竹書紀年疏證》卷下，案:大約此詩作於前735年，前738年，楚王通派軍隊侵申。申邑是周平王的母家封邑，周平王征王畿洛陽一帶的百姓戍申，申在陳、鄭之南。迫近強楚，王室微弱，數見侵伐，前735年王遣王畿內老百姓戍守申、呂、許三地，以固南土。戍申。王人戍申，抒發對某種人有特權而不戍申的，為何不與我戍守的不平之感，對妻兒老小的懷念之情，王人戍申，戍甫戍許，詩人以用趁韻、疊詠體抒發戍卒之

怨。《詩切》：「戍人謠也。」

　　《毛序》：「《揚之水》，刺平王也。不撫其民，而遠屯戍於母家，周人怨思焉。」《續讀詩記》1「戍者作也。激揚之水，其勢微弱，雖束薪而不能流。言周之政令猶不能行於其民也。『彼其之子』，戍者指見同輩而言也。均爲民也，役使不均，強者幸免，弱者遠戍，是上之政不行也，不怨其上，而怨其民，聖人猶有取焉。」《通義》戍士思歸詞。

【校勘】

　　〔1〕《唐石經》揚，《漢石經》《類聚》8、31、89、《毛詩義疏》敦煌寫本《御覽》333、815、《類聚》8引《毛》楊，《釋文》《魯》陽，《詩論》湯，《詩傳》《詩說》《魯詩世學》昜，《釋文》：如字，或作楊木之字，非。由《傳》《箋》可推知本當作揚，《十駕齋養新錄》歷舉《太平御覽》與宋本《爾雅》爲楊。案：當據《傳》《箋》作揚。陽湯楊揚昜，從易得聲。新，《魯詩世學》新，當作薪。《毛》予，顏延年《和謝靈運》李注引《毛》余，予余音義同。《毛》其，《外傳》己，《齊》《表記》記，《大叔于田》忌，《左傳·隱1》《異侯鼎》《紀侯鐘銘》作己、異，在今山東壽光東南。臺灣名學者林慶彰《釋〈詩〉彼其之子》：彼其之子應該是姬姓的姬。季旭昇《詩經古義新徵》頁150～180，從金文、古籍論證：其爲姬姓，紀國，分見於王、鄭、魏、唐、曹五國風，有周青銅器出土於河南、河北、遼寧、山東，說明該國與殷周關係很好。《毛》歸哉，P2529歸㦲，異體。

　　〔2〕《毛》《齊》《禮記》《孝經》甫，《魯》《韓》《書》《左傳》《國語》《韓詩外傳》《後漢·郡國志》呂。甫，甫呂通。

　　〔3〕《毛》許，《左傳》《史》《說文》《玉篇》鄦，古字。

【詮釋】

　　〔1〕周平王宜臼（前770～前720）是依靠母家申侯執政的，前770年爲避戎寇，遷都雒邑。周王室衰微。平王無大建樹。楊湯通揚，激揚 yáng。薪，《詩古微》：《詩》言娶妻者，都以「析薪」取興。不流束薪，反問句。不，助詞。戍，戍衛。申在今河南省南陽縣北二十里。周平王的母家在申，申、呂、許，姜姓。呂，在今河南省南陽縣西三十里。其，異字之省，紀己讀如異，周古國名，在今山東壽光東南。懷，懷念，眷戀。予，我，戍守士兵，無論是否已婚，對家人眷戀之情乃人之天性。《考文》古本注：「懷安也。思鄉里哉！」曷，何。還讀如旋，旋，歸。

韻部：薪申，眞部；懷懷歸，微部。

〔2〕楚，荊楚。甫，古又作呂，姜姓，在今河南南陽市西四十里。

韻部：楚甫，魚部；懷懷歸，微部。

〔3〕蒲 pú，蒲柳，水楊入秋凋零，蒲柳之可做箭矢，從古韻分析作蒲柳之蒲方叶韻。許鄦 xǔ，《說文》：「鄦，炎帝太嶽之胤甫侯所封，在潁川。」在今許昌市東。

韻部：蒲許，魚部；懷懷歸，微部。

【評論】

《孔子詩論》簡 17「《湯（揚）之水》丌惡婦惥（其愛婦慫，妻有愛又有離恨）。」《詩論》簡 18：「《湯（揚）之水》丌惡〔其愛〕婦惥（惥，利，同爲來母，惥，利）。」宋・戴溪《讀王風》：「役使不均，強者幸免，弱者遠戍，是上之政不行也。」姚舜牧《重訂詩經疑問》2，「一束之薪不難流轉，而揚之水不能流，號令不行至此哉！此『彼其之子，不與我戍申』，而王人之遠戍無還期也。詩意極婉而深。若戍之應否及號令之所以不行，又不一語及焉。此爲風人之體。故列之《王風》。」《臆評》6，篇中戍申、戍甫、戍許等字，俱下得精神，「安邊自合有長策，何必流離中國人。」（《續修》58/192）

中谷有蓷

中谷有蓷〔推萑佳雛〕，	山谷中的益母草，
暵〔灘〕其乾矣！	太陽曝曬全枯槁，
有女仳離，	有個女子離棄了，
嘅〔慨〕其嘆〔歎〕矣！	唉唉嘆息眞憂惱，
嘅〔慨〕其嘆〔歎〕矣，	唉唉嘆息眞憂惱，
遇人之艱難矣！〔1〕	嫁個丈夫艱難怎得了？
中谷有蓷〔推萑佳雛〕，	山谷中長的益母草，
暵〔灘灘〕其修〔脩〕矣！	日頭曬了乾縮了，
有女仳離，	有個女子離棄了，
條其歗〔嘯〕矣！	惆悵蹙口長嘯了，
條其歗〔嘯〕矣，	惆悵蹙口長嘯了，
遇人之不淑〔洴〕矣！〔2〕	嫁個男子不幸怎得了？
中谷有蓷〔推萑佳雛〕，	山谷中的益母草，

暵其濕〔暵〕矣！　　　　　太陽曬了枯萎了，
有女仳離，　　　　　　　　有個女子離棄了，
啜〔惙〕其泣矣！　　　　　心憂憂吞恨飲泣了，
啜〔惙〕其泣矣，　　　　　心憂憂吞恨飲泣了，
何嗟及矣〔嗟何及矣〕！〔3〕　後悔悲嗟來不及了！

【詩旨】

案：當作於前 717 年左右，當時戰爭頻仍，飢饉災害，周平王亦能安恤饑民，壽命不保，如果再遇到男子找錯行，女子嫁錯郎，女子的命運尤其值得憐憫，此詩可能是對青年寡婦寄予同情的詩篇。關於作者，王質、朱熹認為為婦人，余師認為是詩人同情不幸的婦人而作。

《魯說》《說苑·建本》「孔子曰：『不慎其前而悔其後，雖悔無及矣。《詩》曰：『啜其泣矣，何嗟及矣，』言不先正本而成優於末也。」《韓詩外傳》同。

《毛序》「《中谷有蓷》（《台》121/518 作推，下同），閔周也。夫婦日以衰薄，凶年飢饉，室家相棄爾。」《編年史》繫於前 721 年，云：周人作《中谷有蓷》之詩，以憫亂離。

余師《選譯》：「一個女子被貧窮的丈夫所拋棄，詩人為她的不幸歎息。」

【校勘】

〔1〕案：本字作萑 zhuī，《韓》《說文》蓷、萑，《毛》蓷又作雖，P2529 推，《傳》「蓷，雖也」。《魯》《釋草》萑，推、佳為蓷之形省。雖俗體。《毛》離，P2529 羅，即罹，離讀如罹。《毛》暵，《三家》《說文》暵，又作灘。暵或作熯，熯，或體。《釋文》灘，又作灘。灘，俗字。《毛》嘅，《說文》、P2529 嘅、歎，通作慨。案：《毛》嘆，《釋文》《台》121/518 歎，當作嘆。

〔2〕《唐石經》脩，P2529 脩，俗字，《釋文》：脩，本或作蓨，音同，且乾也。脩是本字。蓨 tì，苗蓨草，當是增形字。本字作歗，《毛》歗，古文字，《台》121/518、《考文》《類聚》嘯。《毛》淑，P2529 沜，同。

〔3〕《唐石經》濕，《廣雅》《通俗文》《玉篇》《玄應音義》濕，作隰，或作㬸，《疏證》《述聞》：當作㬸 xī。黃侃：「讀先儒之書不宜改字以牽就己說，」「其初言乾，次言脩、濕者，祇以趁韻之故」（《黃侃國學講義錄》，中華書局，2006，270～271）。《漢石經》《列女傳》7《毛》《唐石經》啜，《魯》《大招注》《說文》歠，《韓詩外傳》2 作「惙」。歠啜惙從叕得聲，通啜。《毛》、蘇轍本「何嗟及矣」，《後箋》：當作「嗟何及矣」，「何及」二字相連為義。

【詮釋】

〔1〕中谷，谷中。蓷 zhuī 蓷 tuī，益母草（Leonurus japonicas），唇形科，生濕地、池澤，全草與子實入藥。宋・王質說益母草可作瑩面藥。《藥海》益母草 Leonurus heterophyllus sweet。入心腎肝膀胱四經，功效：活血祛瘀、明目益精、除心煩頭痛、疏肝調經、利尿消腫、清熱解毒。主治月經不調、產後瘀滯腹痛、帶下、可促進產後復原。其根莖花葉實都可入藥。《原解序》認為詩人寫益母草是用隱語，「蓷，一名茺蔚，一名益母，借作豐年養妻之喻，此類比為隱者也。」乾 gān，乾燥。暵鸂，暵暵 hànhàn，暴曬而枯槁。仳 pǐ。仳離，雙聲詞，連語，分手，遭棄，或一方已不幸死去，或流離失所。嘅嘅，慨慨 kǎikǎi，嘆息，歎 tàn，哀歎被棄。難，不易或男方困苦，或難以成德。悲歎婚姻太不遂心。

韻部：乾歎歎難，元部。

〔2〕脩 xiū，脩縮枯萎。作脩、作暵，趁韻。歗（嘯）xiáo，蹙口而吟出聲而無章曲，條其，條條然，猶悠悠然。宋・輔廣：「歎則悲歎而已，嘯則悲而恨焉。」郭晉稀《蠡測》：條當作惆（chóu，惆悵，失意）。淑 shū，不淑，生離之苦，不幸之悲。《詩總聞》：遇人，謂夫。顧炎武《日知錄》所云人死謂之不淑，《觀堂集林》2，「《王風》『遇人之不淑』，亦猶言『遇人之艱難』，不責其夫之見棄，而但言其遭際之不幸，亦詩人之厚也，詩人所用，皆當時成語，有相沿之意義，毛、鄭胥以不善釋之，失其旨矣。」不淑釋為不幸更熨貼。

韻部：脩歎，幽部；淑，沃部。幽沃通韻。

〔3〕濕溼 shī，暵 qī，曝曬將要幹縮，益母草本喜溫濕，蔫蔫然，枯萎貌。案：啜、惙歎，啜啜 chuòchuò，吞恨飲泣。嗟何及矣，悲嗟，悔之無及。

韻部：濕（暵）泣泣及，緝部。

【評論】

《詩總聞》4，「嘗見旱歲，道途夫婦相攜而別，有不忍別之情，於男女亦然，此事自古有之。初嘅歎，吐氣之微也；次條嘯，吐氣之猛也，次啜泣，吐聲又吐液也，此分攜之時也。所見亦然。古今雖異，人情不遠。」彭龜年《止堂集》8，「伊尹曰：『匹夫匹婦不獲自盡，民主罔與成厥功。』故詩人一舉一物失所所，而知王政之惡；一女見棄，而知人民之困。以為政荒民散，將無為國矣。湯初征自葛，而至於攸徂之民，室家相慶，豈無為而然哉？」《傳

說匯纂》引謝枋得云：「此詩三章，言物之嘆，一節急一節。女之怨恨者，一節急一節。始曰：『遇人之艱難』，憐其窮苦也。中曰『遇人之不淑』，憐其遭凶禍也。終曰『何嗟及矣』，夫婦既已離別，雖怨嗟亦無及也。饑謹而相棄，有哀矜惻怛之意焉。」《原始》：「聖人刪《詩》，至此存之，以見王政之惡，人民之困，至於此極。」

兔　爰

有兔〔莵菟〕爰爰，　　　兔逃網緩緩行，
雉離〔罹〕于羅。　　　　野雞陷進了網，
我生之初〔初〕，　　　　我幼小時那時光，
尚無爲〔傜傜繇〕！　　　還沒有傜役不可當！
我生之後〔浚〕，　　　　我長成人這時光，
逢〔逢〕此百罹〔離罹〕。　遭受種種憂患，
尚寐無吪〔訛〕！〔1〕　　只可安睡莫張望。

有兔〔莵〕爰爰，　　　　兔緩緩逃出，
雉離〔罹〕于罦〔罬罠〕。　野雞陷進了網，
我生之初，　　　　　　　我幼小時那晨光，
尚無造！　　　　　　　　尚無傜役苦難當，
我生之後，　　　　　　　我長大了這時光，
逢〔逢〕此百憂。　　　　逢此種種憂患，
尚寐〔寢寐〕無覺！〔2〕　但願安睡莫醒想！

有兔〔莵〕爰爰，　　　　兔緩緩逃出，
雉離〔罹〕于罜〔罻罠〕。　野雞陷進了網，
我生之初，　　　　　　　我幼小時那時光，
尚無庸！　　　　　　　　尚無勞役之苦也安詳，
我生之後，　　　　　　　長大成人這時光，
逢〔逢〕此百凶〔凶〕。　　遭逢百凶與百殃，
尚寐無聰〔聰〕！〔3〕　　但願休息莫辯強。

【詩旨】

　　此詩可能是走向沒落的貴族子弟（此用郭沫若《研究》說、馬持盈《今注今譯》歸入「亂世人民」）自嗟自歎如兔入網不能免於傜役與憂患的詩歌。

《詩論》簡 25：「《又兔兔爰》，不奉旹（不逢時）」。《編年史》繫於前 717 年，云：憫桓王失信，諸侯背叛，構怨連禍，君子不樂其生。

　　《齊傳》《易林・未濟之師》：「狡兔躍躍，良犬逐作。雌雄爰爰，爲鷹所獲。」

　　《毛序》：「《兔爰》，閔周也。桓王失信，諸侯背叛，構怨連禍，王師敗績，君子不樂其生焉。」余師《詩經選》：「小民在徭役重壓之下的痛苦呻吟。」

【校勘】

　　〔1〕《漢石經》《毛》兔爰，《詩論》簡 25《又兔》《漢・李廣傳》注引，《天問》《台》121/518 菟。菟與兔同。P2529兔，俗字。《毛》離，《漢書》注、《台》121/518 罹，古通。《毛》爲，訓爲成人爲，鄭訓爲尚無幾即軍役之事，《正義》同《箋》。如爲讀作僞，簡文中多有此例，周代作僞並不少見，如訓爲徭、繇，更爲合適，爲通徭、繇。依據文意，我生之初尚無爲，我生之後逢此百罹，當爲徭役。《說文》《漢書》注罹，《釋文》罹，本亦作離。離讀罹。陳喬樅：「毛氏古本當作『逢此百離，尚寐無吪，罹字、訛字乃從今文改』」，《贈劉琨》注引《毛》作離。古通。P2529 離作罹，初作初初，後作浚，罹作罹，俗字。逢逢同。案：本字作吪，《魯》《說文》《釋訓》《釋文》《毛》吪，《釋文》敦煌本、唐寫本、《台》121/518 作訛。《說文》有吪無訛。訛俗體。

　　〔2〕《毛》離，《台》121/518 罹。《毛》罦，《說文》罜，《魯》《釋器》：罬謂之罦。罦罜罦罜同。《毛》寐，P2529寐，俗體。《白帖》24 寢，字異義同。《毛》聰，P2529聡，同聰。

【詮釋】

　　〔1〕有兔，狡兔。爰爰 yuányuán，緩緩，舒緩貌。「《眾經音義》23 引《韓》：『爰爰，發蹤』」（案：當依《漢・蕭何傳》作「發縱」，《正義》同發縱，解紲而放之，有權勢的狡詐的人進了法網又放出來）之貌也。此處用比。雉，山雞。《史記索隱》「離即被也。」。離讀罹 lí，遭受到。羅 luó，用絲織的捕鳥網。案：詮釋須切合題目，切合文義，題目內容是如兔進網，人不能免於徭役之苦。案：切題生訓，爲 wéi，通徭 yáo，繇，古徭字，爲，行，古多有此訓，如《論語・衛靈公》《晉語 7》《孟・公孫丑下》《韓非・飾邪》。爲，行，行役。徭役。《傳疏》：爲，僞 wèi。罹 lí，种种憂患。寐 mèi，迷 mí，同爲明母，微脂相轉，寐通迷，不明。吪 é，動，動則是咎。

　　韻部：羅爲罹吪，歌部。

〔2〕離、罹，遭遇。又訓憂。罦 fú，《魯》《釋器》：「罬 zhuó，謂之罦，罦，覆車也。」覆車網，用以捕鳥獸。案：造 zào，《考文》「造，為也。」則應詮釋為到某地去服徭役或軍役。《傳》：造，僞。《義門讀書記》「《傳》：『造，僞也。』僞作爲。」憂 yōu，百罹、百憂、百凶，百殃，罹離 lí，憂，換字協韻，憂患。覺 jué。

韻部：罦造憂，幽部；覺，覺部。陰入通韻幽覺通韻。

〔3〕罿 tóng，捕鳥獸的網。庸 yōng，勞役，勞苦。《魯》《釋詁上》「庸，勞也。」

凶 xiōng，凶危，災殃。聰 cōng，審聽明辨。無吪，無造，無聰，憤激之辭。宋・王質：「言幼時尚未爲未造，未庸，言未有徵役也。長時乃爲丁壯。役少猶可勉，役多則何堪！不知死也。百，多也。寐，不動，不醒，不聞，所謂長夜也。」覺（覺），睡醒。朱熹：聰，聞也。無所聞則死耳。宋・輔廣認爲無吪、無覺、無聰皆死，趁韻。

韻部：罿庸凶聰，東部。

【評論】

《詩本義》3，「『我生之後，逢此百罹』者，謂今時周人不幸遭此亂世，如雉陷於網羅，蓋傷己適丁其時也。」（《四庫》經部 70/203）《詩集傳》頁 59，「周室衰微，諸侯背叛，君子不樂其生，而作此詩。言張羅本以取兔，而兔狡得脫，而雉以耿介，反離於羅。」熊朋來《經說》：「君子遇亂世，不樂其聲，情見乎此。」《原始》，「詞意悽愴，聲情激越，阮步兵〔籍〕專學此種。」

葛藟

縣縣〔綿緜〕葛藟〔虆藟虆〕，	巨苊延綿不絕啊，
在河之滸〔汻〕。	蔓延到大河河涯。
終遠兄弟，	既然遠離了九族，
謂他人父。	尊稱他「嫡嫡親的親爸爸」。
謂他人父，	尊稱他「嫡嫡親的親爸爸」，
亦莫我顧〔顧〕。〔1〕	他也不肯顧念咱啊！
縣縣〔綿緜〕〕葛藟〔虆藟虆〕，	葛藟蔓蔓不絕啊，
在河之涘〔洜〕。	蔓延到大河河涯。
終遠兄弟，	既然遠離了九族，

謂他人母。	尊稱她「嫡嫡親的親媽媽」。
謂他人母，	尊稱她「嫡嫡親的親媽媽」，
亦莫我有。〔2〕	她也不肯相親友，保佑咱呀！
縣縣〔綿縣〕葛藟〔虆藁虆〕，	葛藟綿綿不絕啊，
在河之漘〔脣屓〕。	蔓延到大河河堤，
終遠兄弟〔晜〕，	既然遠離了九族，
謂他人昆。	尊稱他「嫡嫡親的親大兄長」。
謂他人昆〔晜〕，	尊稱他「嫡嫡親的親大兄長」，
亦莫我聞〔問〕。〔3〕	他也不肯恤問咱啊！

【詩旨】

牟庭《詩切》入贅者所作的怨詩。《齊說》《易林・師之中孚》:「葛藟蒙棘，華不得實。讒言亂政，使恩壅塞。」《編年史》繫於前 723 年。

《毛序》:「《葛藟》，王族刺平王也。(《台》121/518『平』作『桓』。《釋文》刺桓王，本亦作刺平王。《詩譜》、《唐石經》平王詩。皇甫士安、《集注》、《單疏》、《群書治要》作桓王。)周室道衰，棄其九族焉。」案:繫於前 719 年～前 697 年間，王畿內民眾刺周桓王時期徙居黃河之濱的流民失落而無助即使有兄弟有遠親也不相親友的歌。

《詩集傳》4,「世衰民散，有去其鄉里家族而流離失所者，作此詩以自歎。」

翁方綱《詩附記》:「《序》云:刺平王棄九族，故三章皆言『終遠兄弟』，族親爲兄弟，是此句實陳棄九族之事，若作流民失所解，則應首二章自云『遠其父母』而末一章乃云『遠其兄弟』，方與謂父謂母謂昆義相比協，不宜三章皆以遠兄弟爲說也。』」

【校勘】

〔1〕《漢石經》縣，俗字《說文》縣，《老子》甲簡 103 作縣，縣綿同，縣讀如綿，《後漢・黃琬傳》注《台》121/518 綿、虆，案:正字作虆，《漢石經》《毛》藟，《群書治要》藁，904 年抄《玉篇》引《毛》作藥，正字作汻，《魯》《毛》漘，《說文》《玉篇》汻。《毛》顧，P2529 顧，古簡省字。

〔3〕《魯》《釋丘》《毛》《考文》漘，《伐檀》《釋文》本亦作脣，P2529 屓，同脣。脣通漘。《毛》《唐石經》母，《正義》頁 333 云《定本》及諸本作后，通作母。《魯》晜，《毛》昆，晜 kūn 古字。《說文》晜，古晜字。《毛》《說文》聞，《廣雅》問，聞通問。

【詮釋】

〔1〕綿綿，不絕。葛，見《葛覃》注；藟 lěi，陸《疏》巨苽，《說文》藟，葛類蔓草，藟藤，子可食，味酸。《藥海》，Vitiss flexuosa Thunb。其根、果及汁都可入藥，入脾、胃二經，潤補五臟，治五臟勞傷，強健筋骨，益氣生津。汻 hǔ，水涯。謂 wèi，以爲，尊稱；終，既。顧 gù，顧念。

韻部：汻（滸）父父顧，魚部；藟弟，脂部。魚、脂通韻。

〔2〕涘 sì，涘猶涯。母 mǔ，（古）明之。後讀如母。有，右佑，同聲通假，有通佑，佑助，相親友。

韻部：涘母母有，之部；藟弟，脂部。之、脂合韻。

〔3〕《詩切》：「葛藟生於田陸而蔓延於水涯，喻人捨其家而贅於人家也。」漘 chún，郭璞注《釋丘》：「涯上平坦而下水深者爲漘。」昆 kūn，兄。〔10〕聞讀如問，恤問。

韻部：漘昆聞（問），諄部；藟弟，脂部。

【評論】

《魯說》《正義》引皇甫謐曰：桓王失信，禮義陵遲，男女淫奔，讒僞並作，九族不親，故詩人刺之。今《王風》自《兔爰》至《大車》四篇是也。《批點詩經》：「《葛藟》，歎依人也。」《臆評》6，「依人之難，千古同嘅，如云自家骨肉尚如此，何況區區陌路人也。若杜少陵《哀王孫》云：『但道困苦乞爲奴』，又不止爲他人父矣。」（《續修》58/193）徐立綱《旁訓》「依人之難，千古同嘅。」《詩志》，「乞兒聲，孤兒淚，不可多讀。中間疊複一筆，《王詩》多用此調，此自王族怨刺之詩。」

采 葛

彼采〔茶〕葛〔蔂〕兮！	那個採葛織布的好姑娘，
一日不見，	有一日沒見她啊，
如三月兮！〔1〕	如同三個月長，不由我心慌慌！
彼采蕭〔荻蒯〕兮！	那個採香蒿的好姑娘，
一日不見，	有一日沒見她啊，
如三秋兮！〔2〕	如同三秋之久，不由我思悠悠！
彼采艾〔支〕兮！	那個採艾製灸的好姑娘，

一日不見，	有一日沒見她啊，
如三歲〔歲〕兮！〔3〕	如同三年之久，不由我相思悠悠！

【詩旨】

案：這是相思情歌。用重章疊句，變文協韻，層層遞進的技法吟成的土曲民歌傾訴著對心中戀人愛的渴求，度日如年的無日不念的刻骨相思之苦。

《詩論》簡17「《萊萬（采葛）》之惡（愛）婦。」

《魯說》《離騷》「何昔日之芳草兮，今直爲此蕭艾也！」張衡《思玄賦》「珍蕭艾於重笥兮，謂蕙芷之不香。」

《毛序》：「《采葛》，懼讒也。」誤。《詩總聞》「同志在野之人。」《原始》：閨思。

《詩集傳》4，「采葛所以爲絺綌，蓋淫奔者託以行也。故因以指其人而言思念之深，未久而似久也。」斥爲淫奔，衛道士腔調。《詩總聞》4，「當是同志在野之人，獨適而不與俱，故有此辭。」《慈湖詩傳》6「朋友相好有如此者，人情相愛想念之篤有此。」《通論》5：婦人思夫。《編年史》以《采葛》《大車》《丘中有麻》繫於前682年前後。

【校勘】

〔1〕《毛》采葛，《詩論》簡17作萊、萬。案：萊讀爲采，雙聲疊韻通借。萬讀如葛。《月令》P2529萊，《呂覽·仲春紀》引作采。

〔2〕《漢石經》《毛》蕭，《魯》《釋草》《史·司馬相如傳》《說文》荻。《漢書》蒯。字異義同，通作蕭。

〔3〕《毛》艾，《魯》《新序·節士》P2529艾，同。《毛》歲，《唐石經》歲，同。

【詮釋】

〔1〕葛 gě，見《葛覃》注。月。黃侃：以小名代大名。

韻部：葛月，月部。

〔2〕蕭 xiāo，香蒿，可作燭，可作祭祀用。秋 qiū，舉小名代大名，代指年。成語「一日不見，如三秋兮」出此。

韻部：蕭，沃部；秋，幽部。幽、沃通韻。

〔3〕艾 ài，艾蒿，艾絨可炎病。案：艾有長久義項，《周紀》「耆艾」，《閟宮》：「俾爾耆而艾。」《說文》：歲 suì，木星歷十二月越歷二十八宿（代指年）。

韻部：艾歲，月部。

【評論】

案：《文心雕龍‧誇飾》：「自宋玉、景差，誇飾始盛。」其實《詩經》多有誇飾，《采葛》、《車轄》不一而足。《慈湖詩傳》6「熟觀《采葛》之詩，朋友相好有如此者，人情相愛相念之篤誠有此，相好相念，非邪非僻，非道而何？毛〔萇〕、衛〔宏〕不知平正無邪之即道，遂曲推其義，以爲懼讒，即不知何世何人，則意之而已。」明‧鍾惺《詩經體注圖考大全》：「本望其亟於見，轉就不見上摹擬，一步深一步。」明‧楊慎《風雅選篇》「信乎六律之音，出於天籟。」《原始》「此詩明明千古懷友佳章。……雅韻欲流，遂成千秋佳話。」

大　車

大車檻檻〔轞轞〕，	大車重遲聲轞轞，
毳衣如菼〔綟黻菼縟〕。	我繡衣裳青青白白如那綟，
「豈不爾〔尔〕思？	「怎麼能不想您？
畏子不敢〔歑〕！」〔1〕	又怕您不敢同我私奔！」
大車啍啍〔嗷笔嘷輴〕，	大車重遲聲嗷嗷，
毳衣如璊〔虋璊雦萑闅〕，	我繡衣裳赤色純。
「豈不爾思？	「怎麼能不想您？
畏子不奔。」〔2〕	怕你不敢與我私奔！」
「榖〔穀〕則異室，	「生在世上却異一室，
死則同穴。	死則合葬同墓穴，
謂予〔余〕不信，	若說我不誠信，
有如皦〔曒皎〕日！」〔3〕	蒼天可證有白日！」

【詩旨】

案：私奔詩，訣別情詩。據《左傳‧莊公14》，前680年楚文王贅滅息，虜息侯夫人息嬀 guī。詩寫於前678年前後。傳說息嬀雖爲楚文王生堵敖囏及成王惲，念念不忘國王夫死之痛，不肯與楚文王言語。周王畿內的小國息君夫人嬀對丈夫懷有堅貞愛情，這是夫婦相約的驚天地泣鬼神的終誓之辭，飽蘸著斑斑血淚。湖北有桃花夫人廟祀息夫人，唐人宋人有詠。

《魯說》《韓說》《列女傳》：息夫人作也。《列女傳‧貞順篇》「夫人息嬀者，息君之夫人（嫡妃）也。楚伐息，破之，虜其君，使守門。將妻其夫人而納之於宮。楚王出遊，夫人遂出見息君，謂之曰：『人生要一死而已！何至

自苦？妾無須臾而忘君也。終不以身更貳醮，生離於地上，何如死歸於地下乎？』乃作《詩》曰：『穀則異室，死則同穴。謂予不信，有如曒日！』息君止之，夫人不聽，遂自殺，息君亦自殺。同日俱死，楚王賢其夫人守節有義，乃以諸侯之禮合而葬之。(《左傳·莊 14》)：楚文王「滅息。以息嬀歸，生堵敖及成王焉。未言。」「未言」二字妙盡其心。)。』」清·王先謙《詩三家義集疏》同。

《毛序》：「《大車》，刺周大夫也。禮義陵遲，男女淫奔，故陳古以刺今，大夫不能聽男女之訟焉。」《世本古義》22：「美息嬀以丑（丑）楚子也。」林義光《詩經通解》：「男女見政令之可畏，不敢相奔，因約誓以見志。」《編年史》繫於前 682 年前後。

【校勘】

〔1〕《廣雅》《考聲》《通俗文》《玉篇》《白帖》11、《五經文字》《韻會》《廣韻》檻，《魯》《怨思注》《唐石經》《台》121/519 檻，擬聲詞。《唐石經》莢，《魯》《齊》《說文》綟，字異音義同。卷子《玉篇》、《慧琳音義》65 引《韓》、《類篇》毿，異體。P2529 作莢，俗字。《毛》爾，P2529 作爾，古簡體。《毛》敢，《說文》作叡又作敢。叡敢古今字。

〔2〕《毛》啍，卷子本《玉篇》引《御覽》《呂覽·去私》《韓》輇啍，《說文》吨啍，《廣韻》嗷，擬聲詞。《毛》璊，《魯》《釋草》《齊》《說文》虋，《釋文》引《韓》作䖟。摹色詞，字異義同，虋璊通虋。

〔3〕《唐石經》《御覽》作穀，《魯》《釋言》漢哀帝《葬丁太后》穀，穀讀如穀。案：本字作皎，《樂君》皎。《阜》S084《唐石經》曒，《玉篇》曒，《魯》《列女傳·梁寡高行傳》《寡婦賦》注引《韓》余、皎。漢·劉楨《贈徐幹》注引作余、曒。《五經文字》曒皎，今《詩風》通用之，案：今《詩》及《釋文》多從日，作皎傳寫之誤。皎皎曒曒同。予、余餘同。

【詮釋】

〔1〕大車，大夫的車。檻，《疏證》：「檻，聲也。字亦作輊」《慧琳音義》88 注引《考聲》：「檻，載囚車。」案：《魯》《怨思章句》檻檻，車聲。檻檻 jiàn，擬聲詞，結合歷史背景，上下文義，似當如《考聲》訓為「監囚車」。可憐小國之君成為囚犯。黎 lí，本是商的諸侯國，周統一後，又為諸侯國，漢時尚有黎亭，故址在今山西省長治市西南。毳 cuī，氄 rǒng，用鳥獸近體表的細軟絨毛所織成的布。莢綟 tǎn，青白色，鳥獸細毛織成的衣輕暖，

青白色，國王、大夫禮服。豈，怎麼，哪能？畏，怕。不敢 gǎn，不畏懼私奔。

韻部：檻（轞）菼敢，談部。

〔2〕啍啍啍啍噋噋 tūn tūn 錐錐tuī tuī 雙聲通借，重遲聲。張舜徽《約注》：「今俗稱行動重遲者爲慢啍啍，蓋古遺語也。」《魯》《齊》《說文》䰎mén，赤色細氈類毛織品。《說文》：「從毳爲縇，色如虋，故謂之䰎。」璊mén，赤玉。虋色詞，淺赤色。奔 bēn，私奔。

韻部：啍（噋）璊（䰎）奔，諄部。

〔3〕穀讀如穀。穀 gǔ，活。《魯》《釋言》：「穀，生也。」則，却。室shì，屋。穴 xué，墓穴。案：謂 wèi，如。如不相信我。日，指白日爲證，皦、皎 jiǎo，光明貌。『謂予不信，有如皦日』，當時之人相誓之辭也。」（《四庫》經部71/193）晉·王羲之《自誓文》：「信誓之誠，有如皦日。」指太陽爲證，我心我誓，不可變更。

《集疏》：「今湖北桃花夫人廟祀息夫人，古蹟尚存。唐人題詠，知《魯詩》之言信而有徵矣。」唐·王維《息夫人》「莫以今日寵，能忘舊日恩。看花滿眼淚，不共楚王言！」杜牧《題桃花夫人廟》：「『細腰宮裡露桃新，脈脈無言度幾春，至竟息亡緣底事？可憐金谷墜樓人！』」

【評論】

《文心雕龍·物色》：「皎日嘒星，一言窮理。」明·戴君恩：「畏子不敢」，甚於敢矣。「畏子不奔」，甚於奔矣。「謂予不信」二句作結一章尤妙。」（《存目》經部 61/246）鍾惺《詩經》：「詞意工甚。」《稽古編》：「『毳衣如菼』，《詩》以草色比衣也。《傳》云：菼，雛也，又以鳥色比草也。『毳衣如璊』，《詩》以玉色比衣也。《說文》禾之赤苗謂之虋、璊同義也。又以禾色比玉，皆轉相況譬以明之。此古人體物之妙也。」（《四庫》，經部 85/397）案：詩人善於擷取有悲劇氣氛的囚監之車重遲行過的生活斷面，表現息夫人敢作敢爲、堅貞愛情的剛烈心腸，結以約誓之詞，鶼 jiān 鰈 diè 情深之詠，爲中國相誓之辭的濫觴。《列女傳·貞順》、漢·秦嘉《贈婦詩》、蔡琰《悲憤詩》、辛延年《羽林郎》、古詩《上邪》《華山畿》《焦仲卿妻》、《梁山伯與祝英台》本此。

丘中有麻

丘中有麻，	山丘瘠薄長滿了麻，
彼留〔㽞鎦叝〕子嗟。	董治的是那劉子嗟。
彼留〔㽞鎦〕子嗟，	董治的是那劉子嗟，
將其〔其將〕來施施〔施〕！〔1〕	盼他的是怡怡然來！
丘中有麥，	山丘瘠薄長出了麥，
彼留〔㽞鎦〕子國〔國〕。	董治的是那劉子國。
彼留〔㽞鎦〕子國〔國〕，	董治的是那劉子國，
將其〔其將〕來食。〔2〕	盼他一起來吃食。
丘中有李，	山丘瘠薄長出了李，
彼留〔㽞鎦〕之子。	董治的是那劉之子。
彼留〔㽞鎦〕之子，	董治的是那劉之子，
貽〔詒〕我佩玖！〔3〕	贈給我那寶石玖！

【詩旨】

案：這是先秦時期與《甘棠》同爲思賢詩，去思歌。歷史上留（劉）氏在丘中種麻、麥，植果木，遺愛於民，爲河南緱氏縣人民經濟生活改善有過歷史功績，詩人歌詠世賢。故《王風》遺愛之歌。《詩傳》：「留子賢而退隱，周人慕之，賦《丘中》。」

《毛序》「《丘中有麻》，思賢也。莊王不明，賢人放逐，國人思之，而作是詩也。」

《詩所》：古注以爲思賢大夫者，可從。朱熹《辨說》：「此亦淫奔之詩。」程俊英《注析》：這是一位女子敘述她和情人定情過程的詩。《編年史》繫於前 682 年前後。

【校勘】

〔1〕《毛》留，《說文》鎦，魏《三體石經》叝，㽞鎦與劉古今字、P2529留。留氏采邑在河南偃師縣西 35 里，《積古齋鐘鼎彝器款識》有（㽞君簋），《齊》《漢·地理志》河南緱氏劉聚，周大夫劉子邑。案：當作「其將來施施」，理由有八，一、《魯詩》、《孟子音義》引作「將其來施施」《孟子趙注》施施；《廣雅》施施，行也；二、《毛》《釋文》《正義》各本「將其來施施」，三、《顏氏家訓·書證》河北《毛詩》：將其來施施，《傳》云：施施，難進之意。四、

《箋》云：施施，舒行貌也，《韓》施施。《毛》皆云（施施）江南舊本悉單爲施。俗遂是之，恐有少誤。臧琳《經義雜記》考證經文用單，傳文重言，可知毛、鄭皆云施施，與正文單作施爲各成其事也，徐鼒《讀書雜釋》引作「將其來施施」，五：《詩序》《箋》思之者，思其來，已得見之，《正義》同；其表示祈使語氣，其將連語；《考文》作其將；黃焯《釋文匯校》頁 146，將其，唐寫本作「其將」，次章同。《考文》「將其來食」亦作「其將來食」。又上章《正義》言其將來之時施施然。《後箋》：依此，則經文當作「其將」來所說與唐本正合。六、《唐石經》「將其來施施。」；七、《台藏》121/519 P2529作「其將來施施。」八、小字本、相臺本同。

〔2〕《毛》將其，《考文》作其將。

〔3〕案：本字作詒。《毛》貽，《魯》《離騷注》貽，一作詒，《說文》、《台》121/519 詒。《毛》國，《台》121/519 国，古簡體。

【詮釋】

〔1〕《原始》5：招賢偕隱也。留，鑷姓，衛大夫留封人後，子嗟，字也，丘中土撓堳之處，盡有麻麥草木，乃彼子嗟之所治，麻、麥、李，互文見義。朱熹《詩集傳》：「婦人望其所與私者而不來，故疑丘中有麻之處，復有與之私而留之者，今安得其施施然而來乎？」則與之嗟、之國之子不相合，而且有私會麻田？留，劉氏；子嗟，字。留氏采邑，故址在今河南省偃師縣東。嗟 jiē。案：其 qí 祁 qí 同爲群母，其通祁，當，可，將 jiāng，《廣雅‧釋詁》將，欲也，其將，連語，祈使，祈求，施施 yíyí，讀如怡，怡怡然。《魯說》《孟子‧離婁下》趙岐注：「施施，猶扁扁，喜悅之貌。」盼他怡然而來。臧琳《經義雜記》據《顏氏家訓》作「將其來施」，訓爲「願其來而展其才也」。

韻部：麻嗟嗟施，歌部。

三章趁韻，〔2〕麥 mài，子國字，國 guó，國字只同助詞，蓋詩人意中必先有麻，麥字，而後從此，歷其韻也。又如《桑中》孟弋，孟庸，《山有扶蘇》子充，子弋，子庸。

韻部：麥國國食，職部。

〔3〕《考文》「其將來食」，盼其來食，案：食 shì，（古）船職，祿 lù，（古）來屋，齒音船，船、來準鄰紐，入聲韻職屋相轉，食通祿，《逸周書‧五權》：「食以權爵。」李，李樹，代指果木樹。貽詒 yǐ，贈送。玖 jiǔ，次於玉的黑色寶石，世賢也好，戀人也好，他贈我以佩玖。

　　韻部：李子子玖，之部。

【評論】

　　《正義》：言丘中墝埆之處，所以得有麻者，乃畱氏子嗟之所治也，由子嗟教民農業，使得有之。今放逐於外，國人思之，乃遙述其行。宋・俞文豹《吹劍錄續錄》：「周莊王時，賢如子嗟，亦放逐。國人見其所種植，思其人又思其父，又思其子，今劉姓出於此。」明・鍾惺《批點詩經》:「詞意工甚」。清・姜炳章《詩序廣義》此詩傳神在疊句，結穴在第三章末句。俞曲園，言彼留之子，則又因素嗟之賢而乃其子矣，此正詩人愛賢無已之意。《原始》:「招賢諧隱也。」

卷七　國風七

鄭　風

　　周宣王二十二年（前 806），宣王封季弟友於鄭都咸林，是爲鄭桓公（前806～前 771），其地即今陝西省西安附近，鄭武公（前 770～前 744）則在今河南省新鄭（鄭）市。早於孔子的是吳公子季札對於《鄭風》的評價是一分爲二：「美哉！其細（煩碎）已甚，民弗堪也，是其先亡乎？」《鄭風》21 首，是鄭國比較開放的反映情愛的民歌，也有《緇衣》尙賢，是開國興邦之規，《羔裘》直節，有除弊扶危之操，《大叔于田》戒魯莽，有普世價值，《鄭世家》鄭武公爲周司徒「和集周民，周民皆悅」，「今公爲司徒，民皆愛公」，以及關於在風雨如晦的時代能以國事、友情、愛情爲重的謳歌君子之人的《風雨》，歌頌「雖則如雲，非我思存」的愛情專一的《出其東門》，鄭風的率眞在《國風》中別具特色。明・朱謀㙔《詩故》批評宋儒「盡以淫奔目之」。朱熹所謂「鄭聲淫」，淫指聲之過，沒有用封建禮教加以節制，詳明・楊愼《升菴經說》。《原始》「《鄭風》古目爲『淫』，今觀之，大抵皆君臣朋友、師弟夫婦互相思慕之詞。其類淫詩者，僅《將仲子》及《溱洧》二篇而已。」《將仲子》訴說的是人言可畏，《溱洧》寫上巳節風情，《周禮》許可的範圍之內。賦比興手法《鄭風》多用，且嫻熟，《叔于田》《大叔于田》長於賦陳，《野有蔓草》《溱洧》《女曰雞鳴》賦而興。

緇　衣

緇〔緇繻繢〕衣之宜〔冝〕兮〔旖〕，　　　黑色禮服穩稱身啊，
敝〔獘弊〕，　　　　　　　　　　　　敝破了，
予又改爲兮！　　　　　　　　　　　我又爲君重新製成啊，
適〔偍〕子之館〔舘〕兮，　　　　　往您的公署上班啊，
還，　　　　　　　　　　　　　　　迴旋了，
予授子之粲〔粲粲敠〕兮！　　　　　我又授您精米美餐啊！

緇〔緇繻繢〕衣之好兮，　　　　　　黑色綢袍正合身啊，
敝〔獘弊〕，　　　　　　　　　　　敝破了，
予又改造〔芷造〕兮〔猗〕！　　　　我又爲君重新製成啊，
適子之館〔舘〕兮，　　　　　　　　往您的公署上班啊，
還，　　　　　　　　　　　　　　　迴旋，
予授子之粲〔粲粲敠〕兮！〔1〕　　　我又授您精米美餐啊！

緇〔緇繻繢〕衣之蓆〔席〕兮，　　　黑色綢袍已儲多啊，
敝〔獘弊〕，　　　　　　　　　　　敝破了，
予又改作兮！　　　　　　　　　　　我又爲您重新製成啊，
適子之館〔舘〕兮，　　　　　　　　往您的公署上班啊，
還，　　　　　　　　　　　　　　　回來，
予授〔桵〕子之粲〔粲粲粲敠〕兮！〔2〕　我又授君精米美餐啊！

注：此詩斷句分章依從清初顧炎武《詩本音》。

【詩旨】

　　楚竹書《紾（緇）衣》簡 1，子曰：「醜子頪女醜子紾衣（好美〔才，賢人〕如好緇衣。）」《齊傳》《禮記・緇衣》子曰：「好賢如《緇衣》。」《孔叢子・記義》孔子云：「於《緇衣》，見好賢之心至矣。」案：尚賢乃興邦之本，詩人於前 768 年，以深厚情志，逸宕音調，婉深旋律，三章疊詠，頌美鄭武公尚賢納士之風。尚賢歌。《風類詩抄》：贈衣詩。今人則多以爲情詩。《編年史》繫於前 768 年。

　　《齊說》《禮記・緇衣》：「子曰：好賢如《緇衣》。」

　　《毛序》：「《緇衣》，美武公〔之德〕也（《台》121/519 有「之德」，《正義》、《唐石經》本無。似當從（台）121/519 補以「之德」。）父子並爲周司徒，善於其職，國人宜之，故美其德，以明有國善善之功焉。」朱熹、方玉潤同。

【校勘】

〔1〕《毛》《單疏》。緇，滬博《紆衣》郭店楚簡作《茲衣》，讀如緇。《唐石經》《皁》、S085 緇，S2729/8 作績、緇，《漢石經》繢，台 121/519 繪，《五經文字》「緇，或作繢者訛。」傳寫之誤。《毛》兮，《皁》旖，旖當是旇、猗，兮、猗同。《毛》敝，唐寫本《釋文》《台》121/519、《考文》《書抄》51，《御覽》690 作弊，《釋文》：敝，本亦作弊。《西征賦》注引《毛》作斃，《單疏》斃，案：《說文》無弊。《玉篇》弊，同。《說文》：敝，一曰敗衣也。斃，又作憋，後又作弊，弊的本義是顛僕、倒斃。弊通敝。《說文》《唐石經》《單疏》館。《五經文字》：館，從舍訛。《毛》適，《皁》S086 偈，P2526 適，讀如適。《皁》S086 作「茝造猗偈」案：茝 chǎi，改 gǎi，同爲之部，昌、見准鄰紐，茝讀若改。猗兮同。《毛》粲，S2729 粲，《單疏》《唐石經》作粲粲同粲。《單疏》作餐，《說文》古作飱，又作粲，借作粲、娑、餐。餐，宋本作殮，《字林》殮，通作餐。

〔2〕《毛》《韓》蓆，《魯》《釋詁》郭注《台》121/519 席，S2729/8 蓆，蓆同席，詳《上林賦》。本字蓆。蓆席通。《毛》授粲，P2529 椊粲，俗字。

【詮釋】

案：此詩歌頌尊賢的良好風尚。

〔1〕前 768 年，衛武公招賢納士。子，賢人。緇 zǐ 衣，到官署所穿的黑色朝服。日本天理大學圖書館藏宋版《毛詩要義》，《箋》：緇衣羔裘，諸侯之朝服也。宜 yí，稱身。敝 bì，破敝之衣。弊通敝，後敝弊通用。爲 wéi，重新製成。以下造、作，趁韻。適 shì，往。案：館，官舍，官府所設的官署，或候館。詳《說文》、《禮記·曾子問》、《周禮正義》、《釋文》。有關出版物中有幾本訓館爲室，欠妥。《詩》《正義》云：「適治事之館。」還 xuán，同「旋」，迴旋。粲，古燦字，《綢繆》「見此粲者」《葛生》「角枕粲粲」、《伐木》「於！粲！灑掃」。《大東》「粲粲衣服」，從文例看，上文寫衣之敝，承上而訓釋，當爲燦，鮮明、美好貌。《魯》《釋言》粲，餐。粲 càn，精鑿米，代指餐，授粲，授食。

韻部：宜爲，歌部；好造，幽部；館還粲，元部。

〔2〕《魯》《釋詁》：「席，大也。」席蓆 xí，奕 yì，都訓大。蓆，大也。《韓說》：蓆，儲也。蓆席，廣多。《孔子詩論》《齊》《緇衣》引孔子語、《大戴禮記》《孔叢子》古本注，《白帖》34、《毛序》《程氏經說》3 都詮解詩旨爲

「好賢」。適館授粲，招賢養賢，備「智庫」，這種尚賢精神與尚賢文學受到普遍的頌美。《師說》胚芽於此。

韻部：蓆（席）作，鐸部；館還粲（燦餐）元部。

【評論】

《詩故》3，「美武公也。周人之詞也。桓公以鄭伯入助於周，死犬戎之難，武公繼爲平王司徒，世善其職，故周人歌之。」明‧鍾惺刻朱得之《近古詩話》：「好賢而思衣食也。『宜』、『敝』、『適』、『還』，皆就賢者言。改爲授爲授粲，則申詩人之愛，且勉其勤於職事。不必以衣食營心也。」《詩志》「兩折兩韻，婉曲風流」。汪氏《異義》：「改衣、授粲，出自王朝，則爲隆禮重任，而民之願每非虛辭也。」杭世駿《訂訛類編》「每章『敝』字、『還』字，皆當爲句，昔賢以爲一言詩之祖也。」《詩志》，「妙於用轉，疊複不厭。兩折兩韻，婉曲風流，連用數「予」字，數「子」字，親熱委至。無一字及武公德善，只說繾綣之情，津津不置，而武公之賢自見。詩意高絕。改衣，適館，授粲，不必眞有其事，特託寓爲言，以寫其愛賢之志爾。」《讀風臆補》7「音節神韻之間別有悱惻纏綿之意，連用四『兮』字，兩『予』字，兩『子』字，一段親賢之神如見。『敝』字一句，『還』字一句，詩家折腰句之祖。」「《緇衣》、《伐檀》等篇，爲後世雜言之祖，」《原始》「居則虛衷以前席，出則憑軾而過門。羅賢以禮不以貌，親賢以道尤以心。賢所以樂爲用，而共成輔國宏猷。國人好之，形諸歌詠，寫其好賢無倦之心，殆將與握髮吐哺後先相映，爲萬世美談，此《緇衣》之詩所由作也。」

將仲子

「將仲〔牆牆中〕子兮！	「想我小二哥啊，
無踰我里！	莫逾越我居廬，
無折〔析〕我樹杞〔杞〕！	莫攀折了筐柳！
豈敢愛之？	怎麼敢愛，
畏我父母。	敬畏我父母啊，
仲可懷也〔兮〕，	小二哥可懷思啊，
父母之言，	然而父母的話，
亦可畏也！」〔1〕	也該畏懼啊！」

將仲子兮！	想我小二哥啊，
無踰我墻！	莫越我垣牆，
無折我樹桑！	莫壓折我家桑，
豈敢愛之？	怎麼敢愛，
畏我諸兄。	畏懼同宗的兄長！
仲可懷也〔兮〕，	小二哥可懷思啊，
諸兄之言，	同宗兄長們的話，
亦可畏也！〔2〕	也該畏懼啊！
將仲子兮！	想我小二哥啊，
無踰我園！	莫越我家園，
無折我樹檀！	莫爬折我家檀，
豈敢愛之？	怎麼敢愛，
畏人之多言。	害怕眾人的碎語閑言！
仲可懷也〔兮〕，	小二哥是可懷思啊，
人之多言，	眾人的閒言碎語，
亦可畏也！〔3〕	也是很可懼的喲！

【詩旨】

案：篇末明旨「仲可懷也，人之多言，亦可畏也！」說明了女抒情主人公內心是眷懷於仲子的，而畏封建禮教，畏人之多言。「人言可畏」出此。此詩當是女主人的初戀者，抑或是吳語所說的毛腳女婿（訂婚而未成婚），男子有點衝動，女子相勸以禮。

案：關於「鄭聲淫」，《論語》《衛靈公》《陽貨》等有論述。其實，此處淫非淫穢之淫，而是過，放，放筆為文之放，大膽，而絕非色欲過度之淫，《詩·鼓鐘》「鼓鐘將將」，《傳》「鼓其淫樂」，《孟·滕文公》「放淫辭」。《原解》「音律為聲，篇章為詩，雖《桑中》、《溱洧》，志在刺淫，而詩本非淫也，豈得以辭而累志？」《稽古編》5，「淫者，過也……皆言過其常度耳。樂之五音十二律，長短高下皆有節焉。鄭聲靡曼幼眇，無中正和平之致，使聞者導欲增悲，沉溺而忘返，故曰淫也。」

《詩論》簡 17「《牆中》，牆中之言，不可韋（畏）也。」

《毛序》：「《將仲子》，刺莊公也。不勝其母，以害其弟。弟叔失道，而公弗制。祭仲〔騍〕（《台》121/519 有騍）諫，而公弗聽，小不忍以致大亂焉。」

《詩集傳》頁 62，引莆田鄭氏與宋·鄭樵《六經奧論》3，「此實淫奔之詩，

無與於莊公、叔段之事，《序》蓋失之！」案：由詩本身根本找不到鄭伯克段之事，不過是如吳語區所說的「毛腳女婿」（訂婚而非完婚）想越過底線，女方婉拒。詩人既寫了人言可畏，又讚揚了女子的理性美。《名物抄》3 指出此詩類《野有死麕》，人言可畏。《原始》：民間閭巷想愛慕之詞。

【校勘】

〔1〕《毛》將仲，《詩論》「牄中」，牄，jiāng，此處讀將 jiāng，音義同。中仲古字通。《漢石經》中作仲，也作兮。P2529 作牆。《毛》杞，誤。當從《唐石經》《單疏》作杞。《毛》折，P2529 析，傳寫之誤。

【詮釋】

〔1〕將牄（將）jiāng，欲。此是女抒情主人公對所愛的仲子的內心剖白之詞。《傳》訓將爲請，似欠周密。《韓詩章句》：將，辭也。《助字辨略》：發語辭。仲子，排行二。里 lǐ，里巷（村里，弄堂胡同），居廬。無，毋，勿要。逾，逾越。杞 qǐ，杞柳。俗名筐柳。豈，並非。之，代詞。畏，敬畏。懷，懷思，眷戀。畏 wèi，懼。

韻部：子里杞母，之部；懷畏，微部。

〔2〕墻（牆），垣牆。兄，諸兄，諸位同宗兄長。園，家園。檀 tán，堅韌木。

韻部：墻桑兄，陽部；懷畏，微部。

〔3〕言，閒言碎語，亂加指責。

韻部：園檀，元部；懷畏，微部。

【評論】

《詩志》：「妙於跌宕，委婉入神，『仲可懷也，』『亦可畏也』，較是得細貼婉切，至情至性，惻然流溢。」《讀風偶識》3，「細玩此詩，其言婉而不迫，其志確而不逾，此必有恃勢以相強者，故論此言以拒絕之，既不干彼之怒，義不失我之正，與唐·張藉卻李師古聘而賦《節婦吟》相類。……若以爲『淫奔』，以爲『刺莊公』，而言語之妙，遂泯然不復可識矣。」《原始》：「此詩難保非採自民間閭巷，鄙夫婦相愛慕之辭，然其義有合於聖賢守身大道，故太史錄之，以爲涉世法。」《會通》引《舊評》：「語語是拒，實語語是招，語眞情苦蘊藉風流。」下啓梁·范云《閨情》，陳·江總《閨怨》，唐·李端《閨情》，于鵠《江南曲》。

叔于田

叔〔尗尗尗〕于田〔畋〕，　　　小二哥去獵獸禽，
巷〔䢽邕衖〕無居人。　　　　巷子裡空無一人。
豈無居人？　　　　　　　　　難道是沒有住人？
不如叔也〔兮〕，　　　　　　不如我小二哥，
洵〔恂〕美且仁！〔1〕　　　實在俊美又行仁！

叔〔尗尗〕于狩〔田〕，　　　小二哥去夛狩，
巷〔䢽邕衖〕無飲酒，　　　　巷子裡無人飲酒，
豈無飲酒？　　　　　　　　　難道是無人飲酒？
不如叔也〔兮〕，　　　　　　不如我小二哥喲，
洵〔恂〕美且好！〔2〕　　　實在俊美又心腸好！

叔〔尗尗〕適〔適〕野，　　　小二哥去郊野練武，
巷〔䢽邕衖〕無服〔輔〕馬，　巷子裡無人駕馬。
豈無服〔輔〕馬？　　　　　　難道是無人駕馬？
不如叔也〔兮〕，　　　　　　不如我小二哥喲，
洵〔恂〕美且武！〔3〕　　　實在俊美又英武！

【詩旨】

　　詩人用誇飾手法讚美一位年輕的後生，在狩獵時代，武藝高強而且仁厚的美男子粉絲多，不足爲怪。詩人用連章體，寫尚武。《毛序》刺莊公。《編年史》繫於前 723 年，云：刺莊公。《詩本義》：詩人言大叔得眾，國人愛之，以謂叔出於田，則所居人巷若無人矣。非實無人，雖有，不如叔之美且仁也。皆愛之之辭。朱熹《詩序辨說》：「此詩恐亦民間男女相悅之辭耳。」《直解》：讚美獵人之歌。劉毓慶、李蹊《譯注》：「這是一位少女讚美一位青年獵手的歌。」

【校勘】

　　〔1〕《漢石經》尗，《說文》叔，《毛》叔，P2529尗，同。《毛》田，《魯詩》《離騷》注、《台》121/519 作畋，一作田，田是畋的省借。《毛》巷，《魯》《釋宮》衖，《說文》䢽，衖、巷古字通。巷是邕的隸變。

　　〔2〕《毛》狩，《台》121/519「狩」下有「田」，疑爲訓釋之詞。《毛》叔也，《漢石經》叔兮。《毛》洵，《外傳》2、《說文》《楊震碑》恂，恂爲本字，洵通恂，後通作洵。《集解》《御覽》390 詢，恂洵詢古字通。《毛》仁，于省吾先生以爲仁字應讀夷，夷悅，案：恐不僅破字解經，且不協韻，似誤。

〔3〕《毛》適，P2529適，俗字。《毛》服，《說文》犕（服），古字。

【詮釋】

〔1〕俶，好，形容詞作名詞，好哥哥。叔、伯對男士的尊稱或昵稱，叔俶淑 shū。叔 shū，《廣雅·釋詁三》叔，少也。俗語「大兄弟」。於，往。田，畋 tián，春時狩獵曰田。詩人運用了誇飾手法，《魯傳》《論衡·藝增》：「故譽人不增其美，則聞者不快其意。」巷，里巷、里塗、里廬。此句是說，聽說小二哥去打獵，人們空巷去隨獵，或觀賞。孫月峰《批評詩經》：「『巷無居人』句，下得煞是陡峻。」恂 xún，確實。美，英俊美。且，而且。仁，仁惠慈愛。《論語·里仁》「里仁爲美」，邢《疏》「仁者，博施濟眾也」。

韻部：田人人仁，眞部。

〔2〕狩 shòu，冬天狩獵。《魯》《釋天》：火田爲狩。酒，本來多冷，人們會飲酒去寒氣，爲什麼反常？因爲叔有英俊之美而且有高尚品德，好 hǎo，《字詁》「好爲美德」。

韻部：狩酒好，幽部。

〔3〕適，往。野 yě，遠郊以外。服，犕，犕 bèi，以鞍裝馬，駕御，里巷空無配了馬鞍的馬，即指馬與馬主人都跟隨叔狩獵。馬 mǎ，（古）明魚。

韻部：野馬馬武，魚部。

【評論】

此詩用誇飾，層層提示謎底似的提示這位好獵手何以享有盛譽，不僅有美的外表，仁惠、美德、英武。明·戴君恩：「炳烺雄駿，縱之則錦繡齊鋪；按之則金針密度，又如淮陰侯兵雖複多，紀律不爽。」（《存目》，經部 61/247）焦琳《詩蠲》：「居以論談心，故稱其仁；飲酒以會歡，故稱其好；服馬以馳逐，故稱其武。然其實是隨所見而思及叔，謂其所在必更美，以見於叔無刻不思。」《詩志》：「章法嚴整。」《會通》：「故撰奇句而自作解釋之，文章家之逸致也。」

大叔于田

大叔〔朾〕于田〔畋〕，	小二哥去打獵，
乘乘馬，	駕著四馬拉的大車，
執轡如組，	手執御馬索如織組，
兩〔雨〕驂如舞〔僫〕。	兩邊驂馬應節如舞！

叔在藪，
火烈〔列迾〕具舉。
襢〔但袒膻〕裼暴〔攗搏虣〕虎〔虖〕，
獻〔獻〕于公所，
「將叔〔将〕無〔毋〕狃〔忸忕 shì 狣〕，
戒其傷女！」〔1〕

小二哥在澤藪，
遮迾火把一齊舉，
裸裎上衣，執戈搏擊猛虎，
擒來猛虎，獻到鄭國公公所，
「願小二哥呀！莫再慣習搏虎，
慎勿傷著汝！」

叔〔村村〕于田〔畋〕，
乘乘黃，
兩〔雨〕服上襄〔驤〕，
兩〔雨〕驂〔騘〕鴈〔雁〕行。
「叔〔村〕在藪，
火烈（列迾）具揚〔楊〕。
叔〔村〕善射忌〔己記〕！
又良御忌〔己記〕！
抑〔柳噫懿〕磬〔礸〕控〔椌〕忌〔己記〕！
抑〔柳噫懿〕縱〔縱〕送忌〔己記〕！」〔2〕

小二哥去打獵，
駕著四匹黃驃馬氣昂昂，
兩匹服馬昂然拉車，
兩匹驂馬如雁有序行。
「小二哥在澤藪，
遮迾火把全高舉，
小二哥善於射箭，
又善於駕御駿馬，
真美氣！控馬神啦！
真美氣！縱馬神啦！」

「叔〔村村〕于田〔畋〕，
乘乘鴇〔𩟽〕，
兩服齊首，
兩驂如手。
叔〔村村〕在藪〔藪〕，
火烈（列迾）具阜〔旱〕。
叔〔村村〕馬慢〔嫚嫚〕忌〔己記〕！
叔〔村村〕發罕〔罕〕忌〔己記〕！
抑〔噫懿〕釋掤〔栩冰〕忌〔己記〕！
抑〔噫懿〕鬯〔韔〕弓忌〔己記〕！」〔3〕

「小二哥去打獵，
駕著四匹烏驄馬，
兩匹服馬齊頭並進，
兩匹驂馬得心應手。
小二哥在澤藪，
火把成行列高高舉，
小二哥馬兒跑慢了，
小二哥發箭稀罕了，
真美氣！打開了箭筒蓋，
真美氣！弓放進了弓衣！」

【詩旨】

余師《詩經選》「這詩讚美一個貴族勇猛善獵，精於射箭和御車。第一章寫初獵搏虎，表現他的壯勇。第二章寫驅車逐獸，表現他的善御。第三章寫獵的收場，表現他的從容。」

案：《春秋公羊傳·隱公元年》：「夏五月，鄭伯克段於鄢。克之者何？殺之也。殺之，則曷爲謂之克？大鄭伯之惡也。」《毛序》「《大叔于田（《台》

121/519 作畋)》，刺莊公也。叔多才而好勇（《釋文》：而勇，本或作好勇。好，衍字。）不義而得眾也。」《詩傳注疏》《詩解頤》《毛詩原解》《世本古義》同。劉毓慶、李蹊譯注《詩經》：「這首詩讚美鄭莊公的弟弟共叔段在狩獵中的表現。」《後箋》：「二者皆只言叔之材藝武勇，詞似愛之，實則只是言其輕揚粗暴之氣習，知其不足以有爲，而且將及於禍，又似乎戒之。然言外見公之於叔不早諭教，卒使陷於不義。所言在此，所刺在彼，此風人主文譎諫（juéjiàn，委婉地規諫）之義也。」《今注》：「這是大叔段的擁護者贊譽段打獵的詩。」劉毓慶、李蹊《譯注》：這首詩讚美鄭莊公的弟弟共叔段在狩獵中的表現：他駕馭車馬、射箭的精湛技藝，他勇敢搏虎的勇氣與無與倫比的武功。同時也可以使讀者瞭解古代大規模狩獵的場面。

《注析》，「這是讚美一位青年獵手的詩。《毛序》……其誤與上篇《叔于田》同。這位獵手有高車四馬，有弓箭，有燒火的隨從人員，打來老虎又獻於公所，都說明他的身份是貴族。」

《直解》「似是改寫於《叔于田》，或是二者同出於一母題之歌謠。」

【校勘】

〔1〕《唐石經》大叔于田。《釋文》本或作『大叔』者，誤。阮《校》：以《釋文》爲長。案：《台》121/519 作太叔于畋，《後漢・馬融傳》注作大叔于田，通作大叔于田。《漢石經》杽，敦煌本作忖，《毛》叔。田，古作畋。蘇轍、朱熹《詩集傳》無「大」。《毛》，彎，《說文》繾，通作繾。《毛》舞，《孔子家語・好生》僃，《史》《漢》僃，僃別體。本字作列，《單疏》烈，《魯》《說文》《考文》《東京賦》《箋》《正義》列。《說文》《集韻》《西京賦》注作迾。《毛傳》「烈，列也。」烈通列，列古字，遮迾之迾。《單疏》《唐石經》藪，同藪。案：本字作祖，《魯》《釋訓》《毛》《台》121/519 禮，《魯》《齊》《說文》《史・廉藺列傳》《曲禮》《單疏》袒，袒，祖字。古字作但，但、祖古今字。禮或體。《說文》但。《說文繫傳》：但，古此爲祖字，祖爲今字。《釋文》：禮，本又作祖。《齊》《射禮》《韓》《說文》《五經要義》《御覽》433 膻，祖、膻、禮借字，通但。《毛》《齊》暴，《魯》《釋訓》「暴虎，徒搏也」。《魯》、《淮南・本經》作㶱，古暴字。《毛傳》：「暴虎，空手以搏也。」則本字作搏。裘錫圭《古代文史石窟新探》據甲骨文、金文作戯，古字。案：《毛》《單疏》虎，《唐石經》虍，缺筆，避李淵祖父諱。《毛》無《唐石經》、小字本、相台本同，《釋文》母，本亦作無，《釋文》出母。無讀如

母。《單疏》狃，《魯》《史記・漢興以來諸侯王表》《荀子・議兵》《後漢・戴就傳》《通鑑・漢紀三十四》引《爾雅》「忸，複也。」今本《釋言》「狃，複」當依《毛》改。《廣韻》忕。狃忸同。《大射禮》柔，義同。《毛》無，《釋》毋，本亦作無。案：無通毋。

〔2〕《毛》襄，《史・司馬相如傳》《索隱》《曲禮》《正義》作驤，襄通驤。《毛》磬，《舞賦》注引《毛》作馨。磬、馨通騁。《毛》忌，鄭玄讀己，又作記。《英》4/224 忌。案：忌己記讀如亓 jì。《毛》抑，《魯》《爾雅》懿，《集韻・之部》：「噫，或作億，意，嘻，譆，懿，醷。」

〔3〕本字作鶬，《魯》《釋畜》《考文》《正字》《五經文字》鶬。《毛》鶬，《釋文》鴶，依字作鶬，盧本注：鴶作鶬，此依毛居正說改。《毛》慢，《考文》《釋文》P2529 作嫚，同。《毛》拥，《左傳・昭 25》冰，冰通拥。P2529 戒作戒，俗字；叔作村，同；虎作彔，獻作鹻，俗字；兩作雨，誤字；揚作楊，抑作柳，控作桱，縱作緃，皋作皐，慢作嫚，俗字；鶬作陥，拥作栩，誤字。本字作豰，《三家》《說文》豰，《毛》豳，豳通豰。

【詮釋】

〔1〕大音太。田、畋 tián，打獵。乘 chéng，駕。乘 shèng，馬，四馬車。轡 pèi，御馬索。《魯傳》《呂覽・先己》高注：「組，讀組織之組。夫組織之匠，成文於手，猶良御執轡於手而調馬口，以致萬里也。」驂 cān，駕轅馬爲服馬，在服馬外的兩馬爲驂馬。舞 wǔ，驂馬的步伐很有節奏，如合舞曲。以狀騎手善御，得心應手。藪 sǒu，《小學蒐佚》引《韓》譯中可禽獸居之曰藪。烈，列 liè，火列，以火燒草，遮迣 zhēliè，阻斷禽獸的退路。具，俱。舉 jǔ，擎起，升起。但祖 tǎn，裼 xī。案：但（袒、襢、膻）裼，連語，裸露上體，執戈捕虎，謂之暴虎。《說文》袒，衣縫解（露上體）；裼，袒也，脫衣見體，《吳都賦》李注「虣與暴同」，執戈搏虎。暴 bào，（古）並宵；搏 bó，（古）幫鐸，并、幫鄰紐，陰入旁對轉中宵鐸相轉，暴通搏。獻於，獻給於。公，鄭公。所，處所。《詩集傳》：「蓋叔多材好勇，而鄭人愛之如此。」將，欲。無通毋，勸誡、禁止之詞，莫要。狃 niǔ 通忸忕，忸忕 niǔshì，習以爲常。戒，慎。女，你。

韻部：馬組舞舉虎所女（汝），魚部。

〔2〕黃，黃驃馬。兩服，兩匹居中駕轅的馬。襄通驤 xiāng。服馬馬頭昂起，一齊拉車奔走。《述聞》5 上，前，上襄猶言前駕，並駕車前，即下章

之「兩服齊首」。一訓優等馬。雁行兩匹在外的驂馬也如大雁有序並行。行háng，行列。揚舉起。一說揚通旺，wàng。善射，善於射箭。良御，善於御馬。抑噫意懿，歎美詞。一說抑，助詞。案：磬 qìng，控 kòng，雙聲詞，控馬時遂心如意，騎手如磬折，觀察入微，繪形傳神。磬通罄，罄盡，或訓為罄、磬通騁 chěng，罄騁，疊韻詞，控轡止馬。縱 zòng，送 sòng，是比較寬的雙聲疊韻詞，縱馬，放箭；送，追逐。杭世駿《訂訛類編》1，「注云：騁馬曰磬，止馬曰控，捨拔曰縱，覆彌（xiāo，弓弭）曰送。是磬控言御，縱送言射。今俱作御用並作磬者，誤。」忌己記亓远 jì，句末語氣詞。

韻部：黃襄行揚，陽部。射，鐸部；御，魚部。魚鐸通韻。控，送，東部。

〔3〕案：依字當作犕，鴇通犕 bǎo，《單疏》犕，《魯》《釋獸》驪白雜毛，犕。即毛色黑白又有雜毛相錯的烏驄馬。首 shǒu，齊頭並進。如手，兩驂在旁而稍後，如人左右手。藪 sǒu。烈，列，行列；阜 fú，高舉。

讕嫚慢 màn，緩緩。抑，發語詞。發，射箭。罕 hǎn，稀少，箭無虛發。釋，打開。冰通掤 bīng，箭筒蓋；鬯通韔 chàng，弓衣。

韻部：鴇（犕）首手阜，幽部。慢罕，寒部；掤（冰）弓，蒸部。

【評論】

《孔叢子‧刑論》：「孔子曰：『吾聞古之善御者，』『執轡如組，兩驂如舞』，非策之助也。是以先生盛於禮而薄於刑，故民從命令也；廢禮而尚刑，故民彌暴。」《魯說》《中論‧賞罰》：「夫賞罰之於萬民，猶轡策之於馴馬也。轡策不調，非徒遲速之分也，至於覆車而摧轅；賞罰之不明也，則非治亂之分也，至於滅國而喪身，可不慎乎！可不慎乎！故《詩》云：『執轡如組，兩驂如舞』。言善御之可以為國也。」《批評詩經》：「氣骨勁峭，傲然有挾風霜意，便是戰國後俠氣發韌。」《臆補》：「獵獵有風雲氣，看其磬、控、縱、送處，亦覺六轡在手，一塵不驚。」（《續修》58/196）《詩志》「全篇靈活是高手。」《通論》5，引漢代齊詩家匡衡語，指出「此兩篇亦未必為叔段矣，」「描摹工豔，鋪張亦復淋漓盡致，便為《長揚〔賦〕》、《羽獵〔賦〕》之祖。」案：這是《鄭風》中的硬幽默，頌中寓諷，脫光上衣，執戈擊虎，大叔逞匹夫之勇歸於失敗本來有必然性。

清　人

清人在彭，	清人駐軍屯在彭，
駟介旁旁（驍驍），	披甲四馬好強盛！
二矛重英，	夷矛奠矛兩重纓，
河上乎翱翔。〔1〕	河上徜徉復徜徉！

清人在消，	清人駐軍屯在消，
駟介麃麃〔驫驫鑣鑣〕，	披甲的四馬悠悠跑，
二矛重喬〔鷸喬橋〕，	矛上妝飾長雉毛，
河上乎逍遙〔消搖〕。〔2〕	河上逍遙復逍遙。

清人在軸，	清人駐軍屯在軸，
駟介陶陶〔駘陶〕，	披甲的四馬慢悠悠跑，
左旋〔攄〕右抽〔柚搯〕，	車左御手旋車，車右的侍衛抽刀，
中軍作好。〔3〕	主將在中軍作秀能算好？

【詩旨】

據《左傳·閔2》《史·鄭世家》，史有其事，詩信不誕，句句叶韻，鄭國詩人公子素，直刺鄭文公與高克。前 660 年，鄭國大夫高克好利，公子素討厭他，派他駐紮河上禦狄，高克又是放羊式帶兵，鄭文公踕（前671～前628）在位時對晉公子重耳欠禮，踕弟叔詹曾批評他無禮；對將軍高克部屬又不恤眾情，久而不召，結果「師潰」，於是鄭人賦《清人》以記載這一沉痛的歷史教訓。這是《春秋》「鄭棄其師」的詩歌表述。寓刺於賦。詳《十三經附校勘記》頁 1788。

《齊說》《易林·師之暌》：「清人高子，久屯外野，逍遙不歸，思我慈母。」《豐之頤》：「慈母望子，遙思不已。久客外野，我心悲苦。」

《毛序》：「《清人》，刺文公也。高克好利而不顧其君。文公惡而欲遠之，不能。使高克將兵而禦狄於竟（《台》121/519「御」、「境」）。陳其師旅，翱翔（《台》121/519 有乎）河上。久而不召，眾散而歸，高克奔陳。公子素惡高克進之不以禮，文公退之不以道，危國亡師之本！故作是詩也。」

【校勘】

〔1〕《招魂注》《毛》駟，《書鈔》127 四，本字作四，《駟驖》《三家》四。《單疏》旁，《三家》《說文》驍，驍是正字，旁通驍。

〔2〕《毛》麃，《考文》《字書》驫，《說文》《廣雅》鑣鑣，《廣雅·釋訓》：「鑣鑣，盛也。」驫，俗字。麃是鑣之省。《毛》喬，《傳》喬，音橋，《釋文》引《說文》《玉篇》《韓》鷮，喬通鷮。P2529高，俗字。《毛》逍遙，《說文》宋本《莊子音義》《漢·五行志》消搖，《釋文》逍，本作消，遙，本作搖。《字林》「逍遙」。

〔3〕《毛》陶，《說文》《玉篇》《廣韻》騊，陶通駒騊。P2529陶，異體。《毛》《說文》旋，《台》121/519櫨，案：當是櫡字之傳寫之誤，《說文》有櫡xuán，《爾雅》還，古讀旋。《毛》抽，《三家》《說文》《玉篇》《聲類》搯，《廣雅》搯，抽通搯，搯搯同。P2529柚，俗字，讀若抽。

【詮釋】

〔1〕清人，高克部旅。清，邑名，在今河南省中牟縣西。在，駐紮。彭 péng，在衛地。旁旁通駹駹 péngpéng，彭彭，強壯有力貌。旁旁然，不息。《疏證》：彭，盛也。駹旁彭同義。四介，四匹馬都披甲。二矛，《考工記》：兵車夷矛長二丈四尺、酋矛長四尺。重英，在矛頭上裝飾兩層纓。英 yīng，用毛羽裝飾矛頭。河上乎翱翔，此處為叶韻，實為翱翔乎河上。翔 xiáng，翱翔，放飛，翱翔猶彷徉、徜徉，放肆自在，竟沒有軍紀約束，失敗由此。

韻部：彭旁（駹）英（讀如決）翔，陽部。

〔2〕消 xiāo，鄭邑，在今河南省中牟縣西。麃麃、驫驫、鑣鑣 biāo，盛貌，武器裝備與人，人是起決定作用的。喬橋通鷮 jiāo，鷮雞，走且鳴的長尾山雉。以其羽毛裝飾矛頭下。逍遙、消搖、彷徉、徜徉，疊韻詞，《湘君注》：「逍遙，遊戲也。」無所約束。搖 yáo。

韻部：消麃（瀌）喬遙（搖），宵部。

〔3〕軸 zhóu，地名。陶陶 dáo dáo，《三家》《說文》騊騊 táo táo，徐行貌，自由調兒，從部旅徜徉、翱翔、消搖到戰馬的陶陶自樂，慢悠悠行，軍紀蕩然無存，失敗難免。御手在左負責旋轉戰車。右，戰車右邊的衛士。古讀抽音同搯，抽通搯，《三家》《說文》引作「左旋右搯」，搯 tāo 搯，拔兵刃以習擊刺。中軍，主將在中軍。好 hǎo，好，私好，即一軍戰事視如兒戲，豈能不潰？！

韻部：軸，覺部；陶抽（搯）好，幽部。覺幽通韻。

【評論】

　　《逸周書‧武稱解》「淫樂破正，淫言破義：武之毀也。」宋‧呂東萊：「言師久而不歸，無所聊賴，姑遊戲以自樂，必潰之勢也。不言已潰，而言將潰，其詞深，其情危矣。」《讀風臆評》：「兵，凶事也。矧（況）精銳如此，那得使其逍遙閒曠，危哉！其以國之大事，戲也！」「寫高克周章情態全注在『中軍作好』句，前路絕不提及，直述到『左旋右抽』，已是全軍解體，始以一語兜轉，收納，通篇詩人之投注往往如此，然用兵何當如日『翱翔』，日『逍遙』，而中軍且日『作好』焉，令人絕倒！令人寒心！」《詩志》2，「偏說安閒自在。安有以三軍之重而翱翔逍遙者？不必說到師潰，隱然已見。『作好』字嘲笑入妙，極無聊，卻說得極興致。一篇遊戲調笑之詞。《春秋》『鄭棄其師，』便是此詩題目，妙在就全師未潰時描寫，乃其立意高處。」《會通》：「結二句摹寫翱翔、逍遙，有繪水繪風手段。」案：詩人高明處在高度概括了歷史失敗的慘痛教訓，強烈的不滿之情，用細節刻畫那羊群戰術式主將荒唐、軍無紀律、士無鬥志的戍邊的歷史生活畫面，失敗在意料中，諷寓於敘。

<h2 style="text-align:center">羔　裘</h2>

羔裘〔求〕如濡〔灟〕，	小羊皮袍多溫存，
洵〔恂〕直且侯。	確實平直又英俊。
彼其〔曩己記〕之子，	那個曩侯的公子，
舍〔赦澤〕命不渝〔偷〕。〔1〕	寧可捨棄生命不變更。
羔裘豹飾〔餝飭〕，	小羊皮袍豹袖飾，
孔武有力，	多麼威武多有力。
彼其〔曩己記〕之子，	那個曩侯的公子，
邦〔邦國〕之司直！〔2〕	能為邦國作司直！
羔裘晏兮，	羔裘豹皮袖子真鮮豔，
三英粲〔粢效粲〕兮，	三道豹皮裝飾多燦爛！
彼其〔曩己記〕之子，	那個曩侯的公子，
邦之彥彥〔嗲〕兮。〔3〕	確為邦國作俊彥！

【詩旨】

　　《羔裘》，為主持正義的司直官唱讚歌。

《毛序》:「《羔裘》,刺朝也。言古之君子,以風其朝焉。」《單疏》《唐石經》同。《詩集傳》頁 65,「蓋美其大夫之詞,然不知其所指矣。」

《慈湖詩傳》6,「是詩乃親見在位之賢者,愛之敬之,故頌其善也。」

案:鄭國在周朝立國,延祚 464 年,在諸侯國延祚比較長,原因之一有司直之官,有邦之俊彥。

【校勘】

〔1〕《毛》裘,古作求,求古字。本字作恂,《毛》洵,《韓詩外傳》2 恂,洵通恂。P2529 濡作濡,侯作侯,俗字。正字作豈,《集韻》作豈,《左傳‧襄27》《晏子春秋‧雜上‧第五》《外傳》2、《考文》《新序‧義勇》《列女傳‧梁節姑姊傳》《魏都賦》《台》121/519 作己,《毛》其,己其記通叚。詳季旭昇《詩經古義新證》「詩人歌詠一位豈氏的賢臣。」《毛》渝,《韓詩外傳》2 偷、渝、偷從俞,偷俗字。《管‧小問》引作「澤命不渝」,澤通釋,捨命不渝。《釋言疏》赦命不渝。偷讀如渝、逾。赦通舍,舍讀若捨。

〔2〕《毛》飾,《台》121/519餝。餝是飭字之誤,飭,chì,飾,shì,飭通飾。《毛》邦,《漢‧蓋寬饒傳》國,當作邦,避漢諱。P2529邦,誤。

〔3〕《毛》粲,《說文》奴,粲通奴,《單疏》《唐石經》粲,粲同粲。P2529粲,異體。《毛》《左傳‧昭16》《外傳》2《吳趨行》彥,《魯》《釋訓》《正義》引《釋文》作唸,《釋訓》《釋文》唸,今本作彥。通作彥。唸通彥。

【詮釋】

〔1〕如,而。濡 rú,光亮潤澤。洵通恂,《韓說》恂,信。確實。直,正直,司直。《韓》:「侯,美也。」日本‧天理大學藏《毛詩要義》洵,均;侯,君。誤。其通豈,豈侯。《集韻》豈qǐ,古國名,又作杞。渝,變。舍,捨,同音通借,為國家民族可以捨命不渝。偷渝疊韻通借,透、餘鄰紐,偷通渝。《魯》《釋言》渝,變(變)。

韻部:濡侯渝(偷),侯部。

〔2〕餝通飾,飾,嵌飾,在衣袖用豹皮作飾品,如《管子‧揆度》「卿大夫豹飾」。孔,甚。很英武,有威力。司直,官名。《魯傳》《淮南》漢‧高誘注:司直,官名。《呂覽‧自知》高注:司,主;主,正;正其過闕。《呂覽‧自知》湯有司過之士。《漢‧蓋寬饒傳贊》顏注引此二句注云:「言其德美可主正直之任也。」

韻部:飾力直,職部;子,之部。職之通韻。

〔3〕《魯》《九辯注》：「晏晏，盛貌也。」晏 yàn，豔 yàn，聲近通假，晏，晏晏然，鮮豔貌。三，三道。三英，古代皮衣上的裝飾，《初學記》26引晉·郭璞《毛詩拾遺》：「英，謂古者以素絲英飾裘，即上『素絲五紽』也。」案：粲燦古今字，粲通奴，《說文》奴 càn，美也（即燦爛）。《大東》「粲粲衣服。」《綢繆》「無此粲者」，《伐木》「於！粲灑掃」。《箋》承《傳》三英，三德，剛克，柔克，正直也。《詩古微》，「美三良也。文公之詩，三良為政，所謂『三英粲兮』也。……三良即洩氏、孔氏、子人氏三族」，《傳》《箋》與魏說可備一說，然與詩上下文不切。嗟彥 yàn，德才出眾者。《釋訓》「美士為嗟」，郭舍人《爾雅注》：「國有美士，為人所言道。」是邦國的俊彥。

韻部：晏粲彥（嗟），元部。

【評論】

《韓詩外傳》2「名昭諸侯，天下願焉。《詩》曰：『彼己之子，邦之彥兮！』此君子之行也。」《詩本義》4，「『彼己之子，邦之司直』者，謂服以武力之獸為飾，而彼剛強正直之人，稱其服爾」。《臆評》：「後章用三『兮』字作變調，尤覺神致翩翩，必合上二章讀，乃知文章從真氣節出也」（《續修》58/196）。《原始》「此詩非專美一人，必當時盈廷碩彥濟美一時，或則順命以持躬，或則忠鯁以事上，或則儒雅以聲稱，皆能正己以正人，不愧朝服以章身。故詩人即其服飾之盛，以想其德誼經濟文章之美，而詠歎之如此。曰『捨命不渝』者，君子安命，雖臨利害而不變也。曰『邦之司直』者，大臣剛毅有力，獨能主持國是而不搖也。曰『邦之彥兮』者，學士文采高標，足以黼黻猷為而極一時之選也。有此數臣，國勢雖屋，人材實裕，故可以持立晉、楚大國之間而不致敗。此鄭之所以為鄭也。不然，詩人縱極陳古以風今，亦何與於當時時務之要歟？」案：此詩讚美國中主持正義、正人之過、德才出眾的國家俊彥的偉岸人格，詩中「捨命不渝」、「邦之司直」、「孔武有力」常被稱引。

遵大路

遵〔遣逮〕大路兮，	沿著大路追情人，
摻〔操槮攬〕執子之袪〔祛〕兮。	攬著郎君後衣襟，
「無我惡兮，	「莫要憎惡我啊，
不寁〔疌〕故〔兮〕也〔兮〕？」〔1〕	莫要速絕了老交情啊！」

遵〔遵遬〕大路〔道〕兮，　　　沿著大路送老友，
摻〔操捻攬緊〕執子之手兮。　　緊緊攬住您的手我心焦焦，
「無我魗〔魗魗魗魗魗魗魗〕兮，　　「莫要嫌棄我啊，
不寁〔疌〕好也〔兮〕？」〔4〕　　莫要迅速決絕老情好！」

【詩旨】

案：棄婦詞。

《毛序》「《遵大路》，思君子也。莊公失道，君子去之，國人思望焉。」

《續讀詩記》1，「國人留賢之詩也。」《詩集傳》4，「亦男女相說（悅）之詞也。」《詩志》2，「《魯詩》以爲棄婦之詞，《序》說以爲留賢，依本詩尋味之，俱有妙旨，如《序》說意更深長。蓋故舊、朋友之誼，託於夫婦以自見者多矣。」

【校勘】

〔1〕《毛》遵，《英藏》4/224 作遬，《台》121/519 作遬，異體。《毛》《魯》寁，《說文》《釋文》寁，本或作疌，通作疌。

〔2〕《唐石經》《初刻》8/175、《單疏》摻，《五經文字》操，《漢議郎元賓碑》《衡方碑》《校官碑》操隸變爲操、摻，《北山》《抑》摻當作操，魏、晉間避曹操諱改作摻。下同。《學林》10 草書法「喿」字與「參」字同形，故晉人書「操」字皆作「摻」，《廣雅·釋詁一》：「摻，操也。」《魯》《離騷注》作擥，又作攬，宋玉《登徒子好色賦》「遵大路兮攬子袪」，正字作擥，《漢》作擥，古文作擥。《傳》：「摻，擥也，」或作操，作摻魏晉人改作摻，敦煌卷子作捼，異體。本字作魗，《玉篇》《廣韻》《毛》魗。《說文》魗 chóu。《釋文》魗，本亦作魗。唐寫本作魗。《台》121/519 魗，異體。《毛》遵，《台》121/519 遬，異體。本字作魗，《說文》魗，隸變爲魗，《考文》引《釋文》魗，本亦作魗，又作魗。魗丑（丑）古今字。魗，俗字。魗魗，異體，讀如魗。《毛》也，《漢石經》作兮。

【詮釋】

〔1〕遵，沿。摻，shān，（古）山侵；擥（攬），lǎn，（古）來談；操，cāo，（古）清宵，山、來準鄰紐，侵談相轉。山、清鄰紐，陰陽旁對轉中侵宵相轉，摻通擥（攬）、摻通操。《單疏》訓攬執。擥執、操執，連語，執持；袪 qū 裾 jū 同爲魚部，牙音溪、見鄰紐故相通。《魯》《釋器》《方言》4 謂之裾（衣後襟）。臨別，攬住對方衣後襟。

　　無，毋，莫要。惡 wù，憎惡。莫要討厭我。疌 zǎn，《魯》《釋詁下》「疌，速也」，漢・郭舍人：「疌，意之速」。《傳疏》：疌 jié，召（招呼）。故 gù，故交，戀人。莫要迅速與我決絕。

　　韻部：路袪（裾）惡故，魚部。

　　〔2〕《述聞》：「路字當作『道』，與手魗好爲韻。道，猶路也，變文協韻。佐證：屈原《離騷》：『既遵道而得路』。案：變文協韻。敊 chǒu《說文》斀敊，棄也。魗，魗醜 chóu，厭惡。好 hǎo，愛。莫忘了情好。

　　韻部：手敊魗（丑）好，幽部。

【評論】

　　《集解》：「此詩是君子去國而國人欲留之意，執其袪，執其手，而惟恐去之之速也。」《讀〈風〉偶識》：「蓋其中實有男女相悅而以詩贈遺者。」《會通》：「舊評：語重心長。東野『欲別牽郎衣』，祖此。」

女曰雞鳴

女曰：「雞鳴！」	女提醒道：「公雞已打鳴。」
士〔土〕曰：「昧旦〔且〕！」	男說：「天還沒有明。」
「子興視夜，	「您起來看看夜，
明星有爛〔爤〕，」	啓明星正燦爛！」
「將翱將翔，	「群鳥將要飛翔，
弋〔隿〕鳧與〔與〕鴈！」〔1〕	我用繳射射取鳧與雁。」
「弋〔隿〕言加〔扣〕之，	「繳射就射中飛禽，
與子宜之。	與君製作美餐嘉肴。
宜言飲酒，	有美肴與君飲酒，
與〔與〕子偕〔皆〕老。	我與君百年偕老！
琴〔𤫶〕瑟在御〔蘇〕，	彈琴鼓瑟貴相和，
莫不靜〔靖〕好！」〔2〕	無不美好眞諧調。
「知子之來〔勅徠〕之，	知君殷勤心疼我，
雜佩〔珮〕以贈〔貽〕之。	雜珮相贈締結百年良緣，
知子之順之，	知您溫婉愛我，
雜佩〔珮〕以問之。	雜佩一一贈與意中人，
知子之好之，	知君心腸非常好，
雜佩〔珮〕以報之！」〔3〕	雜珮回報知心人！

【詩旨】

　　這是相知頗深的戀人或夫婦相誓百年好合，相警相催的對話體民歌。《孔叢子・記義》：〔孔子〕云：「於《雞鳴》，見古之君子不忘其敬。」《魯說》、漢・蔡邕《青衣賦》：「雞鳴相催」。

　　《齊說》《易林・豐之艮》：「雞鳴同興，思配無家；執佩持帉，莫使致之。」

　　《毛序》：「《女曰雞鳴》，刺不說德也。陳古（《台》121/519「古」下有「士」。《正義》：說，悅。經之所陳皆是古士之義好德不好色之事，以時人好色不好德，故首章先言古人不好美色。《定本》去『古義』無『士』字，）義以刺今，不說德而好（《台》121/519 下有『美』字）色也。」《詩集傳》頁 66，「此詩人述賢夫婦相警戒之詞。」郝懿行《詩問》「美賢婦詞」。《注析》：「這是一首新婚夫婦之間的聯句詩。」

【校勘】

　　〔1〕《毛》士旦，P2529 土旦，土讀如士。段玉裁易「旦」爲「且」。誤。案：于古韻旦、爛、雁協韻，「且」不協韻；晉・陸雲《九湣》、任豫《籍田賦》、梁武帝《淨業賦》、江淹《恨賦》都作「昧旦」。晉、六朝時《詩》作旦。《毛》爛。《廣雅》《唐石經》唐寫本及注疏本作爛。《說文》《釋文》本作爛。《六經正誤》：有爛作爛，誤。《六經正誤》誤。敦煌本、宋本作爛。爛爛古今字。《毛》加、與，P2529 扣、與，扣當爲加，與古簡體。《毛》弋。《魯》《哀時命注》《說文》《玉篇》《廣韻》𧤪。弋是𧤪的省借，《阜》S087。

　　〔2〕《毛》偕，《阜》S088 作皆，皆、偕古字通。《毛》琴瑟在御，《阜》088 作鋻瑟在蘇，鋻異體，蘇讀爲御，疊韻通借。

　　〔3〕《毛》來，《說文》勑，《毛詩音》徠。《述聞》勑爲勞來之來，又作勑，徠是俗字，來古字。《毛》佩，《白帖》P2529《初學記》26 引蔡謨《毛詩疑字議》珮珮。，後人增益字。《唐石經》《毛》贈，江永、牟庭、戴震、江有誥：作貽方協韻。案：貽 yì，來 lái，疊韻通借。案：作贈亦可，贈、順、問協韻。又之蒸通韻，蒸文通韻，《詩經》合韻甚多，似不必輕易改經。

【詮釋】

　　〔1〕《紬義》：兩「日」字，分明夫婦互相警覺。妻子聽到雞叫催丈夫起身。《魯說》《青衣賦》「雞鳴相催」，《齊說》：「雞鳴同興」。《管錐篇》：「女催起而士尙戀枕衾，與《齊風・雞鳴》情景有似。」旦，日出。昧旦，尙未拂曉。子，妻子稱丈夫。興，起。視夜，看夜色。明星，啓明星，金星。有

爛，爛爛 lànlàn，有爛，爛爛，爛爛然，光明貌。將，且。翱翔，迴旋飛翔。弋通䌴 yì，用生絲繩繫箭射取飛禽。鳧 fú，野鴨。鴈 yàn，雁鵝。

　　韻部：且、爛、雁，元部。

　　〔2〕言，而，就。加，射中，射而製肴。《釋言》：宜，肴也。把飛禽製成美肴。宜言飲酒，《述聞》：承上，宜，肴。言，助詞。二人對飲。老 lǎo，相誓百年好合，偕老終生。「琴瑟在御，莫不靜好」，詩人的旁白，詩人在讚美兩口子。御 yú，執，執琴瑟而彈奏。好 hǎo。靜通靖，《古經解鉤沉》6 引《毛》「有靖家室」《韓說》：「靖，善。靖好，」連語，美好，夫婦生活如鸞鳳和鳴、琴瑟相和。

　　韻部：加宜，歌部；酒老好，幽部。

　　〔3〕《例釋》雜（雜），未公開，雜佩，雜珮，連綴在一起的各種佩玉。《廣雅》：來 lài，懃（殷懃 yīnqín）也。贈 zèng，贈送。案：順 shùn，親愛婉順。《箋》與己和順。朱熹：順，愛。情人語。雜（雜）珮，《大戴禮記‧保傳》《周禮‧玉府》鄭注引《三家詩說》：「佩玉有蔥衡（一作珩），下有雙璜、衡牙、蠙珠以納其間，琚、瑀以雜之。」問 wèn，贈送。此反映周代玉文化，周人重禮玉佩相贈，詳《中國民俗史（先秦）》圖 21。好 hào，愛好。報 bào，報答。張舜徽《小爾雅補釋》：「此順字對上章知子之來之來字言，來順猶今人言來往、來去。往與去，皆退字義也。」

　　韻部：來，之部；贈，蒸部。之蒸通韻。順，文部；問，諄部。文、諄合韻。好報，幽部。

【評論】

　　《詩本義》「蓋言古之賢夫婦相語者如此，所以見其妻之不以色取愛於其夫，而夫之於其妻不說（悅）其色，而內相勉勵，以成其賢也。」（台商務印書館《四庫》經部 71/206）鍾惺《詩經》：「許多德業多生於『雞鳴』、『昧旦』二語。」「離居，則勉以知德，相聚，則導以取友。如此婦人，良師友也。」《原始》：「此詩不惟變風之正，直可與《關雎》《葛覃》鼎足而三。」《會通》：「舊評云：脫口如生，傳神之筆。」此二詩之遺意。《詩志》2「莊正和雅，《周南》風調，復見於此。」《詩經通論》：「只是夫婦幃房之詩。」劉瑾《詩傳通釋》：「此詩意思甚好，讀之使人不知手舞足蹈者。」《注析》：「這首詩中有男詞，有女詞，還有詩人的旁白，參差錯落，很有情趣。實開漢武帝柏梁體，為後人聯句之祖。」

此詩是用對歌式聯句體參差錯落中內涵整飭，跳脫靈活，與《溱洧》是兩篇藝術地反映兩人世界甜蜜生活的詩劇化的藝術珍品。

有女同車

有女同車，	我和姑娘同乘車，
顏如舜（虋虋虋）華。	姑娘顏如木槿花。
將翱將翔〔羊〕，	行步輕盈太優美，
佩玉瓊〔瓊〕琚。	佩玉瓊琚人人誇。
彼美〔姜〕孟姜，	姜家大姐艷絕倫，
洵（詢恂）美且都。〔1〕	確實美麗又都雅。
有女同行，	我和姑娘同行路，
顏如舜（虋虋虋）英。	容貌虋花兩相如。
將翱將翔〔羊〕，	行步優美誰不誇？
佩玉將將（瑲鏘）。	佩玉瑲瑲引眾目，
彼美孟姜，	姜家大姐真賢良，
德音不忘。〔2〕	聞名遐邇當記住！

【詩旨】

案：一花一世界。詩人對那位有嫻雅美、德音美的顏如虋華的美孟姜情有獨鍾，詩人不提倡「骨感美人」、病美人、瘋美人，而提倡女子的淑德之美、都雅之美、德音之美。

《毛序》：「《有女同車》，刺忽（鄭國公子）也。鄭人刺忽之不昏（《台》121/519 作婚，正字作昏）於齊。太子忽嘗有功於齊，齊侯請妻之。齊女賢，而〔忽〕（《台》121/519 有「忽」）不取。卒以無大國之助，至於見逐，故國人刺之。」《詩集傳》頁67「此疑亦淫奔之詩，言所與同車之女其美如此，而又歎之日：彼美色之孟美，信美矣而又都也。」《編年史》繫於前701年，云：以刺不婚於齊而婚於陳，以失係援。

《詩志》2「訓詞莊雅，全無狎邪之氣，《朱傳》目為『淫奔，』過矣！」

【校勘】

〔1〕案：本字作虋隸變為虋。《單疏》《唐石經》舜，注《說文》虋，《四家》《呂覽·仲夏紀》高《阜》S089、《淮南·時則》注、《孟》趙注、《神女

賦》《別賦》注引《毛》丁厪《蔡伯喈女賦》《齊民要術》《考文》晉・陸機《浮雲賦》、孫楚《同哀文》《白帖》《御覽》999 作蕣，舜通蕣（蕣）。《唐石經》《單疏》翔，《阜》S089 作羊，羊讀若翔，下同。《毛》美，P2529 㒸。《毛》瓊。《唐石經》瓊，同。《毛》洵，《史・司馬相如傳》《集解》《說文繫傳》從《韓》作恂，《御覽》頁 1754、《考文》作詢，詢洵通恂。

〔2〕《毛》佩，《別賦》注引作珮，同。《毛》將，《說文》無鏘，《魯》《九歌・東皇太乙注》鏘，古今字。將鏘通𤫩。

【詮釋】

〔1〕行 háng，共行。車 chē，華 huá，古在魚部，華，花。舜通蕣 shùn。木槿 jǐn（Hibiscus syriacus），錦葵科，夏秋開花，紫紅或白色，觀賞花，花皮入藥，功能殺虫療癬，止腸風瀉血，痢後熱渴，赤白帶下，腫痛疥癬，洗目令明，潤燥活血，主治痢疾。莖可造紙，花豔，花可食。此處寫女子臉艷麗（豔麗）有紅潤美。翺翔，狀寫步履優美，《詩經通論》：「善於摹神者。」宋玉《神女賦》「婉若游龍乘雲翔」，三國・魏・曹植《洛神賦》「彷彿兮若輕雲之蔽月，飄颻兮若流風之迴雪。」胚芽於此。即神態自如。琚 jū，《纂要》：「瓊琚，所以納間，在玉之間，兮白珠也。」美孟姜，美麗絕倫的姜姓大姑娘。恂，確實。美，美豔。都 dū，美好閑習。《說文》：「酆，富酆酆貌。至於《詩三家義集疏》引錢澄之云：「上四句言忽所娶陳女，徒有顏色之美，服飾之盛。下二句盛言齊女之美且賢，以刺忽之不昏於齊。《箋》說非。」不免以《毛序》爲標準，其實全詩二章大約是見彼美孟姜而正面描繪，「顏如舜華」，「顏如舜英」，容顏之美；「佩玉瓊琚」，珠光寶氣，服飾之美；「洵美且都」，又有嫻雅雍容之美。

韻部：車華琚都，魚部；翔姜，陽部。

〔2〕行 xíng。英 yīng，花。《魯》《九歎》鏘，《毛》將，將古字。鏘鏘，瑲瑲，擬聲詞。

〔6〕德音不忘，此句爲協韻而用倒句。忘 wàng，通亡，止。德音，聲名。

韻部：行英翔姜忘，陽部。

【評論】

案：詩人在提倡優雅之美、都雅之美。這是在封建社會不多見的人文素質之美。漢・司馬相如《美人賦》「美麗閑都」，《悲回風》「惟佳人之永都」，

曹植《美女篇》：「美女妖且閑」，《陸雲〈爲顧彥先贈婦〉》：「粲粲都人子」。《批評詩經》：「狀婦女總不外容飾二字，此詩豔麗則以同車翱翔等字點注得妙。」《詩志》「訓詞莊雅，全無狹邪之氣，《朱傳》目爲『淫奔』，過矣！」「點出孟美，便是詩中眼目」。《通論》：「以其下車而行，始聞其佩玉之聲，故以『將翱將翔』先云，善於摹神者。『翱翔』字從羽，故上詩言鳧雁，此則藉以言美人，亦如羽族之翱翔也。《神女賦》『婉若游龍乘雲翔』，《洛神賦》『若將飛而未翔』，又『翩若驚鴻』，又『體凡飛鳧』，或『或翔神諸』，皆以此脫出。」《會通》引舊評云：「『將翱』句，《神女》、《洛神》諸賦所祖。」

山有扶蘇

山有扶蘇〔枎蘇枎疏皃〕，	山有枎疏大樹，
隰有荷華。	濕地荷花要結蓮（戀），
不見子都〔奢〕，	不見往日都雅愛煞人的子都，
乃見狂且〔伹〕！〔1〕	卻見這狂夫狂狂顛顛。
山有喬〔橋槁〕松，	山上有高高的雲松，
隰有遊龍〔蘢〕，	濕地有水莥，
不見子充，	不見往日誠實可愛的子充，
乃見狡童！〔2〕	卻見這目空一切的狡童！

【詩旨】

案：這是寫青澀時期少男少女有初戀的芽兒，說不清道不明的愛，有時不免陽差陰錯，情戀中發生誤會，或情愛中用戲謔語，女主人公內心戀著男士，掏心掏肺地愛，有了誤會，便以謔辭寫情詩。《注析》：「這是寫一位女子找不到如意對象而發牢騷的詩，也有人說（余師《詩經選》）『是女子對情人的俏罵。』」

〔魯說〕《中論·審大臣篇》：「則時俗之所不譽者未必爲非也，其所譽者，未必爲是也。故《詩》曰：「『山有扶蘇，隰有荷華。不見子都，乃見狂且。』言所謂好者非好，醜者非醜，亦由亂之所致也。治世則不然矣。」

〔齊說〕《易林·坤之渙》：「舉首望城，不見子貞，使我悔生。」《蠱之比》：「視暗不明，雲蔽日光，不見子都，鄭人心傷。」

《毛序》：「《山有扶蘇》，刺忽也。所美非美然。《詩集傳》斥爲淫女。誤。《編年史》繫於前701年，云：以刺忽不婚於齊而婚於陳，以失係援。

《詩序辨說》：「男女戲謔之辭。」《原解》8「朱子改爲淫女戲其所私，非也。扶蘇橋松喻君子之孤危；花華、游龍喻小人之榮寵。詩人傷國事之非，而恨世子之不可輔也，故爲『子都』、『狂童』之比。」郝敬牽合世子，誤。

【校勘】

〔1〕本作枎蘇。《單疏》《唐石經》《阜詩》扶蘇，《漢書》劉向、司馬相如、揚雄傳、《說文》作枎疏，《埤雅》引《傳》：「枎蘇，枎胥木」，《釋文》枎蘇，扶必爲枎。《說文》：「枎，枎疏，四布也。」《孟·告子》《春秋傳》《毛》子都，《荀·賦》子奢。奢通都，案：結合全詩，如狂且對子都，狡童對子充，狂且對狡童，狂且當是名詞或形容詞作名詞，《說文》、《廣雅》作伹。《說文》伹，拙也，粗人，當是，即狂妄粗鈍之人，狂伹對子都、子充，狂伹對狡童，則順適。

〔2〕本字作橋。《單疏》《毛》喬，《釋文》唐寫本、敦煌本、《台》121/519、《唐石經》、《正義》、相臺本、《群經音辨》2《白文》《魯》《呂覽·先己篇》《箋》槀，《類聚》88、《御覽》953 稿，《王氏注》《正義》王儉《高松賦》阮藉《詠懷詩》《釋文》《考文》《白帖》100、《御覽》953、宋本作喬，喬槀通橋。《單疏》《阜》S091《唐石經》龍，《魯》《釋草》《御覽》999 引作蘢，《玉篇》《廣韻》《集韻》作渶，《釋草》郭舍人注、《廣雅》《廣韻》《本草綱目》葒，《釋文》「龍，今本作蘢」。龍讀如蘢，蘢葒渶同。《毛》狂，《齊》《易林·隨之大過》《英藏》4/224 狡，師受不同。

【詮釋】

〔1〕扶蘇、扶疏、扶胥音近相通，枝葉密佈，形容詞作名詞，山有枎疏四布的大樹。蘇疏胥音近。蘇 sū，疏 shū，胥 xū，華 huā，都在魚部。華，花。子都，鄭國美男子。都，奢通都。子都是當時全國聞名的美男子，帥哥。乃，卻。《周書·康誥》：「有厥罪小，乃不可不殺。」案：上文「不見子都，下文不見子充，乃見狡童。」《毛》且，jū，S2729/8 且，子余反，《說文》伹 qū，且通伹。《說文》：伹，拙也。拙鈍粗俗之人。俗語：「你小子怎那麼笨！」

韻部：蘇華都且，魚部。

〔2〕案：貫通文例，一章扶蘇，茂，二章橋松，喬橋，高，必爲喬，作橋，後人增益「木」旁。橋槀通喬，高。隰 xí，下濕地。龍通蘢 lóng，遊蘢，蘢渶作葒 hóng，葒草（polygonum orientale），紅蓼，蓼科，生水旁，花

淡紅，觀賞花，秋深子成，可飲食，果及全草入藥，藥效：主治消渴去熱明目利尿益氣瘰癧、癖痞腹脹、散血活血、消積食、止痛。充 chōng。子充，周代美男子。童 tóng，狡童，商周常語，狂夫、狂徒，箕子《麥秀》：「彼狡童兮，不與我好兮！」《廣雅》：僮，癡。狡童，狡獪狂妄，剛愎自用以致狂昏的男子。此處用對比審美的技法，你以爲是子都、子充那樣國內聞名的俊男？

韻部：松龍充童（僮），東部。

【評論】

案：此詩或取法於商末周初箕子的《麥秀歌》，箕子寫狡僮則以憤激的筆致，鄙夷的口吻；此詩則是俏罵、謔辭、對仗與心口相反的倒反技法相結合，笑罵、愛憐、調侃。《讀〈風〉臆補》，「此詩大有所指，借喜以言其不喜耳。」《讀風偶識》3，「至於《同車》《扶蘇》《狡童》《褰裳》《蔓草》《溱洧》之屬，明明男女媟洽之詞，豈得復別爲說以曲解之？若不問其詞，不問其意，而但橫一必無淫詩之念於胸中，其於說詩豈有當哉！」《詩志》2，「似情豔詩，卻別有深旨，故妙！」「比物點襯鮮澤」。

蘀 兮

蘀〔蘀〕兮蘀〔蘀〕兮，	樹葉枯落！樹葉枯落！
風其吹女〔汝〕。	風兒把你吹落。
叔兮伯兮，	小阿哥啊！大阿哥啊！
倡〔唱〕！予和女〔汝〕！ (1)	我領唱來，您來和啊！
蘀兮蘀兮，	樹葉枯落，樹葉枯落，
風其漂〔飄〕女〔汝〕，	風兒把你飄落。
叔兮伯兮，	小阿哥啊！大阿哥啊！
倡〔唱〕！予要〔邀〕女〔汝〕！ (2)	我領唱來，您來和啊！

【詩旨】

余師《詩經選》云：「這詩寫女子要求愛人同歌。她說風把樹葉兒吹得飄起來了，你領頭唱罷，我來和你。全詩的情調是歡快的。」

《魯說》《列女傳・魯公乘似傳》：「婦人之事，唱而後和。《詩》云：『蘀兮蘀兮！風其吹汝。叔兮伯兮，倡予和汝。』」

《毛序》「《蘀兮》，刺忽也。君弱臣強，不倡而和也。」《詩誦》2，「《蘀兮》前後數篇皆非淫詩，而此章尤明顯。」

《注析》「這首詩可能是當仲春『會男女』的集體歌舞曲。稱叔稱伯，顯然是女子帶頭唱起來，男子跟著應和的。而且不止兩個人，而是一群男女的合唱。」

【校勘】

〔1〕《漢石經》蘀，P2529檡，俗字。《毛》女，《正義》釋爲汝，《魯》《列女傳·魯公乘姒傳》《初刻》8/176作汝，女古字。唱，《漢石經》《經》《傳》倡。倡，唱，《毛》倡，《魯》《列女傳·魯公乘姒傳》《吳都賦》李善注引唱，《說文》倡、唱，倡讀如唱。《魯》《大招注》：「先歌爲倡」，《釋文》倡，本亦作唱。

〔2〕本字作飄，《漢石經》漂，漂讀若飄，《釋文》漂，本亦作飄。漂通飄，要通邀。

【詮釋】

〔1〕興蘀 tuò，落叶。吹 cuō，吹落。女 rǔ 汝，代樹葉。叔、伯，指戀人或男子。伯 bó。倡 chàng，發聲領唱，此處大約是女子大膽地領頭唱。和 hé。倡予和女，唱，予和汝。此句爲協韻，故爲倒句，其實是予唱汝和，一唱一和。

韻部：蘀伯，鐸部；女（汝）女，魚部。

〔2〕漂通飄 piāo，飄落。要通邀 yāo，邀請。《傳》：要，成也。陳奐：要，亦和也，要讀如《樂記》「要其節奏」之要。凡樂節一終，謂之一成，故要爲成。

韻部：蘀伯，鐸部；女（汝）女，魚部。漂、要，宵部。

【評論】

「〔《左傳·昭16》〕子游賦《風雨》，子旗賦《有女同車》，子柳賦《蘀兮》。宣子喜曰：『鄭其庶乎（庶幾於興盛），二三君子，以君命貺起，賦不出《鄭志》，皆昵燕好也（表示親好）。」夏傳才教授：《蘀兮》「集體歌舞時一個女子的領唱邀和之詞。」蔣立甫《詩經選注》：「本篇兩章疊韻，內容一樣。兩章都是隔句韻，韻腳落在每句倒數第二字上：第一章蘀、伯爲韻（鐸部）；吹（讀爲 cuō）、和爲韻（歌部）。第二章，蘀、伯同上；漂、要爲韻（宵部）。加上每章兩句『兮』字、兩句『女』字相同，各句都構成『富韻』。兩章詩都除第二句外，是兩字一頓，短促的音節，構成了本章歡快的情調。」

狡　童

彼狡〔佼〕童〔僮〕兮，	那個狡獪的小冤家，
不與我言兮！	竟然不肯與我談啊！
維〔唯〕子之故，	以你的緣故，
使我不能餐〔餐飧飧〕兮！〔1〕	致使我吃不下去飯啊！
彼狡〔佼〕童〔僮〕兮，	那個俏麗的小壞蛋，
不與我食兮！	竟然不與我同床啊！
維〔唯〕子之故，	以你的緣故，
使我不能息兮！〔2〕	致使我內心慌慌！

【詩旨】

《毛序》「《狡童》，刺忽也。不能與賢人圖事，權臣（《箋》指爲祭仲專權）擅命也。」《詩集傳》4，「此亦淫女見絕而戲其人之詞」。均誤。

《風詩類抄》「恨不見答也」。《注析》「此詩纏綿悱惻，依依之情、溢於言表，而失戀之意，見於言外。」

案：《狡童》《褰裳》都是以民歌的文學樣式大膽抒寫難以釋懷的初戀之情，詩緣於女子曾經掏心掏肺熱戀一位小夥子，可小夥子忽然不理睬她了，聽這一位犀利女子怎麼冷嘲熱諷他！而內心又企盼復歸於好，如此複雜的感情涵蘊於 36 字。

【校勘】

〔1〕《單疏》《唐石經》狡。錢大昕：古本作「佼」，《類篇》：佼，好也。段氏《故訓傳》：當作姣，姣好也。古字通。《毛》童，《史》僮。古字通。《毛》維，《三家》多作惟、唯，古字通。《毛》餐。P2529 飧，《考文》飧，唐寫本作飧。《單疏》《唐石經》餐，《釋文》飧，餐同餐。餐飧飧字異音義同，飧同餐，飧是俗體。通作餐。

【詮釋】

〔1〕狡童，《傳》訓爲「有壯狡之志」，孫毓訓爲「有貌無實」，朱熹訓爲「狡獪之小兒」，孔穎達訓爲狡好之童，馬瑞辰訓爲壯狡而僮昏。錢大昕、段玉裁校勘爲古本作姣，《類篇》佼，好也。可訓爲那姣好的狂妄的男小夥子。猶後來稱「小冤家」，昵稱。言 yán。問，俗說「他不答理我」。《史記》引箕子《麥秀之歌》「彼狡僮兮，不與我好兮」，狡僮、狡童、佼童，商、周遺語，

寄寓了詩人不滿之情。《釋詞》唯，以。故，緣故。湌餐 cān，《疏證》湌同餐。因為你，使，致使，使我食不下嚥，餐而無味。

韻部：言、餐，元部。

〔2〕案：原始謎語，食 shí，性交。《漢語方言大詞典》頁 4291，（食尻）（動）性交，閩語・福建建甌（iɛ⁴²kiu⁵⁵），又見《汝墳》《衡門》《候人》。《傳》：息，憂不能息也。朱熹訓為安，陳奐訓為止，黃典誠訓為睡。

韻部：食、息，職部。

【評論】

《朱子語類》81「經書都被人說壞了，前後相仍不覺。且如《狡童》詩是《序》之妄。安得當時人民敢指其君為狡童！況忽之所為，可謂之愚，何狡之有？當是男女相怨之詩」。《批評詩經》：「『狂童之狂也且！』語勢拖麾，風度絕勝」。鄧翔《詩經繹參》：「千古相思微情。」《詩志》2「兩『維子之故』，說得恩深義重，纏綿難割」。《新詮》「這是一個女子寫的反映戀愛過程中忽生枝節的情詩。這個女子及其戀人本來朝夕相處，極其相得，中間忽然發生變故，該男子竟悻悻而去，遂令此女子心神不定，寢食俱廢。」《史・宋世家》載箕子《麥秀》，女詩人可能受此影響，也可能未受此影響，對心儀已久的男士唱出掏心之作，因為是民歌，比文人詩更為直白而強烈，因為是唱出了道不明、說不清的初戀之情，此民歌成為鄭國的流行歌曲，故傳千古。

褰裳

子惠〔惠悳〕思我，	君還愛我，
褰〔騫攘搴攐〕裳涉〔沙〕溱（澩）。	馬快提衣涉過澩水來！
子不我思，	君不想我，
豈無他人？	難道沒有人會愛我？
狂童〔僮〕之狂也且〔伹〕！〔1〕	好一個狂徒又是傻冒！

子惠思我，	君還愛我，
褰〔攘騫搴攐〕裳涉洧。	馬快提衣涉過洧水來！
子不我思，	你不與我親近，
豈無他士〔土〕？	難道沒有人愛我？
狂童之狂也且〔伹〕！〔2〕	好一個狂徒又是傻冒咋不懂我的心！

【詩旨】

案：女子對男子愛得神魂顛倒，大膽熱烈，而少年多變，女子以戲謔、反詰口吻，吟此以諷。宋·輔廣：則未絕而防其欲絕之詞，從一而終。

《詩論》簡 29「《涉秦（溱）》，丌（其）丝（絕）。

《毛序》：「《褰裳》，思見正也。狂童恣行，國人思大國之正己也。」《原始》：思見正於益友也。

《詩集傳》4，「淫女語其所私者。」妄斥之淫。

【校勘】

〔1〕《毛》惠涉，《漢石經》惠，同，P2529 意沙。案：本字作搴、攓，《毛》《左傳·昭 16》《魯》《九·思美人》《呂覽·求人》《白虎通·衣裳》《古詩》「褰裳」，《漢石經》騫裳。《釋文》搴，本或作騫，非。則唐以前本作騫。《說文》攓 qiān，摳衣。褰騫通攓。《費鳳別碑》搴。騫讀如搴。搴攓同，褰讀如搴，《毛》且，《說文》伹。案：本字作潧，《單疏》《唐石經》溱，《說文》《水經注》《集韻》潧。《說文繫傳》「攓裳涉潧」，攓當作攓、搴、攓。

〔2〕《毛》士，P2529 土，土、士古通。《毛》童，《三家》《玉篇》僮，二字通用。

【詮釋】

〔1〕案：惠思，疊義連語，愛，眷思。騫褰與攓搴同音通借 qiān，卷，提，裳 cháng，下身衣服。潧亦作溱，古作潧 zhēn，因為中國名溱水的有多條不僅湖南有，河南還有臻頭河古亦名溱水，此處指源自今河南省新密市東北聖水峪，流向東南的潧水，會洧水為雙洎河。子，你。不我思，不想我。豈，反詰副詞，難道。

韻部：溱（潧）人，真部。且〔伹〕，魚部，與二章遙韻。

〔2〕洧 wěi。今名雙洎（jì）河，源自今河南登封縣陽城山，潧、洧為鄭國國都新鄭天然屏障、風景區。思 sī，思存懷想。案：惠思，連語，愛。士 shì，（古）從之，人。士、事，疊韻通借。《傳》訓事，《箋》訓人，均可。《箋》義為長。且與上章叶韻。且，《釋文》且，子餘反。案：且通伹 qū，《廣韻》：伹，拙人。又且 jū，句末語氣詞。且 qiě，哉，zāi，同為齒音鄰紐，陰聲韻旁轉魚之相轉，且通哉。

韻部：洧士，之部。且〔伹〕，魚部。與一章遙韻。

【評論】

《讀〈風〉臆補》:「多情之語,翻似無情。」(《續修》58/198)鄭振鐸《插圖本中國文學史》:「寫得很倩巧,很婉秀,別饒一種媚態,一種美趣……『子不我思,豈無他人?狂童之狂也且!』似是《鄭風》中所特有的一種風調。這種心理,沒有一個詩人敢於將他寫出來!」

丰

子之丰(丰姅豔豐)兮,	您眞是魁梧的小伙啊,
俟(竢)我乎(於於)巷(巸巷)兮,	待我在里巷中啊,
悔!予不送兮![1]	好悔啊!我沒有送啊!
子之昌(倡)兮,	您眞是壯小伙啊,
俟(竢)我乎(於)堂(堂椙)兮,	待我在門框旁啊,
悔!予不將兮![2]	好悔啊!我沒有送郎啊!
衣錦褧(絅褧穎薾)衣兮,	我穿上錦衣罩上褧衣,
裳錦褧(絅褧)裳。	罩衣內有漂亮衣裳,
叔兮伯兮!	阿弟啊!阿哥啊!
駕!予與行![3]	駕馬車!咱倆今同行!
裳錦褧裳,	我穿上錦衣罩上褧衣,
衣錦褧衣。	漂亮衣裳外罩褧衣,
叔兮伯兮!	阿弟啊!阿哥啊!
駕!予與歸![4]	駕!咱倆今同歸!

【詩旨】

詩往往是跳躍式的。案:詩人極寫柔婉細膩的戀情細節,詩的情節如古希臘·亞里斯多德《詩學》第十章所說「有些情節簡單,有些情節複雜。一個明顯的原因,是它們描述的行爲有的簡單,有的複雜」。在婚戀多變的時節裡,那個具有豐滿美、陽剛美的男士曾獲得我的好感,可我猶疑了,我太求全責備了,我好後悔!他鍥而不捨地追求我,俘獲了我的芳心,駕著馬車,我與君同歸!一、二章寫悔,三四章寫備好嫁妝,相偕同歸。詩人歌頌豐盈強壯之美。詩眼:悔。

《毛序》「《丰》，刺亂也。婚姻之道缺，陽倡而陰不和，男行而女不隨。」
蘇轍《詩集傳》：「親迎不行，後悔。」

《詩總聞》4，「《丰》，親迎者之貌，當是婿無可議，而主婚者忽有所嫌。
當是時已至，男來迎，而主婚者卒有異謀，不克成禮，後有悔者也。」《詩集
傳》4「婦人所期之男子已俟乎巷，而婦人以有異志不從，既則悔之，而作是
詩也。」《集解》：「『子之豐兮』，此詩蓋是當時婦人辭也。」「蓋是悔而欲復
從之。」（《四庫》經部 71/216）

【校勘】

〔1〕《說文》《單疏》豐，謝靈運《湖中瞻眺》「升長皆豐容」，謝惠連
《豫章行》「憔悴謝華豐」，《魯》《玉篇》《方言》妦，又作尨，《初刻》8/176 丰。
丰當是傳寫之訛。《六經正誤》丰，誤。《疏證》：豐與妦通。《毛》俟乎堂，《說
文》竢，P2529 俟堂，俗字。通作俟。《毛》乎，《初刻》8/176 於，《考文》於。
可見六朝本作於。乎於古字通。《毛》巷，《說文》䢽、䢫，古字。《單疏》昌，
《台》121/519 倡，倡通昌。

〔2〕《漢石經》《單疏》堂，《箋》、英 4/224 根，古字通。《釋宮》李巡
注作根。

〔3〕綱為本字。《單疏》裳，《魯》《齊》《玉藻》《中庸》作綱，《說文》
綱、綮 qìng，《齊》、《書大傳》、《中庸》《釋文》顈，裳、穎、顈音義同綱。

【詮釋】

《單疏》「男親迎而女不從後乃追悔」，詮釋此詩的前提是明白柔情主人
公是經過反覆審視後由悔而決斷「駕予與行」的女主人，這本來是很正常的。
社會生活中多有此例。《序》之「刺亂說」顯示了封建衛道士的醜陋。方玉潤
的賢士之悔失之牽強。

〔1〕丰，案：丰，大，古以丰大丰滿為美，如頌「碩」，頌「丰」，丰通
妦，《陳風‧澤陂》「碩大而卷」，「碩大而儼，」《方言》一作妦，一作尨，大
也，《方言》《廣雅》《玉篇》：妦，好也。總之，古代審美標準有窈窕美，也
有丰大美，丰盈美，詳《左傳‧哀 15》《荀‧非相》《史‧封禪書》不僅指丰
容，而且指高大丰滿，後者尤於生產、戰爭、繁衍為宜。不，未。俟，竢，
待。《單疏》引王肅：陛於堂以俟堂，根 chéng，門兩旁木。巷里中道。《讀書
雜誌》：巷，所居之宅。悔，後悔，這是口語用於詩，口語中把最重要的詞放
在最前面。送，送行。

韻部：豐（姎）巷送，東部。

〔2〕案：昌厖、壯聲近義通，強壯，《傳》訓盛壯。這是先秦重要的審美標準之一，《還》「子不昌兮」《箋》訓爲佼好貌。《九經古義》：古文《論語》「申棖」，《史記》「申堂」，《漢王政碑》「有『羔羊』之潔，無『申棠』之欲，（堂與棠同見《魯峻碑》），是『堂』本與『棖』通，故讀爲『棖』，非鄭之改字也。」案：棖 chéng，門兩旁木。將 jiāng，送行。

韻部：昌堂（棖）將，陽部。

〔3〕衣，穿。錦，錦衣，新婚衣新衣錦衣，有花紋的新衣。顈褧褮絧音義同，絧 jiǒng，褧衣，麻纖維織成的罩衣。裳 cháng，上衣下裳。一章二章稱「子」，三章、四章稱「叔兮伯兮」可見雙方感情飆升，猶如喊情哥哥。駕 jià，猶《史·匈奴傳》《正義》引顏師古注：「駕，可駕車也。」行 xíng，同行，同歸。歸 guī，出嫁，嫁與您。

韻部：裳行，陽部。衣歸，微部。

【評論】

《遺書》「『叔兮伯兮』，故『駕予與行』，都主男女怨思（怨曠失偶）失期意。」明·戴君恩：「不言思，而言悔，深於思矣。」（《存目》經 61/249）陳僅曰：「鄭之《丰》，男親迎而女不行。齊之《著》，女行而男不親迎……章法、句法、調法無不相同。國非一國，時非一時，人非一人，不圖天地間乃有此等印板文章，眞奇事也。必欲釋《丰》爲『淫詩』，冤哉！」（《續修》58/198）《管錐篇》：「『悔余不送兮』，『悔予不將兮』，自怨自艾也。」朱守亮《評釋》引龍仿山語：「四章前後不脫『予』字，並復一線穿去。」案：詩人歌頌高大豐腴之美、先秦人基於生產、戰爭、漁獵的需求，宣導高大豐碩豐腴之美，《魯傳》《論衡·齊世》：「上世之人，侗（tóng，長大）長佼好。」

東門之墠

東門之墠（壇），	〔男〕東門廣場平展展，
茹藘（蘆）在陂，	茜草生山坡，
其室則邇（爾翕），	鄉里相鄰並不遠，
其人甚〔甚〕遠。〔1〕	見她難於上青天！
東門之栗，	〔女〕東門之外栗林邊，
有踐（靖）家室，	好好人家善善然，

豈不爾思？   怎能不把郎君念？
子不我即（就），〔2〕   郎不親我把誰怨？

【詩旨】

案：相思歌。由於封建禮教的藩籬所限，即使熱戀中人，雖近不得見，吟之於詩。《注析》「這是一首男女唱和的民間戀歌。」

《齊說》《易林·賁之鼎》「《東門之墠》，茹藘在陂。禮義不行，與我心反。

《毛序》：「《東門之墠》，刺亂也。男女有不待禮而相奔者也。」《詩集傳》斥爲淫，誤。劉克《詩說》指出「此詩之意，大抵與《丰》相似，無淫奔之風。」

【校勘】

〔1〕依文字當作墠。《單疏》《齊》《易林》《定本》《正字》《華嚴經音義》引《韓傳》墠，《左傳·襄 28》《單疏》云：遍檢諸本皆作壇。《台》121/520《五經文字》《釋文》壇，依字當作墠。唐以後依《定本》墠，《唐石經》墠，壇通墠。案：古字本作蘆。《釋草》、《單疏》茹藘，《說文》《台》121/520.P2529蘆，《唐石經》初刻作蘆，磨改作藘。同。《毛》甚，《唐石經》葚，同。《毛》邇，P2529 作爾，俗字，《定本》、古本作爾，古字。

〔2〕案：本字作靖。《漢石經》《單疏》踐，《類聚》87、《御覽》964 引《韓》靜，靜通靖，《白帖》99、《事類賦》注 27、《類聚》807、《詩考》引《韓》作靖，靖，善也。踐讀如靖、靜，《目耕帖》「《類聚》《御覽》並引《韓詩》：『東門之栗，有靖室家』，栗，木名，靖，善也。言東門之外，栗樹之下，有善人，可與成爲室家也。經文作『有靖人家』，較《毛》作『踐』訓作『淺』者，各自爲義，尤覺古雅。」（《續修》，1205/239）踐通靖。P2529 有諓室家。《漢石經》《唐石經》踐。案：諓踐通靖，《韓》靖，善也。《單疏》即，《韓》就，即、集、就一聲之轉，《傳》即，就也。

【詮釋】

〔1〕東門，鄭國都邑新鄭東門。《韓說》墠，猶坦也。墠通墠 shàn，除去穢草、築成堅實之地，此指東門外廣場。案：茹藘 rú lǘ，疊韻詞，茜 qiàn 草，紅比所愛女子。茜、蒨（Rubia Cordifolia），血茜草，茜草科，根可作紅色染料，可染絳色，亦入藥，性寒，味苦酸，入肝經，主治：活血去瘀、治吐血、血崩、涼血、止血、便血、尿血、閉經腹痛、跌撲損傷、腫痛、踢打

損傷、風痹腰疼、痛毒、疔腫。阪 bǎn，山坡。爾，邇，近。遠 yuǎn，遼遠。『其室則邇，其人則遠』說的是室近人遠，雖相鄰難以見到知心人，爲千古流傳名句，漢・司馬相如《琴歌》「室邇人遐毒我腸」，晉・左思《魏都賦》「室邇心遐」本此。明代孫月峰評曰：「兩語工絕，後語情語皆本此。」

韻部：壿（壇）阪遠，元部。

〔2〕栗 lì，果木。案：有踐，牋牋 jiànjiàn，善良，《禮記・曲禮上》：「疑而筮之，則弗非也。日而行事，則必踐之。」有踐人家，有德人家，勇於擔當，《韓》《崧高》「王踐之事。」案：踐 jiàn 靖 jìng，雙聲通借，《韓說》靖，善（善良美好）也。《傳》《箋》《傳疏》訓踐 jiàn 爲「淺」qiǎn，「淺陋」。誤。即通就，《易・鼎》「不我能即」，《詩・氓》「來即我謀」，《東方之日》「履我即兮」，即當如《魯》《釋詁》所訓「即，尼（昵）也」，即、就，親近，親昵。《韓說》：「有善人可成爲家室也。」

韻部：栗室即，質部。

【評論】

《批點詩經》明・孫月峰：「兩點工絕（指「其室則邇，其人則遠」），後語情語皆本此。」鍾惺《詩經》：「《秦風・〔蒹葭〕》『所謂伊人』六句，意象縹渺極矣，此詩以『其室則邇』二句盡之。必欲坐以淫奔，冤甚！冤甚！」清・徐立綱《旁訓》：「千古相思，盡此二語。《秦風》『所謂伊人』六句，意象縹緲，極矣。此能以二語括之。」《詩志》「意象高遠，蕭然出塵之概。古調雅韻，不忍以淫詞誣之。」朱守亮《評釋》：「『遠』字最傳神，『思』字最情切，室雖邇，但又不我可即，亦最莫可如何也。亦眞情全流露也。」

風　雨

風雨淒淒〔淒〕，	風淒淒，雨淒淒，
雞鳴喈喈。	雞啼喈喈太昏暝。
既見君子，	已經見到您，知心人，
云胡〔何〕不夷？〔我心則夷〕〔1〕	我的心兒怎能不歡欣？
風雨瀟瀟〔蕭簫瀟肅〕，	風肅肅，雨急急，
雞鳴膠膠〔膠嘐〕。	雞啼嘐嘐，沒停了，
既見君子，	已經見到您，心上人，
云胡不瘳〔廖憀〕？〔2〕	我的心病怎能不全消？

風雨如晦〔霡〕，　　　　　　風陰陰，雨驟驟，
雞鳴不已。　　　　　　　　　群雞亂啼沒消停。
既見君子，　　　　　　　　　已經擁吻心上人啊，
云胡不喜？〔3〕　　　　　　我的心兒豈能不歡欣？

【詩旨】

案：詩人用白描筆致，趁韻，寫戰亂動盪中，戀人相見，知音相晤，保持氣節不變的人豈能不喜？

《毛序》「《風雨》，思君子也。亂世則思君子，不改其度焉。」《箋》：「喻君子雖居亂世，不變改其節度。」《詩傳》歸《齊》，齊桓公相管仲以匡天下，齊人美之，賦，風雨》。

《詩總聞》4，「婦於夫多稱君子當是秋時，交旦而聞雞，此婦人之情所難處者也。方有所思而遽見，故有興悅愈疾之辭。」

《詩集傳》4，「淫奔之女言當此之時，見其所期之人而心悅也」。前半句誤，後半句是。

【校勘】

〔1〕《單疏》《唐石經》淒，《魯》《九章‧悲回風》注、《思玄賦》《初學記‧秋》引《纂要》《玉篇》《招隱士》《高唐賦》《寒賦》《閒情賦》淒，《三家》《說文》《玉篇》湝，淒、淒與湝同聲相轉，淒淒 qī，（古）清脂；湝，xié，（古）匣支，齒頭音清紐與喉音匣紐准鄰組，陰聲韻旁轉脂支相轉。《毛》、《左傳‧昭16》注引作「云胡不夷」《魯說》《九懷注》「《詩》曰：『既見君子，我心則夷』，夷，喜也。」句式相同，《毛》義為長，《魯說》為異本，抑或《魯》為古本，詩人吟詩出於激情，並無程序。

〔2〕案：本字作潚 sù，《單疏》瀟，《魯》《說文》《後漢‧張衡傳》《毛》明刊本作瀟，《廣雅》《廣韻》《集韻》瀟，《魯》《七諫注》肅，《說文》無瀟。又作飍。《疏證》：《七諫‧沉江》『商風肅而害生兮』。王逸注云：『肅，急貌』。《思玄賦》云：『迅猋肅其膫我兮』，瀟肅並與飍通。案：古本當作肅，從《魯詩》，本義肅殺之氣，或訓急，或訓擬聲詞，《呂覽‧孟秋》高注：「肅，殺也。」《魯》《釋詁上》「肅，疾也。」瀟瀟，沨沨，擬聲詞。後人喜為增益字，加艸成瀟，《說文新附》瀟，當從《魯》。P2529《御覽》918、《事類賦》唐寫本作蕭，肅字增益字。《毛》肅，由《傳》訓為「暴疾」推知，肅，疾，而瀟瀟如春雨瀟瀟一般不訓暴疾而訓細雨。《漢石經》《毛》膠，P2529膝，同。《三

家》《說文》《玉篇》《類篇》喈，而且古本必作喈喈，《慧琳音義》98 注引《毛詩傳》「喈，喈喈，和詩之遠聞也」，《正義》本、《傳》「膠膠，猶喈喈。」膠通喈。《毛》瘳，《方言》《說文》《廣雅》瘳，《說文》憀 liáo，《三家》《玉篇》《廣韻》嘐，本字作瘳，《台》121/520 作廖瘳的形省。瘳膠憀嘐共翏。

〔3〕《毛》晦，《魯》《爾雅》《說文》霿，雺，天色晦蒙。通作晦。

【詮釋】

〔1〕淒淒 qīqī、湝湝 xiéxié，寒冷。喈 jiē，摹聲詞。既，已。子 zǐ。君子，愛人，或賢人，很有氣節的人，堅持民族大義的人。胡 hú，何 hè，同為匣母，陰聲韻旁轉魚歌相轉，胡通何。云何，如何。夷 yí，《魯》《釋言》《九歎·怨思》注「夷，悅也」，《魯》《九懷·陶壅注》「夷，喜也。」宋·輔廣：寫喜劇之辭。

韻部：淒（湝）喈夷，脂部。

〔2〕瀟瀟讀如瀟、飍飍 sù，擬聲詞，迅疾貌，《魯》《釋詁上》「瀟（瀟），疾也」，《魯說》《呂覽·孟秋》高誘注：「瀟，殺也，」《思玄賦》呂延濟注云：「瀟，疾貌。」《魯》《思玄賦》明刻本《毛詩》正作瀟，《單疏》經文雖有增「艸」形之誤，所訓「暴疾」不誤。膠是嘐字之訛，《韓》、《三家》：嘐，膠 jiāo，嘐 xiāo，二字都由翏得聲，擬聲詞，風雨不止，天氣晦暗，國家動盪，連雞聲亂鳴不已，狀其窘迫，《集韻·爻韻》「嘐，駭貌。」成語「風雨如晦」出此。瘳 chōu，《方言》3：「南楚病癒者或謂之瘳。」憀，樂。

韻部：瀟（瀟），沃部；瀟（瀟）膠（嘐）瘳，幽部。

〔3〕《魯》《爾雅》《說文》霿 mēng，雺，晦蒙不明。晦 huì，月盡，陰晦，動盪，政局險惡。已 yǐ，止。喜 xǐ。《魯》《釋詁上》：喜，樂。

韻部：晦已子喜，之部。

【評論】

案：世事多變，人事參差，無論榮辱變遷，唯夫婦之情，朋友之懷，相逢以喜。詩人抒其天性真情。《慈湖詩傳》6，「是詩美君子不改其度也。鄭有君子雖居亂世，不從世俗所移，國人喜之也。」宋·劉克《詩說》：「君子所存不以世之治，忽而變其所守，必天性之自然，非勉強所能至也。此所以能繫天下之望，而為天地之紀歟！」徐立綱《旁訓》：「空館相思夜，紅燈照雨聲，如此景，如此情。」焦琳《詩蠲》：「此詩淒絕動人之處，要在各章上二句。而上二句所以動人之故，因其實境。若以此世亂君子不改其度，則所此尚

未明，本句已以非實境而不足以動人矣。三百篇，篇篇皆萬代絕唱，不應如是拙也。」《詩志》2，「景到即情到，首二句令人慘然失歡。接下『既見君子』，便自渾化無痕。即此可悟作家手法，風雨雞鳴，一片陰慘之氣，亂世景況如見。」王夫之云：「以樂景寫哀，以哀景寫樂，一倍增其哀樂。」(《詩繹》) 美國‧加州張敬圖書國學基金會林中明《何謂好詩》(《中國韻文學刊》2005.3)「只用最少的文字，表達最多的意思，激起最強烈的感情，留給讀者最長久的記憶，所以是好詩。」此詩的意境，頌美的夫婦節操、君子氣節「風雨如晦，雞鳴不已」這千古名句，啓人深思。下啓屈原《懷沙》、陶淵明《詠貧士》、杜甫《古柏行》。

子 衿

青青子衿〔紟袷襟〕，	衣襟青青的您啊，
悠悠〔攸〕我心。	悠悠我心日日思君，
縱我不往，	我縱然不找您啊，
子寧不嗣〔詒〕音？〔1〕	您曾不給我寄封信？
青青子佩〔珮〕，	佩著玉佩的您啊，
悠悠〔攸〕我思。	悠悠我心縈縈在懷，
縱我不往，	縱然我不去看您啊，
子寧不來？〔2〕	您竟不到我家來？
挑〔佻〕兮達〔奿撻遑〕兮，	快速搜尋那意中郎啊！
在城闕〔巇缺〕兮。	在南門的城觀樓上。
一日不見，	雖說一日不曾見啊，
如三月兮。〔3〕	彷彿過了三月時光！

【詩旨】

　　案：熱戀中的女子傾瀉對學子的愛，不妨讀作女子唱給知識青年的熱辣的情歌。

　　《毛序》「《子衿》，刺學校廢也。亂丗（避唐廟諱）則學校不脩焉」。歐陽修、程頤……《會歸》承《序》。朱熹斥之爲「淫詩」，《例釋》同。不免衛道士習氣。《詩故》《通論》5 歸入思友詩。余冠英師、程俊英等著作歸入情詩。

【校勘】

　　〔1〕案：本字作袷，《單疏》《唐石經》衿，《單疏》襟，當從《魯》《漢

石經》《詩傳》《說文》袗，《齊》《禮記‧內側》《廣雅》《玉篇》《聲類》紟。紟袗古字通，衿、襟是紟、袗的一變再變之字，袗古字，縊裸絵或體。《單疏》悠，古作攸，《御覽》692 作攸攸。《箋》《單疏》《唐石經》嗣，《魯》《史記集解》《惜誦》注《釋文》引《韓》詒。嗣讀若詒。

〔2〕《毛》佩，《魯》蔡邕《郭有道碑文》《涉江》注珮。本字作珮，通作佩。

〔3〕《單疏》《唐石經》挑達，《御覽》489 挑撻，當是異文，《說文》《漢石經》𡲩達，《台》121/520、《初學記》18 佻。《集注》逹，通作達，又寫作撻。雙聲聯綿詞。《單疏》《毛》闕，《說文》歕，隸爲𡗜，通作闕，缺是形省。

【詮釋】

〔1〕紟袗 jīn，交領，青青交領是古代學子服裝，借代學子。《例釋》袗 jīn，袗襟古今字，衽，衣的正幅。悠悠，眷戀心長。縱，縱然。寧 níng 通竟，竟然，爲何，責讓口吻。《毛》嗣，《魯》《韓》詒，《魯》《九章‧惜誦》注：「詒，遺也。《詩》曰：『詒我德音』也。《釋文》引《韓》作詒。阮元、宋綿初等已著文論述劉向兼通《魯》《韓》《漢‧劉交傳》「少時嘗與魯穆生、白生、申公俱受《詩》於浮丘伯。伯，孫卿（荀子）門人也。」可見，劉交是《魯詩》的重要傳人，是荀子的再傳弟子。「文帝時，聞申公爲《詩》最精，以爲博士。」《釋文》引《韓詩》「『子寧不詒音。』詒，寄也。曾不寄問也。」心，念。案：嗣 sī，（古）邪之；詒 yí，（古）餘之，邪餘准鄰紐，同爲之部，嗣通詒，詒，寄。音，褒義詞，好音問。音訊，信函，繼續通信。

韻部：衿（紟袗襟）心音，侵部。

〔2〕佩、珮 pèi，玉佩。一說佩巾。思，sī，眷戀，懷思。寧 níng，豈，難道。一訓竟。微責之詞。縱 zòng，即使。

韻部：佩思來，之部。

〔3〕案：女詩人追憶，挑佻𡲩 tāo，達撻 tā，快速走動，輕快跳躍，往來貌。闕 què，通𡗜，又省作缺，通作闕，《魯》《釋宮》：「觀謂之闕。」《說文》歕 quē，缺也，古者城闕其南方謂之歕。城南門兩旁的樓觀，中央闕然爲道。《釋文》引《韓詩》：詒，寄也。曾不寄問也。誇飾手法，相思之甚，此兩句，極言苦戀之深，寫刻骨相思的名句。宋‧輔廣：「既無音問，又不見其來，而極其怨思之辭也。」「雲中誰寄錦書來，」不盡相思付抒懷。

韻部：達闕月，月部。

【評論】

《批點詩經》:「坐『青衿』以『淫奔』，當罪加一等！」《詩童子問》:「既無音問，又不見其來，而極其怨思之辭也。」錢鍾書《管錐編》:「《子衿》云：『縱我不往，子寧不嗣音？』『子寧不來？』薄責己而厚望於於人也。已開後世小說言情心理描繪矣。」《會通》:「舊評云：前兩章迴環入妙，纏綿婉曲。末章變調。」朱守亮《評釋》:「全詩不僅似一絕佳尺牘，且喜如面訴。」《會歸》頁 695 :「詩借同學相念之語，望勿廢業之意，寫學校廢壞之象，詩人之工於寫境言情也。」啓三國・魏・曹操《短歌行・青青子衿》劉楨《贈從第》與魏・繁欽《定情詩》晉・劉琨《重贈盧諶》唐・崔國輔《小長干曲》崔護《題都城南莊》劉禹錫《竹枝詞》。

揚〔楊〕之水

揚〔楊〕之水， 不流束楚。 「終鮮兄弟， 維〔惟〕予與女〔汝〕！ 無信人之言！ 人實迋〔誑迋〕女〔汝〕！」〔1〕	激揚翻騰的河水啊， 漂走一束荊子。 既然少有兄與弟， 現在唯有我和君！ 莫要信第三者的話， 那人是把你誑欺！
揚之水， 不流束薪。 「終鮮兄弟， 維〔惟〕予二人！ 無信人之言！〔2〕 人實〔寔〕不信！」〔6〕	激揚翻騰的河水啊， 漂走一束柴薪。 既然少有兄與弟， 現在唯有我和您！ 莫要信第三者的言， 那人欺詐不可信！

【詩旨】

案：這大約是夫婦，或是兄弟，或是朋友，或是宗法社會中同宗官吏相互勸誡之詞，提防第三者播弄是非。《風詩類鈔》:「將與妻別，臨行慰勉之詞也。」《編年史》繫於前 695 年，云：鄭同姓之臣以《揚之水》，閔鄭公忽兄弟相爭，又無忠臣良士，終以死亡。

《詩論》簡 17「《湯之水》，丌（其）㤅（愛）婦，悡（烈，一說棃）」

《毛序》:「《揚之水》，閔無臣也。君子閔忽之無忠臣良士，終以死亡，

而作是詩也。」《詩集傳》4「淫者相謂，言揚之水則不流束楚矣，『終鮮兄弟』，則維予女矣」誣為「淫者」則非，其餘分析有見解。《原始》5「《詩》云『終鮮兄弟，維予與女』，是兄弟二人自相告戒之辭，非言臣與士也。」

【校勘】

〔1〕《漢石經》《箋》《單疏》《類聚》889、P2929、《陳情表》注引作楊。揚楊通。《毛》維，《三家》惟。《毛》女，《正義》《台》121/520、《陳情表注》汝，女古字。案：《五經文字》《單疏》《唐石經》迋女，《台》121/520作迋汝，《長門賦》《說文》《集韻》《廣韻》迋迬讀如誑 kuáng，《魯》《爾雅》《齊》《曲禮》《說文》《方言》《考聲》《說文義證》《文字典說》《聲類》誑，《釋文》誑，本或作誆，俗作誆，《疏證》迋與佭通，《定聲》迋又假借為恇。迬傳寫之誤。

〔2〕《毛》實，實寔古通。

【詮釋】

〔1〕晉國女歌手用疊詠體抒情提醒丈夫謹防第三者。楊通揚，激揚。不，結構助詞。激揚之水，能漂動荊楚。終，既，已。鮮，少。維，唯，唯有。予，我。與，和。女汝，你。夫與婦，或兄與弟，或朋友間，或同宗二人；或同宗為官。無通毋，警戒之詞。莫要。人，第三者。不要輕信別有用心的人的言論。實通寔。佭、迋讀如誑 kuáng，欺騙。

韻部：水，微部；弟，脂部。微脂通韻。楚女（汝）女（汝），魚部。

〔2〕薪，xīn，薪柴，大的柴。人，二人，夫婦，或兄弟，或朋友，或同宗為官。春秋時，人多奸詐不誠，多不可信。實通寔。信，xìn，誠，誠實不欺。

韻部：水，微部；弟，脂部。微脂通韻。薪人信，真部。

【評論】

朱道行：「兩章一意，總是堅持予與女是信。」（《傳說匯纂》）《臆評》7，「讀至『維予與女』、『維予二人』，情極矣。無信人之言，正恐篋笥見捐，『貝錦』中作耳。此鍾情時婉致衷曲之詞也。」（《續修》58/199）《原始》「他人雖親，難勝骨肉。『人實迋女』，以遂其私而已矣。慎無信人之言，而致疑於骨肉間也。語雖尋常，義實深遠。故聖人存之，以為世之凡為兄弟者戒。」

出其東門

出其東門，	出東門啊出東門，
有女如雲〔芸〕。	姑娘好像一片彩雲屯。
雖則如雲，	好像一片彩雲屯，
匪我思存。	都不是我的心上人。
縞衣綦〔總綼綦〕巾，	只有那淡綠巾子素衣裳，清純好姑娘，
聊〔聊〕樂我員〔貞云魂〕！〔1〕	見著她啊心上熱騰騰。
出其闍闍，	來到東門甕城外，
有女如荼。	姑娘們啊好像白茅花遍地開。
雖則如荼，	好像白茅花遍地開。
匪我思且〔徂〕。	我的心裡都不愛。
縞衣茹藘〔蘆〕，	只有那縞素衣裳絳紅巾清純好姑娘，
聊可與娛〔虞〕！〔2〕	和她一塊兒歡娛相處喜從心上來。

注：參考余冠英師譯文

【詩旨】

鄭國有特有民俗，婚戀比較自由。此詩中大約是見到了那位清純可人的女子，「您是我的素顏女神！」詩人把悄悄話寫成一首詩給了心上人。清純寶貴啊！詩人坦言，他鍾情於具有清純美的一位女子，並表示了堅貞的愛情。這是定情詩。《編年史》繫於前781年。

〔齊說〕《漢・地理志》鄭國，今河南新鄭……後三年，幽王敗，桓公死，其子武公與平王東遷，卒定虢、會之地，右雒（洛）左泲（濟），食溱、洧焉。土狹而險，山居俗汲，男女亟聚會，故其谷（俗）淫。《鄭詩》曰：『出其東門，有女如雲。』又曰：『溱與洧方渙渙兮，士與女方秉蕑兮』。『恂盱且樂，惟士與女，伊其相謔。』此其風也。」

《魯說》：「鄭國淫僻，男女私會於溱、洧之上。」

《毛序》「《出其東門》，閔亂也。（鄭）公子五爭（鬥爭），兵革不息，男女相棄，民人思保其室家焉。」《詩集傳》斥之為「淫奔之女，」誤。

《通論》5「《小序》謂『閔亂』，詩絕無此意。按：鄭國春月，士女出遊，士人見之，自言無所繫思，而室家聊足與娛樂也。男固貞矣，女不必淫。以『如雲』、『如荼』之女而皆謂之淫，罪過！罪過！」

案：在比較封建等級、勢利心重的周代，詩人抒寫了「有女如雲，雖則如雲，匪我思存」的如《箋》所訓「皆非我思所存」，只會清純女，另一種高尚清純的情懷，大約可貴。詩人的定情詩。

【校勘】

〔1〕案：本字作綥，《說文》作綥，隸作綦，《齊》《韓》作綦，《漢石經》《毛》綦，綦的或體。又作璂綦，《初刻》8/178 綦，卷子《玉篇》作綨，同綦，帺綨紟，或體。《毛》有女如雲，《漢石經》芸，芸讀如雲。

案：本字作云，《毛》員。《單疏》《唐石經》貟，同。《釋文》：員音云，本亦作云。《正義》作員，云員古今字，助句辭也。《聲類》《台》121/520、《御覽》819 云，P2529 作聊樂我云。本字作云，古又寫作員。《東徵賦》《舞鶴賦》《東武吟》注等引、《釋文》《詩考》引《韓》魂，云：魂，神也。《韓》當是異本。

〔2〕《毛》且，台 121/520 徂，且讀如徂，《釋文》：且，音徂，《爾雅》云：存也，舊子徐反。案：本字作蘆，《單疏》《唐石經》藘，當從《說文》《台》121/520 作蘆。音義同。

案：本字作徂、虞，P2529 思徂，漢・東方朔《七諫》司馬相如《美人賦》張衡《歸田賦》《說文》《毛》與娛，《魯》《周語下》《羽獵賦》《考文》《台》121/520 與虞。《釋文》娛，本亦作虞，虞讀若娛，通作娛。

【詮釋】

案：詩人唯對清純樸素的女子情有獨鍾。

〔1〕門都城新鄭東門。案：芸 yún 讀如雲，如雲之多。匪，非，並不是。存寸（忖）cǔn，疊韻通借，存通忖，存亦思，《素問・寶命全形論》：「能存八動之變」，《禮記・祭義》「致愛則存」，思存，疊義連語，思念。案：如果說《溱洧》在上巳節民俗活動中，戀愛則衝破了封建約束，或許有點浪漫，而此詩則高揚清純美、樸素美。清純無價。縞，白色生絹。縞衣，素淨白色上衣。綦通綥，綥 qí，鮮嫩微白的佩巾與下服，《說文》：「未嫁女之服」。借代格，代指那清純女子。案：聊樂，連語，樂，《泉水》：「孌彼諸姬聊與之謀。」員，云，語詞。《韓》：魂，神也。您使我愉悅，您使我終生不忘，您是我的女神。

韻部：門云云存巾員（云），文部。

〔2〕闉闍 yīndū，《韓說》闉闍，城內重門。《說文》訓爲城曲重門。城

門外的壅城門，又稱月城，曲城。闍 dū。荼 tú，如茅草、蘆葦的花那麼美與多。案：思且，疊義連語，且徂雙聲通借，《魯》《釋詁下》「徂，存也」，思且、思徂、思存、思念、眷戀。《箋》：「『匪我思且』，猶『匪我思存』也。」本字作蘆，茹蘆，疊韻詞，茜草染成絳色。借代格。縞衣茹蘆 rúlǔ，縞 gǎo，精細的上衣。紅裙子。虞，娛，虞 yú，親愛，相好，《疏證》：「古者謂相親曰有。」她是穿上用茜草染成的紅裙子，是我可以終生與娛、百年偕老的情侶。

　　韻部：闍荼荼且蘆娛（虞），魚部。

【評論】

　　《朱子語類》：「此詩卻是個識道理人做，《鄭詩》雖淫亂，此詩卻如此之好。」《詩疑》「為得性情之正」。《詩志》：「『如雲』、『如荼』，寫景奇麗。」高朝纓《詩經體注大全會參》：「『匪我思存』句最重。」案：此詩是男士貞情詩，比此詩晚出十多個世紀的蘇格蘭詩人彭斯《瑪麗·莫里孫》「昨夜燈火通明/伴著顫動的提琴聲/大廳裡旋轉著迷人的長裙/我的心兒卻飛向了你/坐在人堆裡/不見也不聞/雖然這個白的俏、那個黑的俊/那邊還有傾倒全城的美人/我歎了一口氣，對他們說/你們不是瑪麗·莫里孫。」兩首愛情詩令人思謀名句雋旨。由於此詩寫了女子的清純美，男士的堅貞專一的愛，語言清宕，詩旨清捷而雋永，所以流膾眾口，傳播甚廣。

野有蔓草

野有蔓〔曼募〕草，	郊野蔓蔓芳草青，
零〔靈零〕露溥〔團霉〕兮。	郊外行走露團團。
有美一人，	迎面走來俏姑娘，
清揚婉〔青陽宛畹〕兮〔旬旖〕，	眉目清麗又溫婉，
邂逅〔遘〕相遇，	不期相遇好幸運，
適〔適〕我願〔顧〕兮！ ⑴	而今適合我心願！
野有蔓〔曼〕草，	野草蔓蔓，
零〔靈零〕露瀼瀼〔囊穰〕兮。	郊外行走露穰穰，
有美一人，	一見鍾情美姑娘，
婉如清揚。	溫溫婉婉眉清揚，
邂逅〔遘〕相遇，	不期相遇訂終生，
與〔與〕子偕臧！ ⑵	百年相好並蒂芳！

【詩旨】

案：這大約是一見鍾情式的愛情之歌。

《魯說》《說苑・尊賢》：「孔子之郯，遭程子於塗，傾蓋而語終日。有間，顧子路曰：『取束帛一以贈先生。』子路不對。有間，又顧曰：『取束帛一以贈先生』。子路屑然對曰：『由聞之也，士不中而見，女無媒而嫁，君子不行也！』孔子曰：『由，《詩》不云乎！『野有蔓草，零露溥兮。有美一人，青揚宛兮，邂逅相遇，適我願兮』。今程子天下之賢士也，於是不贈，於是不贈，終身不見。大德不踰閑，小德出入可也。」案：當是「士不中而見，女無媒而嫁」式的一見鍾情式的婚戀。

《毛序》：「《野有蔓草》，思遇時也。君之澤不下流（《台》121/520 作「流於下民，人」）民窮於兵革。男女失時，思不期而會焉。」《詩總聞》4，「當是深夜之時，男女偶相遇者也。」徐紹楨《詩說》以爲「偕隱。」《原始》則歸之於「朋友相期會也。」

【校勘】

〔1〕案：本字曼，《說文》《哀郢》《廣韻》曼，《毛》蔓，P2529 作募，俗體，《說文》蔓，葛屬。曼古字。本字作摶 tuán，《說文》有團摶無溥，《字林》溥，《五經文字》溥音團。《釋文》溥，本亦作團，《慧琳音義》19、P2529《苦寒行》《長笛賦》李注引《毛》團，《毛詩》《魯》《說苑・尊賢》《韓詩外傳》2、《唐石經》《注疏》「零露溥兮」，《說文》摶，俗作團，《單疏》零，落。《箋》《校勘記》靈霝，《石鼓文》《說文》霝，本字作霝，隸作零。靈通霝，零後起字。案：本字作團，《毛》溥 tuán，《字林》《匡謬正誤》作霉，《考文》團，《玉篇》《說文新附》《釋文》溥，本亦作團，古有專 tuán；「溥」或體，最早見於《玉篇》。案：本字作清陽婉，《魯》《說苑・尊賢》《初刻》8/178《洛神賦》《舞賦》李注引《御覽》《毛》作陽。《毛》清陽婉，《詩考》引《韓詩外傳》「青陽宛」，《外傳》2「青陽宛」，《秋胡行》揚，《玉篇》引《韓》皖，又作清陽（《洛神賦》注）《齊》《孔子家語・致思》、今本作宛，宛是婉之省。《說文》曹丕《秋胡行》《考聲》《玉篇》《慧琳音義》80 注引《毛》作婉。揚通陽，《阜》S095「青喝宛旖（兮）。」

《單疏》《唐石經》《韓詩外傳》邂逅，宋本作邂，小字本、相臺本作懈，《魯》《淮南》14 解構，《釋文》邂遘，本亦作近，《五經文字》覯，《正義》逅。《綢繆》「見此邂遘」，《釋文》邂，本亦作解近。通作邂逅，《韓》《魯詩

世學》解覯。《魯》《淮南‧俶眞》注「解構，合會也」。《毛》適我願，P2529適我顧，俗體。

〔2〕《漢石經》《毛》瀼，《廣雅‧釋訓》穰又作囊。穰 rǎng，《疏證》瀼、穰與囊同。本字作穰，瀼囊後起字。

《毛》揚，《初刻》8/178 揚。《毛》與，《台》121/520 与，簡體。《毛》興臧，聞一多：臧，偕藏。案：當從《台》121/520 作与臧，与，古簡體字，《唐石經》作臧，臧固然有通藏一訓義項，然不宜破字改字解經。

【詮釋】

〔1〕野，郊野。曼蔓 màn，蔓延。摶古字，專溥霫團 tuán，團團 tuántuán，盛多貌。靈通霝（零零），落。《周禮》：仲春之月，令會男女之無夫家者也。有美，美美。

案：揚通陽，陽爲眉上，額有當陽，眉上有陽白，（張大千《中國針灸大辭典》，北京體育出版社）。青陽即清陽，清陽，清指目清，陽指眉上，婉如，婉婉 wǎn wǎn 然，美好貌。《經義雜記》10「以清爲目之美，以揚爲眉上之美，以婉兮爲清揚之美，婉婉然。」相，互相；邂逅邂遘同 hòu，不期而遇的悅懌。案：邂，xiè；逅，hòu，雙聲詞。《綢繆》「見此邂逅」。案：邂遘、邂逅、解覯、解構 xièhòu，聯綿詞，疊義連語，愉悅。《魯說》《淮南》高注：解構，合會，《傳》邂逅，解悅。適，符合。

韻部：團（溥霫）婉（豌宛）願，元部。

〔2〕靈通霝（零零），落。《說文》「穰，黍列已治者」。穰穰 rǎng rǎng，盛多貌。《廣雅‧釋訓》有囊，瀼、囊穰，盛多貌。如，然。揚 yáng。爲叶韻而倒，清揚婉如。《詩志》「一倒轉，更覺雋妙！」偕，同。臧 zāng，善，好，偕臧即婚筵中常用的「百年好合」。

韻部：瀼（穰）揚臧，陽部。

【評論】

《詩集傳》4「男女相遇於野田草露之間，故賦起所在以起興。」《詩志》2「此企遇之詞，結想閒雅，自有寄託。」案：此詩如《晉‧顧愷之》所云「阿堵傳神，」詩人善用眉目傳情，傳神寫照，正在阿堵（這個眼睛）中「清揚婉兮」「婉如清揚」，在《周禮》所特許的仲春之月，方得自由相親，唯以「清揚婉兮」「婉如清揚」，這是一見鍾情式的戀愛，傳達了女方的婉順美與「心有靈犀一點通」，也傳達子男士實已贏得女子的芳心，而男士已經鍾情於女的

內心秘密，八字直勝千字萬字，兩情相悅通過心靈的窗戶——眸子，眉目傳情。

溱洧

溱〔潧〕與洧方渙〔洹灌汍〕兮，　　潧河洧河渙渙流淌，
士與女方秉蕑〔菅蕑蓮蘱蘭〕兮，　　男女持蘭盡情遊逛，
女曰：「觀乎！」　　　　　　　　女子招呼：「觀賞了嗎？」
士曰：「既且〔徂退〕，　　　　　男子說：「已經往」
「且往觀乎！　　　　　　　　　　「再一同觀賞吧！
洧之外洵〔恂詢〕訏〔盰〕且樂！」　洧河外的確廣大，而且樂未央！」
維〔惟〕士與女，　　　　　　　　男男女女一行行，
伊其相謔，　　　　　　　　　　　因而相戀戲謔，
贈之以勺〔芍〕藥。〔1〕　　　　　臨別贈上芍藥，「莫相忘！」

溱〔潧〕與洧瀏〔滲溜〕其清矣！　　潧洧河水清瀏瀏而且深，
士與女殷其盈〔殷印丌盈誒〕矣！　　男男女女人山人海殷殷盈盈，
女曰：「觀乎〔吾〕！」　　　　　女子招呼道：「觀賞了嗎？」
士曰：「既且〔徂退〕！」　　　　男子說：「已經觀賞。」
「且往觀乎〔吾〕！　　　　　　　「再一同欣賞
洧之外洵〔恂詢〕訏〔盰〕且樂！　　洧河邊眞個廣大而且樂未央！
維士與女〔惟士與女〕，　　　　　男男女女一行行，
伊其將謔，　　　　　　　　　　　手兒牽著，口兒戲謔著，
贈之以勺藥。〔2〕　　　　　　　臨別贈以芍藥，「莫相忘！」

【詩旨】

　　案：上巳節是中國傳統的歷史悠久的節日，官民在東流水上手執蘭草，洗滌袚除去宿垢灰疢而爲大潔，袚除不祥的節日，又是情人節。據《類聚》4、《漢·地理志》《後漢·禮儀志》在鄭國特有的浪漫動人的上巳節的節日，南朝齊王融《三月三日曲水詩序》：「官民皆禊飲於東流水。」在大自然美的環境中，婚戀比較浪漫，暗生情愫，不必待媒妁之言，可以主動表示，在《禮記·曲禮》「男女非有行媒，不相知名」的時代裡，衝破封建禮教的藩籬，男男女女在袚除不祥的同時，持蘭而遊，尋覓意中人，當一位女子大膽潑辣地邀請一位男士暢遊潧洧時，男子先故作矜持地說遊過了，經女子一動員便彷

彿手持愛情福音，欣然同遊，詩人善於用委婉而諧暢的語言描寫，進入熱戀而謔的二人世界中。此詩具有中國鄭地特有的風情民俗，又彷彿詩劇動人。《編年史》繫於前 765 年。

《韓說》《白帖》（四庫 891/65）作「執蘭招魂，被除不祥」。《御覽》886 引《韓詩內傳》：「溱與洧，說（悅）人也。鄭國之俗，三月上巳之日，於兩水上招魂續魄，拂〔被〕除不祥（《類聚》4 同）。故詩人願與所說者俱往觀也。」

〔齊說〕《白虎通・禮樂》引孔子曰：「鄭聲淫何？鄭國土地民人，山居谷俗，男女錯雜，爲鄭聲相誘悅懌，故邪僻，聲皆淫色之聲也。」

〔魯說〕《呂覽・本生》「鄭、衛之音」高誘注：「鄭國淫辟，男女私會於溱、洧之上，有『詢訏』之樂，『芍藥』之和。」

《毛序》：「《溱洧》，刺亂也。兵革不息，男女相棄，淫風大行，莫之能救焉。」

【校勘】

〔1〕案：本字作灒，因溱水有多條。《毛》《單疏》溱 ，《說文》、《國語》、《水經注》、《玉篇》《後漢・袁紹傳》注引《詩》正作「灒」，《毛》渙渙，《釋文》《御覽》983 引《韓》洹洹，《齊》《漢・地理志》灌灌，《魯》《說文》汍，汍渙洹灌字異義同。案：本字作蘭，理由：一、《阜》S096 間，蕳之省，蕳，蘭（蘭）。二、《單疏》《毛》蕳，《詩考》《御覽》30 引《韓》蕳蘭；P2529 蕳，《釋文》引《韓》蓮；《齊》《漢・地理志》菅，《定聲》：菅假借爲蕳，即蘭；《說文》《聲類》薻，《毛》蕳，蘭也；《韓》蕳，《字書》《一切經音義》12「薻、蘭也。」薻、蘭（蘭）同。陸《疏》蕳，蘭，《齊》管通蘭。三、《英》4/224 蘭。《毛》且，讀如徂，《釋文》且音徂，《考文》徂，《說文》《玉篇》《廣韻》作退。且徂退音義同，通作徂。《義門讀書記》7「且，本作徂字」。《唐石經》洵訏，《魯》《呂覽・本生》高注「詢訏」，《漢・地理志》《釋文》引《韓》「恂盱，樂也」，《詩考補遺》引《三家》作詢。洵詢通恂。盱通訏，《釋詁》訏，大也，《釋文》本作訏。《毛》維，《魯》蔡邕《禊文》作惟，二字古通。《毛》《魯》《韓》《子虛賦》《蜀都賦》《南都賦》勺，《玉篇》《別賦》《御覽》478 芍，勺古字。

〔2〕《說文》《唐石經》瀏，《南都賦》注引《韓詩內傳》《上林賦》注引《說文》《廣雅》《玉篇》《類篇》瀏，《後漢・馮衍傳下》溜，瀏 liú，瀏 liáo，溜 liù，上古音同爲來母幽部。《毛》維士與女，P2529 作「維士與女，」土讀

如士，與與同。《漢石經》殷，《毛》「殷其盈矣」。《阜》S097「印亓盈詪。女日觀吾」印通殷，亓，其；詪，增形字；吾讀若乎。

【詮釋】

〔1〕溱，zhēn，源出河南省新密市東北，東南流會洧水爲雙洎河，渙huàn；洹huán；汍wán，同爲元部，重言摹狀詞，洧wěi，源出登封市陽城山，至新鄭市溱水，至西華縣穎水，與洧水春水漲，渙渙然河水盛貌。蕳蘮萱jiān，蕳，澤蘭。林兆阿《多識編》：香草，澤蘭。生澤畔、溪澗水旁，煮以洗浴，功效：利水道，殺蟲蟲，益氣輕身，除胸中痰癖，生血調氣，養營生津，止渴潤肌肉，治消渴膽癉，煮水浴風病，消癰腫，調月經；其香澤可作膏塗潤頭髮。秉，持。士，男士。觀，觀賞流覽上巳節。且通徂迌cú，往。

洵詢通恂，《方言》：恂，信也。盱通訏xū，《魯》《釋詁上》訏，大也。樂，lè，歡樂。維，發語詞。案：伊其，殷其，殷殷然情濃貌。或訓伊爲因，於是。將讀如相；謔xuè，戲謔，戀人間親熱地開玩笑。勺藥，疊韻詞，毛茛科，觀賞花，調味品，根入藥。《釋文》引《韓》：「芍藥，離草也，言將離則贈此草也。」《呂覽・本生》高注：「有芍藥之和，」《集韻》芍藥，調五味也，《漢・司馬相如傳》注：芍藥以蘭桂調食。詩中則說的是臨別贈芍藥。

韻部：渙（洹汍灌）蕳（蘭蘮），元部。乎且乎，魚部。樂謔藥，藥部。

〔2〕瀏漻溜聲近通借，瀏liú，瀏瀏然，水深而清。漻liáo，《說文》：漻，清深也。殷其，殷殷yīnyīn，眾多。盈yíng，充滿。狀上巳節人山人海盛況。將jiāng，相xiāng，相互。《箋》：將，大也。

韻部：清盈，耕部；乎且乎，魚部；樂謔藥，藥部。

【評論】

案：此詩是用環境描寫、傳統節日描寫、對話描寫、細節描寫，「伊其相謔」「伊其將謔」，贈以芍藥巧妙結合的藝術手法，寫上巳節的風俗之美，執蘭而祓除不祥，一問一答與跳躍式的進入熱戀相謔的境界，此是鄭國風俗畫，至情至性的自然流露，有戲劇性的雛形。開啓晉代張華、潘尼等「三月三」詩文以及王羲之《蘭亭序》與後來的風俗詩賦如杜甫《麗人行》杜牧《長安雜題》。三國・嵇康《聲無哀樂論》「夫鄭聲，是音聲之至妙」。《臆評》7，「綺密瓌妍，如百寶流蘇，千絲鐵巴（网），使人賞玩不已，安章頓句之妙，巧奪天孫。」（《續修》58/200）《詩志》2「兩『方』字神色飛動，敘問答頓挫婉轉。『女曰』、『士曰』昵昵兒女語。『且往觀乎！』一轉輕雋之極，眞有話態！『伊

其相謔』不盡其辭，然已情態爛漫，妙！一結雋永可思，逸氣橫生。一篇敘事體，妙於用虛字轉折。豔情媚致，寫來自然大雅。寫春景物態，明媚可掬，開後人情豔詩多少神韻。」《原始》5：「在三百篇中別爲一種，開後世冶遊豔詩之祖。」

卷八　國風八

齊　風

　　《史記·周本紀》：周武王統一中國，「於是封功臣謀士，而師尚父〔呂尚〕爲首封，封尚父於營丘，曰齊。」齊故城在今山東省臨淄縣城及附近。齊西征戎狄東併諸夷。齊國含山東青州、齊州、淄博、濰坊、德州、棣州、濱州等地，爲東方大國。周文王曾向呂尚討教治國之所貴，呂尚說：「貴法令之必行，法令必行則治道通，治道通則民大利，民大利則君德彰矣。」（《全上古三代文》頁45），「營丘，地潟鹵，人民寡，於是太公（呂尚）勸其女功，極技巧，通魚鹽，則人物歸之，繈至而輻湊。故齊冠帶衣履天下，海、岱之間斂袂而往朝焉。其後齊中衰，管子修之，設輕重九府，則桓公以霸，九合諸侯，一匡天下。」（《史·貨殖列傳》）《齊風》十一首多有耐人深思之作。《雞鳴》倡敬業愛國精神，《還》《甫田》《盧令》有尚武的餘風，誇田獵之美，倡勇武精神，《東方未明》突出公令，《載驅》《東方之日》《甫田》《著》寫喜婚，戀愛，《南山》《猗嗟》《敝笱》則反映了齊民敢於諷刺齊襄王的糗事。所以，早在前544年，吳公子季札在聽演奏《齊風》後，激賞道：「美哉！泱泱乎！大風也哉！表東海者，其太公乎（姜尚封齊，成爲東方大國的典範）！國未可量也！」王安石《臨川集補遺》、馬瑞辰《通釋》「《齊風》十篇皆刺詩」有失公允。

雞　鳴

「雞既鳴矣！
朝既盈矣！」
「匪雞則鳴，
蒼蠅〔蠅〕之聲。」⑴

〔妻〕「公雞已打鳴！
朝會已滿盈！雞鳴當夙興！」
〔夫〕「不是公雞在打鳴，
那是蒼蠅亂叫聲！」

「東方明〔昌〕矣，
朝既昌矣！」
「匪〔非〕東方則明，
月出之光！」⑵

〔妻提醒：〕「東方已經大天亮！
朝會已經都滿堂！馬快起床！」
〔夫託辭：〕「那不是東方明亮，
那是一片明月光！」

「蟲飛薨薨〔薨薨〕，
甘〔敢〕與子同夢！
會且歸矣！
無庶予〔與〕子憎。」⑶

〔夫懶床〕蒼蠅嗡嗡響，
甘願與您同在黑甜鄉！
〔妻催：〕「朝會將罷，快去快回，
庶無人會恨我和郎！」

【詩旨】

案：大約是一位士大夫或朝臣的賢內助的警夫諫夫詩，女詩人本著國家為重、勸夫勤政的精神，以幽默詼諧而簡淨的筆調，用賦體，在妻夫對唱中，妻子規勸丈夫當從公事為重，莫戀床第 zǐ 之歡，夫婦和諧的生活情趣自不待言。從此可悟到，齊國何以成為東方大國，宣導愛國精神、敬業精神以至成為社會風尚，是成功的原因之一。此詩不能歸入「變風」。《魯傳》《史·齊世家》寫齊太公、齊桓公時，祿賢能，國力強大，齊人皆悅。《詩切》：「《雞鳴》，刺留色也。」《詩問》：「雞鳴」，賢君勤政也。」《例釋》詠愛情。

〔魯說〕《孔叢子·記義》引孔子云：「於《雞鳴》，見古之君子不忘其敬也。」

〔齊說〕：《文選·策秀才文》李注引：「《雞鳴》，冀夫人及君（袁本、茶陵本無「及君」）早起而視朝。」《易林·夬之屯》：「雞鳴失時，君騷相憂。」

《玉海》31、38引《韓詩章句》：「《雞鳴》，說（悅）人也。」

《毛序》：「《雞鳴》，思賢妃也。哀公荒淫怠慢，故陳〔古〕（《唐石經》同。P2669及唐寫本「陳」下有「古」字）賢妃貞女，夙夜警（《孔叢子》敬，《考文》《唐石經》、P2669、《釋文》警，《台》121/520「驚」，敬驚通警，）戒相成之道焉（《台》121/520「焉」作「也」）。」

余師《詩經選》:「這詩全篇是一夫一婦的對話。丈夫留戀床第，妻怕他誤了早朝，催他起身。」夏傳才教授《二十世紀詩經學》「本來是朝臣夫婦的對話。」《古史辨》王伯祥:「情歌」。

【校勘】

〔1〕《唐石經》《韓》《單疏》《御覽》944 本作蠅，黃生《義府》載明·焦竑謂：蠅乃蠅字之誤。錢熙祚《義府跋》:「焦澹園謂《雞鳴》之蠅乃蠅字，荒經蔑古，明人惡習。黃氏反引《王莽傳》『紫色蠅聲』以證之，並欲改《青蠅》之蠅，而之止棘、止樊、止榛，豈非笑柄！」《例釋》:「蒼蠅，即今語青蛙。蛙聲閣閣，似雞鳴也。」

〔2〕《唐石經》《正義》「月」。朱熹《詩集傳》引安溪李氏，清·李惇《群經識小》3「李厚庵引《印古詩話》云:『古本作日出之光。』蓋『日』、『月』古字相近，遂致訛誤。案：如此，則二節下二句皆進一步說，言非特雞鳴也，已聞蒼蠅之聲矣，非特東方明也，已見日出之光矣，於儆戒之意實爲吻合。《通釋》:「日」，訛爲「月」，可備一說。

〔3〕《正義》薨，《廣雅》6『薨薨』,《說文》《詩考補遺》引《三家》作「東方昌兮」。嚴可均：「即此二語（「東方明矣，朝既昌矣」）之約文。」檢《漢石經》作「既昌」。《毛》匪，《阜》S099 非。疑是古代如《左傳》引《詩》多變引，大約是變引，或隱括，而非精確援引，當從《毛詩》。

《正義》《詩集傳》《詩緝》「甘」,《阜》S100「敢」，當是異本。敢甘同爲見母談部。

案：本句當作「庶無與子憎。」《定本》『與子憎』。《初刻》8/179.P2529 作「無庶與子憎。」《唐石經》「無庶與予憎」，陳奐：古本當作「無庶予於憎。」《台》123/223、P2669 作「無庶予子憎」，P2669 作「無庶予子憎」，《台》121/520 作「無庶与（与，與）予贈」，案：則予讀如與，庶無與子憎乎?《正義》《詩集傳》《詩緝》「予」，《廣雅》:『遺，與也』。遺猶貽也。《說文》:『貽，贈遺也』，『無庶與子憎』，即庶無貽子憎，猶《詩》言『無父母貽罹』，《左傳》:『無貽寡君羞』也。《傳》但曰：『無見惡於夫人』，不解『予』字，『予』即『與』之通用字。《箋》讀『予』爲我之『予』，失之。」《段注》予與古今字。案：當作「庶無（毋）與子憎」。《釋言》庶，幸。黃焯《平議》:「季本《詩說解頤》:『無乃以，我之故而並以子爲憎』」。幸無與子以憎耳。總之讀如庶無與子憎（希望無憎我與子）。《毛》薨，《廣雅》翁、薨，薨通翁、薨。

【詮釋】

〔1〕案：詩人用對話式、情節式襯托賢妻的顧大局、明事理、公事爲先的襟懷。成語「雞鳴戒旦」出此。既，已。鳴 míng，啼鳴。朝 cháo，朝會，國王會見群臣、智庫，處理政務處。盈，滿。《例釋》：「此詩詠愛情……《雞鳴》亦當爲士就女所。」匪，非。則，其，或訓之，如《禮記・檀弓》「人之稱斯師也者，則謂之何？」「蒼蠅之聲」，蒼蠅叫聲。《詩集傳》頁75「非其心存警畏而不留於逸欲，何以能此？」

韻部：鳴盈鳴聲，耕部。

〔2〕明，天明亮，昌，盛。本句進一層，日出之光，太陽光。

韻部：明昌明光，陽部。

〔3〕薨、夢通薨薨 hōng hōng。擬聲詞。敢讀如甘，甘，甘於，樂於。會，朝會。且，將要。歸，朝罷而歸。案：無庶予子憎，即庶無子憎予，倒句以協韻。庶無人家憎恨你。予子，昵稱，郎君。《詩緝》：無庶，庶無，予子，吾子也，稱其所昵也，愛而稱之之辭。無使眾卿大夫見憎於我。《箋》：「無使眾臣以我故憎惡於子。」黃焯《平議》：「謂幸無與子以憎。」又《定本》「與子憎」，即庶無（幸不）憎予與子。《通釋》庶幾無使人憎予與子也，是倒字句法。《例釋》「無庶予子憎，猶今云人庶不憎惡你我。」

韻部：薨（薨）夢憎，蒸部。

【評論】

案：《齊世家》：「天下三分，其二歸周者，太公〔呂尚〕之謀計居多。」《禮記・樂記》引師乙云：「明乎齊之音者，見利而讓。……見利而讓，義也。」此詩是從一個家庭的社會基本細胞反映了一位官員的賢內助是如何顧及大義，催促丈夫急以國事的。所以在呂尚時齊蔚然成大邦，齊桓公時很有政治作爲。前 544 年，季札到魯國聘問，「爲之歌《齊〔風〕》，曰：『美哉！泱泱乎！大國也哉！表東國者，其大公乎！』」吳公子季札的評論說到了《齊風》的本質詩旨，泱泱大國之風！大公（姜太公呂望），姜太公的本質風格如《六韜》所云：行仁修德，澤及人民，不可暴民虐民，不可爲己而害民，治國理軍相結合，民爲邦本，民固國興，上賢舉賢，通商工之業，便魚鹽之利。《六帖講意》：「雞鳴、朝盈等語，只是微諷之詞，末章雖歸責於己，亦是微諷之辭，大抵風之言婉至如此。」（《存目》，經 64/193）《臆評》：「突然而起，突然而翻，眞是奇筆。」《稽古編》：「合《鄭》、《齊》兩《雞鳴》觀之，可定古

人『夙興』之節。」（《四庫》經 85/412）《臆評》「突然而起，突然而翻，眞是奇筆。」《詩誦》2，「末章述賢妃警戒語，寫得風流旖旎，香口如新。試問香奩疑雨有此種香豔否？即以宮體閨情論詩，亦當讓《國風》獨步。」《通論》：「眞情實境，寫來活現。」《原始》，「全詩純用虛寫，極迴環摩盪之致，古今絕作也。」《會歸》頁 717，「首章言所聞，次章言所見，末章言所感。而末章倒轉其辭之先後者，乃以賢妃起，以賢妃結，所以示側重賢妃之旨。此全篇之篇法也。通篇用賦體，但分述其言，不作敘事論議，而即言見意，即意知人，而正邪已明，憂讒姬思賢妃之旨俱顯，所謂不著字，盡得風流。乃詩人工於體物述情，最新奇之創格，前無古人，後無繼作，無怪兩千年來之學者，如入武侯八卦陣，豈無故歟！」

還〔旋嫙〕

子之還〔旋〕〔趨嫙營〕兮，	君英俊快捷啊！
遭我乎〔虖〕猏〔嶩猱巎猺猏〕之閒兮。	咱倆相遇猏山中間啊！
竝〔並〕驅〔駈〕從兩肩〔豜豣豜豜豜〕兮，	一齊追逐兩隻大豬啊！
揖我謂我儇〔懁婘〕兮！〔1〕	相互行禮稱拳勇非凡啊！

子之茂〔秀〕兮，	君才秀絕倫啊！
遭我乎〔虖〕猏〔嶩猱巎猺〕之道兮。	咱倆相遇猏山之道啊！
竝〔並〕驅〔駈〕從〔茫〕兩牡兮，	一齊追趕那兩隻雄獸啊！
揖我謂我好兮！〔2〕	相互行禮稱英勇俊好啊！

子之昌兮，	君壯偉雄強啊！
遭我乎〔虖〕猏〔嶩猱巎猺〕之陽兮。	咱倆相遇於猏山之陽啊！
竝〔並〕驅〔駈〕從兩狼兮，	一齊追趕那兩隻狼啊！
揖我謂我臧兮！〔3〕	相互行禮稱，互贊「技藝棒啊！」

【詩旨】

《直解》，「《還》，當是獵人之歌。此用粗獷愉快之調子，歌詠二人出獵活動，表現一種壯健美好之勞動生活。」此詩是讚美武士。

《毛序》「《還》（《漢石經》旋），刺荒也。哀公好田獵。從禽獸而無厭（〈台〉121/520 作黶 yàn），國人化之，遂成風俗。習於田獵謂之賢，閑於馳逐謂之好焉。」

　　《續〈讀詩記〉》1「從田之樂，形於歌詠，以為誇也。己謂人為『還』，為『茂』，為『昌』；人謂己為『儇』，為『好』，為『臧』，交相稱讚。意得自喜。世治則相規以禮義，世亂則相誇以勇力，視其人之好尚，風俗可知矣。」

　　《通論》6，「《序》謂刺哀公，無據。按：田獵亦男子所有事，《豳風》之『於貉』，『為裘』，《秦風》之『奉時辰牡』，安在其為『荒哉』？且此無『君』、『公』字，乃民庶耳，則尤不當刺。第詩之贈答處若有矜誇之意，以為見齊俗之尚功利則可，若必曰不自知其非，曰其俗不美，無乃矮人觀物之見乎？」

【校勘】

　　〔1〕《漢石經》旋，《毛》還，《廣雅》《釋文》《詩考》引《韓》嬛。《單疏》儇，《說文》趡。案：還，還儇趡鬳嬛旋。《齊》《漢志》《集注》營。《韓》《說文》《廣雅》嬛。《詩地理考》臨甾名營丘，《爾雅》：齊曰營州。《錢氏答問》營為地名。王念孫、顧廣譽、胡承珙：營本作嬛，嬛昌茂皆好也，否定《齊說》《錢氏答問》。《漢石經》從作𢓵，同。《三家》《說文》《魏石經》𢓜，《毛》從，從古字。案：茂字當是秀字，避東漢劉秀諱，如《後漢書・黃琬傳》稱「秀才」為茂才。茂在侯部，秀在幽部。侯、幽通轉。還營通嬛。本字作貆，《馬融傳》注引《韓》《毛》《釋文》肩，本亦作貆。《魯》《爾雅》《石鼓文》《字書》貒，《說文》豣，隸變為貆，《台》121/520 貆。肩通貆。《毛》竝，古字，《唐石經》並。《毛》乎，《說文》于，《齊》《漢志》虖。乎虖同，如馬王堆竹簡《十問》：「王子巧（喬）問彭祖曰：『人氣何是為精虖？』」《毛》《說文》《玉篇》《五經文字》遭猲。《齊》《漢・地理志》《集注》巇，P2529.P2669 作猲遭，俗字。《御覽・獸部》21 猍，《定聲》嶩，《水經注》猺，字異音義同。《毛》《釋文》驅，本亦作駈，驅駈同。《單疏》《唐石經》儇。同趡。《釋文》引《韓》作㜻，音攉。兩本並存。案：《單疏》茂，疑為秀，避東漢光武帝諱，秀道牡好同在幽部，茂在侯部。

【詮釋】

　　〔1〕案：齊國尚武，故齊地古來多英豪，《管・君臣》：「〔君〕為民興利除害，正民之德，而民師之。」詩中兩武士以壯盛相譽。還 xuán，敏捷，旋 xuán 如趡，趡 xuān，聰慧、勇武、便捷。《韓》㜻、拳讀如攉勇之攉勇武貌，嬛 xuān，英俊美。營 yíng。趡 xuān，嬛 xuān。餘、邪準鄰紐。營嬛同為元部。營通趡通嬛。英俊，便捷。遭，相遇。乎，在。猲巇猺嶩 náo，山名，在山東

省淄博市臨淄縣南。閒，間，中間。竝，並。驅徔從 cóng，連語，追逐。追
擊，《商‧湯誓》：「夏師敗績，湯遂從之。」肩讀如豣（猏）jiān，三歲的豬，
或三歲獸；廧，有力的也稱肩。揖 yì，兩手拱手行禮。案：此處似應訓相互
作揖行禮。謂，稱讚。儇 xuān，儇趨翾謂共景，便捷矯健、英武貌。婘 quán，
讀如攏權拳，攏勇，《吳都賦》「覽將帥之拳勇。」《文選》李注引《毛》「無拳
無勇，」「拳與攏同。」互相稱讚對方壯健、快捷、勇武。

韻部：還間肩（猏猏）儇，元部。

〔2〕茂 mào 秀 xiù，茂秀聲近通借，出眾也。與道、牡、好協韻。道，
山間路。從，追擊。從通蹤，追蹤。牡 mǔ，雄獸。好，美，武藝高。

韻部：秀道牡好，幽部。茂，侯部。幽侯合韻。

〔3〕昌，通壯，雄健豪駿貌，或訓爲美盛貌，強壯貌。陽，山之南。狼，
犳狼。臧，善。俞曲園《平議》：臧，壯盛。

韻部：昌陽狼臧，陽部。

【評論】

案：此詩善於賦寫且有戲劇性有風趣，句句押韻，富於音韻美，情趣美，
反映了齊國的尚武精神，《齊世家論贊》：「太史公曰：吾適齊，自泰山屬之琅
邪，北被於海，膏壤二千里，其民闊達多匿知。其天性也。以太公之聖，建
國本；桓公之盛，修善政，以爲諸侯會盟，稱伯，不亦宜乎！洋洋哉！固大
國之風也！」《讀詩記》「當是時，齊以游畋成俗，詩人載其馳驅而相遇也。
意氣飛動，郁郁見於眉睫之間，染其神者深矣。」《臆評》：「宛轉關生，巧於
自譽。豪爽駿快，讀之猶覺有控弦鳴鏑、鼻端生火、耳後生風之氣。」《騷賦
之祖》（《存目》經 61/250）《詩志》2，「意氣飛動，栩栩眉睫之間。分道爭雄，
妙在仍以禮讓出之，『揖我』字神動，詩家寫生處。」《臆補》8「騷賦之祖。
三句三易其調，奕奕有神。」《詩誦》2，「《還》之『並驅從兩肩兮』二句，《著》
之『俟我於著乎而』，皆後人六言詩體所仿始。」

著

俟〔俟㴋㴋〕我於〔于〕著〔宁〕乎而，	等候我到門屏間，眞頂事！
充〔珫〕耳以素乎而，	他的充耳用素絲懸，眞頂事！
尙之以瓊〔瓊〕華乎而！〔1〕	又加飾以瓊玉，眞頂事！

俟〔竢竢〕我於庭乎而，　　　　　　等候我到庭上，眞頂事！
充〔琓〕耳以青乎而，　　　　　　　他的充耳用青絲懸，眞頂事！
尙之以瓊〔璚〕瑩瑩乎而！〔2〕　　　又加飾以瓊玉，眞頂事！

俟〔竢〕我於〔乎〕堂〔堂〕乎而，　　等候我到堂上，眞頂事！
充〔琓〕耳以黃〔齕纊絖〕乎而，　　　他的充耳用黃絲懸，眞頂事！
尙之以瓊〔璚〕英〔瑛〕乎而！〔3〕　　又加飾以瓊瑛，眞頂事！

【詩旨】

　　案：新郎迎親，新娘羞赧地看清了打扮一新的新郎以爲可人，便吟成此詩。或許民間歌手所吟迎親歌，或爲齊地迎親時民間樂隊專門唱的喜慶型迎親曲。

　　《毛序》：「《著》，刺時也。時不親迎也。」《詩聽》2、《通論》6：「此女子於賢婿新迎之詩。」

　　《直解》：「倘視爲歌謠，則疑爲貴族女子出嫁，女伴相隨歌唱之詞。有如後世新婦伴娘之歌讚頌然。」

【校勘】

　　〔1〕本字作竢，《單疏》《毛》P2529.P2669 俟，俗字，《魯》《釋詁下》《齊》《漢・地理志》《說文》竢，《說文句讀》：竢與竢同，俟通竢。《單疏》《毛》《初刻》8/179 著，《魯》《釋宮》寧，《說文》𡧄，著通寧。《毛》充瑩，P2529.P2669 琓螢，俗字。本字作充，《小爾雅》《釋名・釋首飾》充，琓，後人增益形旁字。《毛》於，《阜》S100 作乎，乎同於。《毛》堂黃，《齊》《大戴禮記・子張問》《廣雅・釋器》《玉篇》、台 121/520 堂黃充，俗字。《廣雅》又作纊、絖。

　　〔3〕《毛》英，《三家》《說文》《玉篇》《廣韻》三國・魏・曹植《平原懿公主誄》、晉・傅咸《申懷賦》瑛，英讀如瑛。

【詮釋】

　　〔1〕俟 sì 通竢，又作竢、妃、阤，待。案：乎而，乎兒，山東方言。案：乎而，句末，《漢語方言大詞典》頁 1415，中原官話，山東西部〔Cˣᵘʳ〕，乎兒，頂事。乎兒、乎而音同。案：著讀若寧 zhù，門屏之間曰寧。素 sù。素絲爲線作絖懸掛耳墜子。象瑱，貴族冠冕兩側下垂結於絲繩上的飾物，用象牙製成，下垂也可塞耳，素，懸瑱的絲繩。尙，加上。《單疏》尙，尊尙。華 huā。瓊華，美石，這是士的服飾，是新郎的首飾。《詩緝》充耳素絲以爲絖。下同。

　　韻部：著（甯）素華，魚部。

〔2〕庭，堂前堂下。青，青絲爲線。案：青黃，趁韻，青玉，黃玉。瓊瑩，疊韻詞，美玉美石。案：瑩英，趁韻。尙，加。

韻部：庭青瑩，耕部。

〔3〕堂，正室。黃，黃絲爲線。《毛》：黃，黃玉。英、華瑩，光華。《通釋》，「古者充耳之製，當耳處用纊。」此詩「充耳以黃，即黃充，纊。『以素』、『以青』即素纊、青纊也。其纊之下更綴玉爲瑱，故詩言『瓊華』、『瓊瑩』『瓊英』，皆曰『尙之』，尙之即加之，正對上已有纊言之。孔廣森曰：『充耳皆有紞，紞下乃綴玉，象之也。』其說是也。」英通瑛 yīng，瓊瑛，疊韻詞，美玉，瑛，似玉的美石，美玉的光澤與品質。古人多以玉喻對方的美德有光，德行感人。

韻部：堂黃英〔瑛〕，陽部。

【評論】

《批評詩經》寫婦：屛間望見其服飾之美，又進而庭而堂，到處細認一遍，乍見時情況，果是如此，寫得入神。《臆評》：「句法奇怪，從所未有。」《詩問》：「美親迎也。士有親迎者，女家悅其服飾之盛，君子喜其重大婚之禮，述以美焉。」案：此詩善於用六言、七言，一章三句，純以描繪人物動作以寫心情，又有細節描寫，而且用齊國方言，誠齊詩民歌風味，有神采，有色彩，有情趣，餘音饒梁，大約是齊國傳唱已久的民間迎親歌。

東方之日

東方之日兮！	那噴薄而出的朝陽，
彼姝者子，	好比我艷麗的新娘，
在我室兮！	在我家中啊！
在我室兮，	在我家中啊！
履〔禮〕我即兮！〔1〕	結婚啦，擁在我膝頭上！
東方之月兮，	那東方團圞的月亮，
彼姝者子，	好比我嬌豔的新娘，
在我闥〔達闥〕兮！	在我門內啊！
在我闥〔達〕兮，	在我門內啊！
履〔禮〕我發兮！〔2〕	舉行了婚禮啦，看咱家發達興旺！

【詩旨】

案：讀《東方之日》，且看東方大國齊國的民歌手如何用火辣的情歌語言描繪新婚夫婦鶼鰈（jiāndié 比翼鳥、比目魚）情深甜甜蜜蜜的情事。詩人鮮霞風致，情趣盎然，對婉美動人的新娘以一往情深，一韻到底擅寫動作細節，戀人共譜鴛鴦曲，展示火辣而充滿溫馨的浪漫愛情特有的魅力。新婚詩。或者如恩格斯《家庭、私有制和國家的起源》所說的某些部落的「野合婚」，馬之驌《中國的婚俗》、宋兆麟《巫與民間信仰》所說的「野合」。一說寫男女幽會的情詩。

《齊說》《易林》《泰之屯》：「倚立相望，適得道通。馳駕奔馳，比目同床。」《訟之無妄》：「合體比翼，喜偶相得，與君同好，使我有福。」

《毛序》「《東方之日》，刺衰（《單疏》同。《台》123/224，P2669 號，「衰」作「哀公」，《台》121/520 作「襄公也」。敦煌本一作：「刺襄公」案：「齊衰公」，誤，齊國無衰公。《單疏》、P2669 號作「哀公」，齊哀公是齊太公五代孫，因被紀侯譖而被周王烹死，詩人何以刺之？必是齊襄公（前 697～前 687），《齊風》多有詩刺之。其實結合詩分析，不僅與齊襄公無關，亦非淫穢之詩。）也。君臣失道，男女淫奔，不能以禮化也。」《唐石經》同。《詩傳》《詩說》諷刺齊莊公。《詩序辨說》上：「此男女淫奔者所自作，非有刺也。其曰君臣失道者，尤無所謂。」《詩總聞》《續〈讀詩記〉》：男誘女奔。

《注析》：「這是詩人寫一個女子追求他的詩。」

【校勘】

〔1〕《唐石經》《毛》《單疏》履，《魯》《釋言》與《毛詩音》履讀禮。P2529履，P2669履。《詩集傳》履，躡也。則就履字而詮釋。履通禮。

〔2〕《單疏》《釋文》《韓》闥，P2669、P2529達，達是闥的形省。闥，《說文》闒，樓上戶。《段注》：今闥字。《新附》有闥。闒闥古今字。

【詮釋】

〔1〕案：詩人用一韻到底極寫初婚的異常愉悅之情，寫出新娘子如日如月的美盛，詩人善於描摹，初婚時新娘子的羞態，慌亂中的細節，小夫妻恩愛的生活情態。日 rì。此處用比興。《神女賦》《美女篇》《日出東南隅行》《秋胡詩》注引、《詩考》引《韓說》：「『彼姝者子，』詩人言所說（悅）者顏色美盛，若東方之日」。《箋》：姝，美好。姝，姝姝 shūshū，美好貌。子，女子。室 shì，寢室。《釋言》履，禮也。成婚之禮，成為夫婦。朱熹訓履為躡。案：履，lǚ，躡，niè，履通躡。案：卩、節古今字。厀卩膝古今字。《說文》「厀，

脛頭卩」，郂，古膝字，即，讀若膝頭節。《周禮・婚氏》：「仲春，合會男女，奔者不辱。」朱熹《詩序辨說》云：「此男女淫奔者所自作，非有刺也。」

韻部：日室室即，質部。

〔2〕月比喻女子美。唐・李白《越女詞》「眉目豔新月」。闥闥古今字 tà。《韓詩》：門屏之間曰闥。案：履 lǚ，行。發 fā。楊樹達《積微居小學述行》訓發爲足。《魯》《釋言》發，行也。發伐古通，伐，美也，美事兒。行咱美事，此用廋詞。行繁衍之事，今粵語，廣州〔fat³³〕即是發，繁衍，《齊傳》《學記》「發然後禁」，《疏》：「情慾既生。」即行情慾發繁衍之事，或訓履爲禮，成婚禮了，正當夫妻。

韻部：月闥闥發，月部。

【評論】

《名物抄》3「此詩蓋賦體，女子有早奔從男子而莫歸者，故其人直述其事如此。」《批評詩經》：婦見婿，到處細認一遍，乍見時情況，果是如此，寫得入神。《臆評》：「句法奇峭，從所未有。」《詩志》「『在我室兮』，有矜喜之神；『履我即兮』，語特細媚。」案：此詩就以情態細節描繪見長，情事已愜，筆下蘊藉故詞婉而不露，有含蓄之美。宋玉《神女賦》云『〔其始來也，耀乎〕白日初出照屋樑，〔其少進也〕皎若明白舒其光』，本此。

東方未明

東方未明，	東方無光一片暗，
顚倒衣裳。	顚顚倒倒把衣穿，
顚之倒之，	忙裡哪曉顚和倒，
自公召之。〔1〕	公爺派人來召喚。
東方未晞〔睎昕〕，	東方不見半點光，
顚倒裳衣。	顚顚倒倒穿衣服。
倒之顚之，	顚來倒去忙不止，
自公令〔命〕之。〔2〕	公爺派人來召呼。
折柳樊〔栿藩蕃〕圃，	編籬砍下柳樹條，
狂夫瞿瞿〔昍昍〕。	瘋漢瞪著眼兒瞧。
不能辰〔晨〕夜，	哪能好好過一宵。
不夙則莫〔暮〕。〔3〕	不是早起就是晚睡覺。

【詩旨】

案：寫周朝的暴虐的齊厲公時（前 824～前 816），詳《齊太公世家》，虎狼之吏迫使當差作徭役的沒明沒暗地驚驚惶惶地苦幹。朱東潤《詩三百篇探故》「此詩自爲當時官吏刺國君興居不時者。」

《詩論》簡 17「《東方未明》又（有）利詞（忠言逆耳之言）」

〔齊說〕《易林》：「衣裳顛倒，爲王來呼，成就東周，受封大休。」《書抄》21 引《詩含神霧》：「起居無常。」

《毛序》：「《東方未明》，刺無節（节）也。朝廷興居無節，號令不時，挈壺氏（P2669 脫「氏」），不能掌其職焉。」

余師《詩經選》：「這首詩寫勞苦的人民爲了當官差，應徭役，早晚都不得休息。監工的瞪目而視，一刻都不放鬆。」

【校勘】

〔1〕案：本字作晞，《毛》《傳》《箋》《單疏》唐寫本作晞，晞衣同在微部。《毛》晞，《說文》《類聚》昕，《初刻》8/180睎，晞字之訛。昕 xīn，與衣不同部。

〔2〕《毛》令，P2669 命，令命古通。

〔3〕《單疏》樊，《說文》棥。《定聲》：藩是棥之異文，《釋文》樊，藩也，本又作蕃。棥古字，通作藩。《單疏》瞿，《說文》界朋，同。本字作辰。《白帖》《唐石經》宋本《九經》岳本《讀詩記》《集解》《詩補傳》殿本作辰，俗本作晨，《考文》、《台》121/520、《詩集傳》晨。《詩本音》：辰，今本誤作晨。《毛》莫，《台》121/520 暮。莫古字。

【詮釋】

〔1〕明 míng，天亮。裳，顛倒衣裳，上下衣裳穿顛倒了。公，齊公。召，命令，派遣。

韻部：明裳，陽部。倒召，宵部。

〔2〕晞 xī 曦古今字，天明未明之際。昕 xīn，日將出，黎明。顛 diān，倒。自，從。《單疏》：號令，召呼。

韻部：晞衣，微部；顛令，眞部。

〔3〕折柳，折下柳條。棥 fán，藩籬，籬笆，此處作動詞，築籬笆圍繞。圃 pǔ，樹菜圃。此句是詩人所爲。這是典型的農村生活場景：折柳樊圃。狂夫，虎狼之吏，奴隸社會的監工。瞿通界朋朋界界 jùjù，驚恐而視貌。不能辰

夜，案：詮釋當顧及上下文，辰夜與下文夙莫同義，辰 chén，晨字本作晨，《說文》：晨chén，早昧爽也。詩是跳躍式的。詩人奉命以至慌亂得將衣裳顛倒穿，「狂夫」則承「公」，自公命令之，奉公（齊公）之命。狂夫迫使當公差、服勞役的人無明無暗，無夙無暮地幹。《說文》：「界jù，舉目驚界然也。」夙辰，早。莫，暮夜。不辰，不時。

　　韻部：圃瞿（界昍），魚部。夜莫（暮），鐸部。陰入通韻中魚鐸通韻。

【評論】

　　姚舜牧《詩經疑問》：「《記》曰：善則爲君，過則爲己，蓋如此，刺意俱在言外。」《詩志》2，「滿口怪歎，種種不祥事，形容刻露。『顛倒衣裳』，奇語入神，寫忽亂光影宛然。」《臆評》：「一篇之旨，全在『不夙即莫』，前二章須合併看，直注到末一句人臣辨色入朝，早矣，而公又召之，而又欲令之以事，一步緊一步，使人踉蹌入朝，不可從容一刻，尚何容觀玉聲之有及其暮也，則又不然。所謂無節也。『莫』字一層不用明寫，只從末句一點而竟自含蓄，後人詩古文家皆遵此法。」（《續修》58/202）案：「顛倒」一句妙絕，聽到酷吏召呼，詩人驚悚以至衣裳顛倒，善於描寫情景細節，二章如水映影，倒映出《齊世家》所云齊厲公（前 824～前 816）的「暴虐」。下啓曹植《名都篇》：「餘巧（一作功）未及展，伸手接飛鳶」，《白馬篇》：「控弦破左的，右發摧月支，仰手接飛猱，俯身散馬蹄。」《孔子詩論》簡17「《東方未明》，又利詞（有利詞，犀利，直語，直接抨擊齊國政治的殘酷與無序）。

南　山

南山崔崔，	齊國南山眞高大，
雄狐〔狐〕綏綏〔綏夊〕。	雄狐慢慢跨。
魯道有蕩〔湯〕，	魯國大道平展展，
齊子由歸。	文姜由此而出嫁。
既曰歸止，	既然文姜已出嫁，
曷又懷止？〔1〕	文姜何以回齊家？
葛屨〔屨屨屨〕五兩〔緉〕，	葛麻草鞋都成兩，
冠〔冠〕緌〔緌〕雙〔雙〕止。	冠弁纓帶配成雙。
魯道有蕩〔湯〕，	魯國大路平又廣，
齊子庸止。	文姜由此嫁魯郎，

既曰庸止，　　　　　　　　　既然說文姜嫁魯郎，
曷又從〔從刕〕止？〔2〕　　　爲何放縱她回齊邦？

蓺〔埶藝〕麻如之何？　　　　種麻如何種？
衡從〔縱衡橫由〕其畝〔畆〕。　縱橫翻耕田要熟！
取〔娶〕妻如之何？　　　　　　娶那文姜怎麼娶？
必告父母。　　　　　　　　　　父母廟中定告知。
既曰告止，　　　　　　　　　　既然告知父母靈，
曷又鞫〔鞠〕止？〔3〕　　　　爲何由她極其情慾？

析薪〔伐柯〕如之何？　　　　　析薪怎麼做？
匪斧不克。　　　　　　　　　　無斧不能成其事。
取〔娶〕妻如之何？　　　　　　要想娶妻怎麼辦？
匪媒不得。　　　　　　　　　　無媒不能娶成妻。
既曰得止，　　　　　　　　　　既然已經娶到妻，
曷又極止？〔4〕　　　　　　　何以由她極其情慾？

【詩旨】

　　《毛序》「《南山》，刺襄公也。鳥獸之行，淫乎其妹。大夫遇是惡，作詩而去之（《台》121/520 作焉）。」當作於前 694 年，詳《齊世家》。

【校勘】

　　〔1〕《唐石經》P2529.P2669狐，狐狐同。《單疏》綏（《漢石經》綏，同。），《韓》《說文》《玉篇》夊，古字。《單疏》《毛》蕩，《阜》S102.S103湯，蕩湯古字。

　　〔2〕《毛》屨，《單疏》《唐石經》屨，通作屢，P2529.P2669 作屨，俗字。古字作兩，《毛》兩，《說文》《廣雅》《玉篇》《集韻》緉，兩緉古字通。《毛》綏，《初刻》8/180、《御覽》659 引作綏，綏綏，綏綏疊韻通借。《毛》冠雙，P2529 作冠雙，俗字。

　　〔3〕本字作蓺，《說文》埶，《唐石經》《單疏》《齊》《孔子閒居》蓺，P2669、《白帖》藝，《釋文》蓺，本或作藝。藝，俗字。案：《三家》《說文》《魏石經》從、刕，《毛》從，古今字。《唐石經》鞫，敦煌本《傳說匯纂》鞠，《說文》𩩍 jū，𩩍鞠古今字。𩩍窮雙聲，鞠亦窮。《毛》蓺，《白帖》8 藝，俗字，古作埶。《白帖》8 作縱，《齊》《孔子閒居》《坊記》《唐石經》橫從，《一切經音義》3、《小園賦》注引《韓》P2669 作從衡、從橫，《釋文》引《韓》

橫由。從通縱。由，縱也，經也，如《易・豫》「由豫大有得」，《論語・爲政》「觀其所由」。而從古又有縱義，經緯有縱橫義。從通縱，由通縱，衡古字。《說文》畮，或作畝，《離騷》《唐石經》作畝，《說文》作畝，畝同畮（畝）。

〔4〕《齊》《坊記》引作：「伐柯如之何？匪斧不克。娶妻如之何？匪媒不得、蓺麻如之何？橫縱其畝。娶妻如之何？必告父母。」當是異本，《毛》克，《考文》剋，剋讀如克。蓺是埶的隸省。《唐石經》《齊》《孔子閒居》取，《孔叢子・論書》《玄應音義》娶，《白虎通・嫁娶》、P2699 娶，取古字。《毛》析薪，《齊》《坊記》「伐柯」，當是異本，並存。案：正字作𥶡，《毛》明・張溥《詩經大全合纂》鞫，《魯》《釋詁》《單疏》《唐石經》鞠，《說文》𥶡，鞫鞠通。

【詮釋】

〔1〕南山，齊國南山，在今山東省臨淄南。崔崔 cuīcuī，高大貌。夊夊 suīsuī，綏綏，求匹偶。兩緉古今字。魯道，魯國大道，《水經注》：汶水南逕鉅平縣故城東，西南流城東有魯道。有蕩，蕩蕩 dàngdàng，蕩蕩然，平展展貌。由，於。歸，出嫁。止，語氣詞。既曰，既然說是。歸，出嫁。曷，何。《魯》《釋言》：懷（懷），來也。周朝規定出嫁不能獨自回家鄉。

韻部：崔綏歸歸懷，微部。

〔2〕緌 ruīsuī（綏），紫青色冠纓帶也成雙。無論是麻葛草鞋要成雙，還是冠的纓帶下垂部份要成對，兩緉 liǎng，古作兩，雙數。冠，冠弁。綏，緌，纓帶下垂部份。暗喻齊公、文姜本兄妹並非夫婦成對。蘇轍：「言文姜有匹於魯，襄公有耦於齊，曷爲又相從哉？」蕩 dàng。廣平貌。

〔6〕庸 yōng，《魯》《哀時命注》：庸，用，用此道嫁魯。從 cóng，朱熹訓相從。《左傳》「夫人姜氏如齊。」

韻部：兩蕩，陽部；雙庸庸從，東部。

〔3〕蓺，種植，《齊民要術》：凡種麻，耕不厭熟，縱橫七遍以上，則麻無葉也。衡橫古今字。從、縱古今字。由通從，從通縱。《詩考》引《韓說》：「橫由，東西耕曰橫，南北耕曰由。」上「止」通之。下「止」，語氣詞，下章同。《孔叢子・論書》引孔子云：「《詩》云『娶妻如之何，必告父母』。父母在，則宜圖婚；若已歿，則己之娶，必告其廟。」前 709 年桓公迎娶文姜。前 706 年生兒。前 694 年春桓公擬和文姜到齊國，申繻勸諫：女兒有夫家，男人有妻室，不可以互相輕慢，這就叫禮，違此必壞事。魯桓公、齊襄公會

見於濼，桓公與文姜同去。襄公、文姜通姦，魯桓公責怪文姜，文姜密告襄公，齊襄公在宴請桓公後派力士彭生扼殺魯桓公。魯國派人責備襄公，襄公殺死彭生。當初這場政治婚姻，魯桓公娶回文姜，必告父母之廟。《魯》《釋言》鞠，窮也。此句是說魯桓公既然與文姜結婚，並告知父母之廟了，不應由著文姜窮極其性欲，以至桓公被殺。鞠鞠趣通𡨄jū，盡，窮，放縱至極。

韻部：畝（叔）母，之部。告，覺部；鞠（鞫𡨄），沃部；覺沃合韻。

〔4〕析薪，比喻結婚性愛。克，能。匪，非，無。案：《易經・說卦》：乾爲父爲玉爲金，坤爲母爲釜爲柄，斧，夫。媒，媒人。得，能。娶妻要媒人，而齊襄公、文姜是兄妹私通。懷止，從止，鞠止，極止，寫文姜放縱情慾。

韻部：克得得極，職部。

【評論】

案：齊襄公時淫亂成風，《漢・地理志》：「桓公兄襄公淫亂，姑姊妹不嫁。於是令國中民家長女不得嫁，名爲巫兒，爲家主祠。」詩人沒有失聲，故有《南山》《敝笱》等諷刺詩。朱公遷：「譏齊襄公在『懷』、『從』二字，譏魯桓在『鞠』、『極』二字。通詩全以詰問法，令其難以置對。」（《傳說匯纂》）《詩誦》2「各章末二句抽出上文一字以申說之。一、二、四章，皆蒙上疊韻。第三章，忽換韻，變化入妙。詩中疊句疊韻，二種體裁各異，不可以一律論。《南山》詩每章疊韻。與《行露》後二章同。老杜《花卿歌》『人稱花卿絕世無，既稱絕世無天子，何不喚取守東都？』句法從此出。」陳繼揆：「四『如之何』，深思之辭。『禮』、『法』二字，穆穆然，凜然！」《會歸》頁739，「各章後二句，並以抑揚之詰辭，含蘊深責之意，則又行文遣辭之工妙也。」

甫 田

無〔亡〕田〔畋佃〕甫〔圃〕田〔畋佃〕， 維莠驕驕〔喬驕〕。 無〔無亡〕思遠人， 勞心忉忉〔忍惆惆〕。〔1〕	大田無人種！ 滿田野草高高！ 思遠人啊思遠人啊！ 思遠人啊心憂勞啊！
無〔亡〕田〔畋佃〕甫田〔畋佃〕， 維莠桀桀〔梨〕。 無〔無亡〕思遠人， 勞心怛怛。〔2〕	大田無耕作！ 滿田野草桀桀！ 思遠人啊思遠人啊！ 憂心怛怛愁戚戚啊！

婉兮變〔嬌〕兮。　　　　　　　婉婉順順好少年啊！
總〔総〕角丱〔廾〕兮。　　　　廾髮俊美惹人憐啊！
未幾見兮〔之〕，　　　　　　　幾年未見心上人啊！
突〔窋窋〕而〔若〕弁兮！〔3〕　突然冠弁成人啊！

【詩旨】

案：青澀時期青梅竹馬式相戀，大約是齊國的一位庶人女子在種田時，因爲男勞力抽去遠征、服徭役，撂荒了。滿田野草，心愛的人遠征了，怎能不切切怛怛然憂勞？刻骨相思間，心中人回來了，多英俊的小夥，突然加上冠弁，女抒情主人公用隔句交錯韻腳的民歌樣式，情不自禁地唱出了心曲，因爲帶有共同的心聲，便成了流行歌曲。

〔魯說〕《說苑·復恩》：「晉文公求之（舟之僑）不可得，終身誦《甫田》之詩。」《法言·修身》：「田甫田者莠喬喬，思遠人者心切切。」

〔齊說〕《鹽鐵論·地廣》：「夫治國之道，由中及外，自近者始。近者親附，然後來遠；百姓內足，然後卹外。故群臣論或欲田輪臺，明主不許，以爲先救近務及時本業也。……今中國弊落不憂，務在邊境。意在地廣而不耕，多種而不耨，費力而無功，《詩》云：『無田甫田，維莠驕驕。』其斯之謂歟！」

《毛序》：「《甫田》，大夫刺襄公也。無禮義而求大功，不修德而求諸侯，志大心勞，所以求者非其道也。」

【校勘】

〔1〕《毛》無。《說文》奇字無，《漢書》亡，通作無。本字作畝，佃，《單疏》《唐石經》田，《說文》畝、畋，或借作佃，《毛詩音》畋，P2529 作佃。田古字。《釋文》田音佃。田讀如畝。《毛》甫，《魯》《法言》圃，二字古通。《齊》《毛》驕，《魯》《釋詁》《法言·修身》《段注》喬，P2529.P2669驕，俗字。本字作喬，驕通喬。《魯》《釋訓》《法言》《單疏》《玉篇》切。《說文》忍，《集韻》切，亦書作忍。《後箋》：惆，怊，切是怊之省。《說文》有惆、怊，怊是《說文·新附》字。以《魯》《釋訓》《毛》爲是。

〔2〕《毛》桀，P2529.P2669梨，俗字。籀文作嫢，《三家》《說文》《廣雅》嫢，《單疏》《唐石經》變，嫢變古今字。《正義》小字本、相臺本、明監本丱，《五經文字》《周官》、台 121/520《唐石經》《定本》宋本、葉抄本作廾，當作廾。

〔3〕《毛》兮，《考文》《初刻》8/884 作之。《釋文》一本作「見之」。從文例看，上下句以「兮」作句末語氣詞，「之」當爲兮方統一文例，更富音韻美。《唐石經》「見兮」，當從《唐石經》。案：本字作丱，《毛》總、屮、突，P2529.P2669 作緫、丱窆，《說文》《唐石經》《白文》丱，《干祿字書》窆，正字作突，窆窆俗字。《唐石經》《定本》突而，《單疏》突若，《箋》《正義》突然，突耳。耳、而，而、若、然古通。

【詮釋】

〔1〕詩人運用興兼暗喻的寫作技法。春秋無義戰，田地多荒，詩人十分痛心。「無」，助詞。甫溥，廣大。田讀若佃。畋 tián，耕作，治田。《周書‧多方》「畋爾田。」維，唯，唯有。莠 yǒu，狗尾草。暗喻徵役過多，田地荒蕪。驕通喬，喬喬 qiáo qiáo，高。井田制趨向瓦解，《周語》：周定王（前 606～前 586）時，田在草間，功成而不收。《讀詩記》：「驕驕桀桀，皆稂莠侵淩嘉穀之狀。」無，結構助詞。思，思念。遠人，遠征之人，服徭役的人。切切 dāodāo，憂勞。《說文》惆 chóu 怊 chāo，雙聲通借。切切勞心，倒文以協韻。

韻部：田人，眞部；驕切（惆），宵部。

〔2〕桀，桀桀 jiéjié，野草盛貌，莠草特出。怛怛 dádá，思念，憂思貌。

韻部：田人，眞部。桀怛，月部。

〔3〕孌嬌 luǎn，婉孌、婉嬌，疊韻詞，年少美好貌，婉順美好貌。丱丱 guàn，童子束髮成絭，形成兩個髻，左右各一，形成牛角丫，叫總角。未幾，未曾多時。突而，突若，突然。弁 biān，名詞作動詞用，加以冠弁，表示成人。由此推知作者是一位與「遠人」青梅竹馬的女子，絕非《毛序》所說的「大夫」。

韻部：婉孌（嬌）丱（丱）見弁，元部。

【評論】

鍾惺《詩經》：「一反一正，無折腰之病，好法好力。」姜炳璋《詩序補義》8「《還》《甫田》《盧令》諸詩，誇田獵之美，規遠略之心，其爲泱泱大國者，亦可見矣。」方宗誠《說詩章義》上「三章首二章正言其不可，末章忽轉出一層，意與筆皆變化不可測度。」《詩誦》2「卒章連句韻四『兮』字，皆刺詩也，一莊一諷，警動之至。」《詩志》2「通篇寓託，警切風流。思遠

人，謂懷思在遠之人，亦寓言也。……躐等欲速之態，寫來好笑。」郝懿行《詩說》上「三章，前二章上二句務大之戒，下兩句圖遠之戒，至末章又言近小者，自可以遠大，通篇隱隱躍躍，密詠恬吟，意味自津津齒頰間，詩之尤易感人者也。」

盧　令

盧〔黸獹盧〕令令〔泠獜鏻鈴〕，
其人美且仁。〔1〕

韓盧重鈴響鈴鈴，
那人既美又心仁！

盧〔黸獹〕重環，
其人美且鬈〔婘捲孉攉權拳䟃〕！〔2〕

韓盧項有子母環，
那人既美又勇攉！

盧〔黸獹〕重鋂，
其人美且偲！〔3〕

韓盧項有子母鋂，
那人既美又善武！

【詩旨】

案：此詩是讚美齊國的尚武精神，盧犬主人的英俊之美、仁義之美、拳勇之美、多才之美。

《魯說》《齊世家》《管・小匡》《齊語》《左傳・莊 8》〔齊襄公〕十二年冬十二月，襄公遊姑棼，遂獵沛丘，墜車傷足，回宮被殺。

《毛序》「《盧令（《單疏》《台》121/520 鈴，《唐石經》令。）》，刺荒也。襄公好田獵、畢弋，而不脩民事。百姓苦之，故陳古以風焉。」《詩傳》《詩說》齊襄公好畋，詩人諷之。曹學佺《詩經剖疑》：「齊人以田獵相尙。」

《詩總聞》5「此當是旁觀而爲之誇譽者也。能以『仁』爲首辭，則作此詩者必有識者也。」

【校勘】

〔1〕案：本字作鈴，《三家》《說文》《廣雅》《玉篇》《單疏》鈴，《毛》令，令古字，詳二、三章「重環」、「重鋂」與《白帖》98，重鈴發聲，不僅文義貫通、文例一貫而且先聲奪人。據《白帖》，首句當爲盧重令、獹重鈴。《毛》盧令，《三家》《說文》獜，《白帖》98 作重令，《魯》《抱朴子・鈞世》引、《單疏》鈴，《詩考》引《韓》泠，《說文》獜、鈴、鏻，《單疏》《廣雅》《玉篇》P2529.P2669 盧鈴，盧，俗字。本字作盧，《毛》盧，《說文》《字彙》《廣韻》黸，齊稱黑爲黸，《廣雅》《玉篇》《字林》《廣韻》《定聲》獹，《毛》

《周策》《史‧范蔡列傳》《索隱》《博物志》盧，驢獹異體。

〔2〕《毛》環，《白帖》98 鐶。《說文》、《毛》、《英藏》4/225 鬈，《國語》《說文》《玉篇》《慧琳音義》17 注引《毛》捲，《廣雅》《正字通》攓，同婘，《韓》《玉篇》婘攓，《吳都賦》李善注引《毛》作拳，云：攓與拳同。《五經文字》《段注》《詩經小學》攓，《單疏》拳，勇壯。《箋》《釋文》讀鬈爲權，《台》123/224 臖，本字作捲攓，臖鬈通捲攓也，小字本、相臺本同。《國語》《五經文字》、《慧琳音義》作攓（《續修》196/369）。

〔3〕《毛》偲，《箋》訓多才。偲才同在之部，疊韻通借。

【詮釋】

〔1〕《魯傳》：韓盧，天下駿犬。驢獹，黑色名犬。《說文》獜 lín，健也。鈴鈴、泠泠、獜獜、鐉鐉、令令 línglíng，擬聲詞。仁，仁惠，仁義。

韻部：令（泠鈴獜）仁，眞部。

〔2〕重 chóng。環同鐶，huán，金屬環，重鐶，子母環，大環套小環。鬈 quán，讀如捲攓拳 quán，勇壯貌，美好貌。《巧言》無拳無勇。

韻部：環鬈（攓拳權），元部。

〔3〕重鋂 méi，犬項圈繩索飾，短管狀，一繩索貫入許多銅管中，圍於犬項上。案：偲 cāi，才 cái，雙聲疊韻通借，多才能，多英武。《說文》訓強力，《毛傳》訓才。《傳疏》訓武。

韻部：鋂偲（才），之部。

【評論】

《詩總聞》5「此當是旁觀而爲之誇譽者也，能以仁爲首辭，則作詩者必有識者也。」孫月峰《批評詩經》：「澹語卻有風致。」《臆補》：「詩三字句賦物最工。如『殷其雷』及『盧令令』等句，使人如見如聞，千載以下讀之，猶覺其容滿目，其音滿耳。」（《續修》58/203）《讀詩識小錄》，「即物指人，意態可掬。」趙良霨《讀〈詩經〉》：「吾讀《齊詩》，而知一國之風，俗實繫於開國之一人，而其後遂以此爲終始。齊自太公修政，因其俗而簡其禮，通工商，便魚鹽，天下歸之。齊之規模恢然大矣，而功利誇詐之習亦由此興。今觀其詩，唯《雞鳴》唯賢妃之警君，外此，如《還》之美其儇也，《盧令》之美其仁也，以射獵爲能，以馳逐爲事，氣矜之隆，溢於眉睫，其民之不興於禮讓可知矣。」

敝笱

敝〔弊〕笱〔苟〕在梁，	破敗魚笱空在梁，
其魚魴鰥〔鯤鱞鱤〕。	哪能禁住凶鱤？
齊子歸止，	文姜出嫁太豪闊，
其從如雲。〔1〕	當年扈從多如雲！
敝〔弊〕笱〔苟〕在梁，	破敗魚笱空在梁，
其魚魴鱮。	哪能禁住魴鱮？
齊子歸止，	文姜出嫁太闊氣，
其從如雨。〔2〕	隨從浩蕩多如雨！
敝〔弊〕笱〔苟〕在梁，	破敗魚笱空在梁，
其魚唯唯〔遺遺〕。	凶鱤遺遺哪能制？
齊子歸止，	文姜出嫁太奢侈，
其從如水。〔3〕	隨從浩蕩多如水！

【詩旨】

案：《敝笱》《載驅》是文姜結婚詩。齊襄公諸兒前 697～前 686 年在位，此詩當作於前 694 年前，據《左傳·桓 18》《公羊傳·莊 1》，前 694 年魯桓公發現齊襄公、文姜姦情後加以譴責，被齊襄公所派的公子彭生搚（lā，折）殺於車上。文姜從此留在齊國，羞於返魯。《齊傳》《易林·坤之履》「魴逸不禁。」詩人刺之。

〔齊說〕《易林·坤之履》《屯之大過》：「襄送季女，至於蕩道，齊子旦夕，留連久處。」「敝笱在梁，魴逸不禁。漁父勞苦，焦喉乾口。」

《毛序》「《敝笱》，刺文姜也。齊人惡魯桓公微弱，不能防閑文姜，使至淫亂，爲二國患焉。」

【校勘】

〔1〕《毛》敝，《單疏》獘，《御覽》844、940 弊，《釋文》：敝，本又作弊，敝古字。《毛》《聲類》：鰥，《三家》《箋》《毛詩音》P2529、P2669《御覽》940 引作鯤，《廣韻》《本草綱目》鱞，《本草拾遺》鯇，《述聞》鱤。案：鯇鱤鯤鱞讀如鱤 gǎn。《毛》笱，P2529、P2669 苟，誤，當作笱。

〔3〕本字作遺遺，《毛》《箋》唯唯，《釋文》引《韓》遺遺，《三家》《玉篇》《集韻》《廣韻》遺遺。

【詮釋】

〔1〕據陳啓源《稽古編》6，魯桓公弒君自立，恐諸侯見討，急結婚於齊以固其位。文姜，齊僖公愛女，親送於讙，則嫁時扈從之盛，文姜之驕逸難制可知。據《史‧齊世家》《滑稽列傳》《左傳》齊俗在這方面比較亂。敝、弊古通，弊，破敗。笱 gǒu，取魚笱。比喻魯桓公死後，莊公即位後，尤不能禁閑文姜。案：鰥 guān，鯤、鱨、鯇 通鱤 gǎn，Elopichthys bambusa. 竿魚，兇悍的大魚。《本草綱目》44：「鱤魚……食而無厭也，健而難取，吞啗同類，《詩》云其魚魴鰥是矣，……大者三、四十斤，啖魚最毒，池中有此，不能畜魚。」鱤魚比喻文姜。《單疏》引王肅：「魯桓之（避宋欽宗諱，本作桓）不能制文姜，若敝笱之不能制大魚也。」齊子，文姜。雲 yún，如雲之多的扈從。歸，出嫁。《詩集傳》：「比魯莊公不能防閑文姜，故歸齊而從之者眾也。」二、三章趁韻。

韻部：鰥（鯤）雲，文部。

〔2〕鱮 xù，大頭鰱子。雨，隨從如雨之多。

韻部：鱮雨，魚部。

〔3〕案：唯、遺讀如濊，wěi，唯唯 wěiwěi。遺遺 yíyí，唯唯遺遺同聲通借。《釋文》引《韓》：「遺遺，言不能制也。」《玉篇》「濊濊 wěiwěi。魚行相隨。」水，隨從如水之多。

韻部：唯（遺遺）水，微部。

【評論】

鍾惺：「《詩》『敝笱在梁，其魚魴鰥』，更不說魴逸不盡而意了然矣。詩語渾，此詩快，此詩快，此《三百篇》、漢人之別。」「只『其從如雲』三句，羞殺齊子，羞殺魯君。」章潢《圖書編》11，「《敝笱》《猗嗟》，齊人本以爲刺襄公也，而辭則指魯桓及魯莊焉，今誦其辭，逆其意，得非寓刺襄公之意於刺魯桓、莊之中乎？」

載　驅

載驅薄薄，	啵啵啵啵大車兒急馳，
簟茀〔笰〕朱鞹〔鞟〕。	竹席爲車蔽、紅漆虎皮作妝飾。
魯道有蕩〔湯〕，	廣闊的魯道平平坦坦，
齊子發〔旦〕夕。〔1〕	文姜連夜出發。

四〔駟〕驪濟濟，　　　　　　　　　四匹鐵驪馬濟濟多美，
垂轡〔彎〕瀰瀰〔爾靳瀹瀰〕。　　彎垂靳靳眾多柔柔美美。
魯道有蕩〔湯〕，　　　　　　　　　廣闊的魯道坦坦蕩蕩，
齊子豈弟〔愷悌闓圍𡭜俤〕。〔2〕　文姜快活，忘了羞愧。

汶水湯湯，　　　　　　　　　　　　汶河的水啊水盛湯湯，
行人彭彭。　　　　　　　　　　　　扈從們驕驕又多又強，
魯道有蕩〔愓〕，　　　　　　　　　廣闊的魯道坦坦蕩蕩，
齊子翱翔〔皋羊〕。〔3〕　　　　　文姜快活，快活徜徉！

汶水滔滔，　　　　　　　　　　　　汶河的水啊滾滾滔滔，
行人儦儦。　　　　　　　　　　　　扈從們一個個如虎似彪，
魯道有蕩〔湯〕，　　　　　　　　　廣闊的魯道坦坦蕩蕩，
齊子游〔遊〕敖〔遨〕。〔4〕　　　文姜樂得逍遙！

【詩旨】

朱熹《詩集傳》：「齊人刺文姜乘此車來會襄公」。一說文姜結婚詩。

〔齊說〕《易林·屯之大過》：「襄嫁季女，至於蕩道。齊子旦夕，留連久處。」說解頤正。此說得諷詩之旨。

《毛序》：「《載驅》，齊人刺襄公也。無禮義故，盛其車服，疾驅於通道大都，與文姜淫，播其惡於萬民焉。」《編年史》繫於前690年2月。

【校勘】

滬博《楚竹書》第四冊《逸詩》作𡭜俤，《釋言》郭注作愷悌，同。

〔1〕《唐石經》《五經文字》簟茀，《魯》《釋器》《單疏》第，茀通第。《毛》靳，《釋文》《台》123/224 靳 kuò，云：革也。本字作靳，靳是靳字之省。《毛》蕩，《阜》S103 作湯，湯讀若蕩。《毛》發，《齊》旦，《釋文》引《韓》發，旦也。本字當以《齊》《易林·屯之大過》「齊子旦夕」作旦為是，詳【詮釋】〔2〕。

〔2〕《考文》《毛》四，P2529.P2669 駟，駟增益字。《兩漢全書》《毛》瀰，《釋文》爾，本亦作瀰，P2526.P2669 彎作彎，瀰作瀹，俗字。《三家》《玉篇》靳，《白文》瀰，瀰通靳。爾古字，瀹異體。《毛》《六經正誤》作豈，《釋文》P2529.P2669《單疏》愷悌，豈弟古字。唐寫本《考文》愷。《箋》當作闓圍，圍，明也。通作愷悌。

〔3〕《毛》翱，《初刻》8/181 翱，作翱傳寫之訛。

〔4〕《毛》蕩，《阜》S105「惕」，惕讀若蕩，《毛》翺翔，《阜》S105「皋羊」，讀如翺翔。《毛》蕩，《阜》S106 作湯，湯讀若蕩。《毛》游敖，《考文》《台》121/520、P2529.P2669 遊遨，敖古字。

【詮釋】

〔1〕詩人用反襯、心理描寫等技法，暗諷齊文姜。載，助詞。驅、駈同，馳驅。薄薄 bóbó，啵啵，擬聲詞，馬車疾馳聲。茀通第，簞第，用精細竹席遮蔽後窗戶。朱，紅漆過的。鞹 kuō，去毛的獸皮作前車門，車飾豪華，詩人用反襯，著力刻畫心情等技法暗諷齊文姜。《臆補》下，「魯夫人而言『齊子』，詩人微詞也。」有蕩，蕩蕩，坦坦蕩蕩。關於發夕，案：發夕，旦夕，旦夕留連情慾，一、《魯傳》《說苑・辨物》《釋文》引《韓》：「發，旦也。」《魏都賦》張注：「發，曉也。」《齊傳》《易林・屯之大過》作「齊子旦夕」，作旦夕，即朝朝夕夕留連情慾，放蕩已甚；《釋言》：「愷悌，發也」，《爾雅義疏》：「《爾雅》之發，則以開明為義；《韓》：發，旦也；二、《小宛》「明發不寐」。三、《毛》《單疏》發夕，自夕發至旦，四家詩都有發、旦或明的義項。四、從文例看，前章作「發夕」，二章作豈弟（愷悌，樂易），三章作「翺翔」（即彷徉，倘佯，快活），四章作遊遨（放肆玩樂），那麼發夕的詞性亦當作，動名詞；《禮記・學記》「禁於未發（情慾發生）之謂豫」。作旦夕，朝朝暮暮留連情慾，全不知恥，前 692 年於禚，前 687 年於穀。或訓為叶韻而倒句，夕發，連夜出發。高本漢譯為：「齊國的女子晚上出發。」《讀風臆補》下「魯夫人而言『齊子』，詩人微詞也。」止，助詞。

韻部：薄鞹（鞟）夕，鐸部。

〔2〕四、駟，四。驪 lí。《魯》《釋獸》驪，驪馬白胯，純黑馬。濟 jǐ。濟濟，美貌，健壯貌。瀰讀如靵，靵靵 nǐnǐ，眾多貌，彎垂柔和貌。豈弟、愷悌，樂易。美惡同詞，豈弟，愷梯，樂易，而此處則當訓為為性快活忘了羞恥心，如《正義》云：「文姜於是樂易然來與兄會，曾無慚色。故刺之。」弟，悌 tì。闓 kǎi，懌，樂。《魯》《釋言》：「愷悌，發也，發，明也。《漢・司馬相如傳》文穎云：「闓，懌，樂也。」圛 yì，明。

韻部：濟瀰弟（圛），脂部。

〔3〕汶水，大汶河。《水經注校證》頁 578～582，「汶水出泰山萊蕪縣原山，西南過其縣南……汶水又南逕鉅平縣故城東而西南流，城東有魯道。《詩》所謂魯道有蕩，齊子由歸者也。今汶上夾水有文姜臺。」湯湯，水盛貌。彭

bāng，彭通旁，驍驍，《疏證》：彭彭，盛也，驍，旁、彭並同義。蕩，廣。
翱翔。這是比較寬的雙聲詞，逍遙自恣貌，縱慾。

韻部：湯彭蕩翔，陽部。

〔4〕滔滔，大水奔流貌。儦儦 biāo。眾多貌。敖遨 áo，遊遨，遨遊，這
是比較寬的疊韻詞，猶逍遙。

韻部：滔，幽部；儦敖（遨），宵部。幽宵通韻。

【評論】

　　宋·楊時：「觀《載驅》之詩，言『魯道有蕩』，則魯之君臣蕩然無以禁
止也，夫君夫人之出入，其威儀物數甚備，其曰齊子發夕，又何其易乎禮！」
（《宋詩話全編》頁 1035）元·朱公遷《疏義》：「無羞惡之心非人也，其文姜
之謂也，反覆諷刺之深。」（《四庫》經 77）陸奎勳《陸堂詩學》4：「『齊子豈
弟』，極得風人之旨。」《後箋》8「齊人自刺其君，其詞宜隱，故卒章第四驪，
但言其車馬馳驟之盛，無所指斥，而以齊子對照出之，所謂言隱而旨顯也，
至諸詩皆稱齊子而不稱姜，其有諱惡之意，亦復昭然。《詩》與《春秋》相表
裡，豈不信哉！」《讀詩識小錄》：「只就車說，只就人看車說，只就車中人說，
露一『發』字，而不說破，發向何處，但以『魯道』、『齊子』四字，在暗中
埋針、伏線，亦所謂『春秋之筆』，微而顯也。」《會歸》頁 751，「此明詩為
對照之格，深婉之結體也。」

<h2 style="text-align:center">猗　嗟</h2>

猗嗟！昌兮！	美啊！雄偉健壯啊！
頎若〔而〕長兮！	高高的個兒氣宇軒昂啊！
抑〔懿印〕若揚〔陽〕兮！	懿懿美美的額頭多寬廣啊！
美目揚〔陽〕兮！	一對明眸神采飛揚啊！
巧趨〔趙〕蹌兮！	瞧那行止中節，很有禮儀風度啊！
射則臧兮！〔1〕	尤其射藝實在高強啊！
猗嗟！名〔顆眳〕兮！	美啊！那眉宇多清揚啊！
美目清〔倩〕兮！	一對美目倩倩放光啊！
儀既成兮！	射儀已經齊備完成啊！
終日射侯！	整天用箭射箭靶，
不出正兮！	箭箭不出二尺見方的正啊！
展我甥兮！〔2〕	的確是咱齊侯的好外甥。

猗嗟！孌兮！　　　　　　　美啊！婉順少好啊！
清揚婉〔捥〕兮！　　　　　眉目間清清婉婉啊，
舞〔儛〕則選〔纂〕兮！　　跳舞合著雅樂啊，
射則貫〔毌〕兮！　　　　　箭箭射把同一處射穿啊。
四矢反〔變叀〕兮！　　　　四支箭射完地點變換，
以禦〔御〕亂〔圝虋亂亂〕兮！〔3〕　可以防禦亂啊！

【詩旨】

《十三經注疏附校勘記》頁 1759、2224、2236～2239，前 694 年，魯桓公因責備齊襄公、文姜之亂而遭齊國公子彭生折殺。前 672 年，魯莊公葬母文姜，「冬，公如齊納幣」，「親納幣，非禮也。」前年，「夏，公如齊觀社，……諸侯越境觀社，非禮也。」「十有二月，甲寅，公會齊侯盟於扈。」第二年，「夏，公如齊逆女，何以書？親迎禮也。秋，公至自齊。八月丁丑，夫人姜氏入。」前 668 年，「秋，會宋人、齊人伐徐。」前 667 年，「夏六月，公會齊侯、宋公、陳侯、鄭伯盟於幽。」可見文姜死後，魯莊公到齊國頗為頻繁，到首次如齊納幣，詩當作於前 672 年冬，主要是描寫其美，尤其射藝絕倫，篇末寓諷，篇末明旨。末章冷語堪思。

《毛序》「《猗嗟》，刺魯莊公也。齊人傷魯莊公有威儀、技藝，然而不能以禮防閑其母，失子之道。人以為齊侯之子焉。」案：假如此詩寫魯莊公有威儀有技藝，刺其不能以禮防閑其母，前半段《序》可以參酌，至於「齊侯之子」說，荒謬。《左傳》記載桓公三年與文姜結婚，桓公六年生子莊公，文姜與魯桓公如齊在十八年，怎麼能說是齊侯之子？而且詩中明明說是「展我甥兮。」惠周惕《詩說》中，「〔莊公〕二十二年，始如齊納幣。二十三年，如齊觀社。莊公如齊惟此，以意求之，當在納幣之年。蓋文姜薨之明年也。公以嘉禮往齊，國人聚觀，固其恒情，而又親見文姜昔年淫亂，疑其類於襄公，於是注目諦觀，知其非是，而始恍然曰：『展我甥兮』，則人言籍籍從此衰止，其詩之有關於魯莊者大矣。」《編年史》繫於前 687 年。

【校勘】

〔1〕《毛》猗嗟，《詩論》簡 21 作《於差》，猗、於同為影母，讀如於嗟。《毛》猗嗟，《釋文》或作欹。欹，或體。《定本》《單疏》頎而，《正義》頎若。而若然同。

本字作陽，《單疏》《唐石經》抑揚，揚通陽，《台》121/521、123/224 作陽。《毛》《單疏》抑，《釋文》抑，《魯》《釋詁》懿，《玉篇》引《韓》「卬若陽兮，云：眉上曰陽」。本字作「懿」，抑通懿，卬是抑字傳寫之誤。《毛》《疏》揚，《韓》陽，云：眉上曰陽，揚陽古字通。《初刻》8/182.P2529.P2669抑揚，傳寫之訛。《單疏》趨，《釋文》本又作趍。《考文》P2529.P2669 作趍，俗字。

〔2〕《單疏》清，《台》121/521.123/224 倩，P2669 清，清倩古字通。《魯》《釋訓》《中論·務本》《初刻》8/181，《毛》名，《韓》《玉篇》顁，名通顁，《兩京賦》睩。

〔3〕《毛》婉，《台》121/521 作挽，挽當是婉字之訛。《毛》舞，《考文》《類篇》《集韻》作儛，同。《毛》選，《後漢·朱穆傳》注、《詩考》引《韓》纂。選纂聲近通借。貫，古作毌。《毛》反，《詩論》簡 22 作「叟」，《釋文》引《韓》「變」，云：變易也。叟通變，疊韻通借。《毛》《白虎通·鄉射》《禮儀·大射禮》注引《考文》古本注，《釋文》、蘇轍本作御，古字通。《毛》亂，《詩論》簡 22 作以御龻。《慧琳音義》13「亂，或作亂，古字也。」龥，古亂字，《說文》龏，古亂字。《台》121/521 御，通禦。

【詮釋】

〔1〕猗嗟、猗哉、於嗟，歎美之詞。昌，俊美。頎頎 qíqí，修長健壯貌。而、若，然。頎頎然俊美。長，高。抑通懿 yí，懿若，懿懿然，歎美之詞。《魯》《釋詁》：「懿，美也。」揚，陽 yáng，《韓》：陽，眉上曰陽。美目揚兮，神采飛揚，極有神。趨蹌，蹌蹌 qiāngqiāng，雙聲詞，步伐矯健，行止步伐符合禮儀節拍，很有修養。臧，善，射藝高強。

韻部：昌長揚揚蹌臧，陽部。

〔2〕名顁mīng，《魯》《釋訓》目上為名（眉目之間）。清，清亮，目美。倩 qiàn，本又作蒨，少好、倩麗貌。儀，射儀射儀，射箭比試的程序和禮儀。成，形成。侯，射布，箭靶。正，二尺見方的射的（靶心）。展，誠。我，齊國。甥 shēng，外甥。（《稗疏》則訓為妹婿。）案：齊國的文姜嫁魯桓公在前709 年，魯莊公出生在前 706 年，魯桓公齊文姜同去齊國在前 694 年，可見魯莊公的確是齊國的外甥，絕非齊襄公子。

韻部：名清成正甥，耕部。

〔3〕變 luǎn，雄偉美。清揚婉，眉目清秀。婉，婉美。《毛傳》選，齊也。案：選巽共巽 xùn，具，齊，整齊，舞蹈符合音樂，有整齊美、節奏美，美好貌。《釋言義疏》選，善。《魯》《韓》義近，言其舞善，美好。選纂同在

元部。《文選注》引《韓》纂,云:「言其舞則應雅樂也。」《單疏》:選,善舞。纂 zuǎn。《述聞》頁 134,「善舞齊於樂節也。」《毛傳》《韓傳》所訓相近,《韓傳》於義為長。貫,射中。四支箭都射穿一點。反,復,貫。反、變古同音。《毛》《韓》經文、詮釋並不矛盾,《傳》承「貫」而訓為「貫、中。四矢。乘矢。」《韓傳》也承貫而訓為變,變易也。每射四矢則變易其處。「貫中」,如《列子·仲尼》「善射者能令後鏃中前栝。發發相及,矢矢相屬。」《韓傳》所說的「變易」,如《周禮·保氏》「三日五射」中的「井儀」,《疏》:「井儀者,四矢貫侯如井之容儀」,射完四矢,變易其處。案:篇末明旨。以,可以;禦御古通,防備。《毛詩音》云:「選即纂,《韓》正作纂。」選纂,跳舞符合音樂節拍。反通變。(《十三經注疏附校勘記》頁 731)以御,禁閑,防備。亂 luàn,內亂。此處指齊襄公與文姜之亂。《左傳》前 694 年 12 月會於郜,前 696 年 2 月會於祝丘,前 687 年會於齊之防,冬會於齊之穀。從歷史看,這是複雜的事,前 684 年魯、齊長勺之戰,擊敗齊軍,不能說魯莊公不能禦外亂。宋·俞文豹《詩話》:「詩人之意多在言外。《猗嗟》詩本刺魯莊公不能防閑其母,而乃美其威儀伎藝。」末章冷語堪思。

韻部:變婉選貫反亂,元部。

【評論】

《詩論》簡 22:「《於差(猗嗟)》『四矢叀(反)以御鼶(禦亂)』,虘喜(吾喜)之」。《臆評》:「看他敘威儀、技藝處,長短間出,極參差錯綜之妙。味之可破排仗陋習。」(《續修》58/203)萬時華《偶箋》:「諸『則』字,亦詩人微詞也。」《詩志》:「畫美女難,畫美男子尤難。看他通篇寫容貌態度,十分妍動,與《君子偕老》篇各盡其妙。」《讀風臆補》8「自『猗嗟而下,句句稱美處,節節是歎息不滿處,辭不迫急,而意益深切矣。」《說詩晬語》:「諷刺之詞,直詰易盡,婉道無窮。衛宣姜無復人理,而《君子偕老》一詩止道其容飾衣服之盛,而首章末以『子之不淑,云如之何』二語逗露之。魯莊公不能為父報仇,防閑其母,失人子之道。而《猗嗟》一詩止道其威儀、技藝之美,而章首以『猗嗟』二字譏歎之。蘇子所謂不可以言語求而得,而必深觀其意者也。詩人往往如此。」《原始》6:「襄公縱淫,與衛宣同為世大惡,非尋常比。一則以父納子媳,一則兄淫己妹,皆千古罕有事。詩人播為歌詠,聖人載在葩經,皆有關於倫常大故,不僅繫於風化已也。」《詩經通論》:「三章皆言射,極有條理,而敘法錯綜入妙。」

卷九　國風九

魏　風

　　案：魏本虞舜、夏禹所都之地，在晉地，姬姓，古魏城在今山西芮城縣北五里，南枕河曲，北涉汾河，含今陝西省芮城、運城、聞喜、絳縣、垣曲、侯馬、曲沃及河南省西北部。魏風是國風變風中筆致尤犀利的變風。《史・魏世家》：魏之先，畢公之後，畢萬事晉獻公，至前445～前396年魏文侯時才重用李悝、吳起、西門豹等實行改革。《葛屨》抨擊褊嗇，不體下情，《汾沮洳》美公子，《園有桃》憂慮魏國國事不修德政而安於褊嗇，《陟岵》寫役民之憂，《十畝之間》寫魏國農村風習，《伐檀》刺貪，《碩鼠》將貪官比擬爲碩鼠，想往理想境域。吳季札評《魏風》云：「美哉！渢渢（fánfán，樂聲宛轉悠揚），大而婉，險（儉）而易行，以德輔此，則明主也（痛惜該國缺少倡行德政的明主）。」《魯傳》、晉・郭璞《流寓賦》：「蓋曩日之魏國，詠詩人之流歌，信風土之儉刻。」（《全晉文》頁2149）案：美在反映人民心聲、性情，美在《汾沮洳》歌頌如此有德政，有政聲的官員，《十畝之間》是牧歌（Pastoralis）頌美農村地雖偏狹，人與人，男女之間相互融融睦睦的中和氣景，比古希臘牧歌創始人忒奧克托斯（Theocritos，約前310～前250）早出300多年；美在《伐檀》《碩鼠》刺貪與企盼理想之邦，顯示了基層民歌的諷刺鋒芒。龍啓濤《毛詩補正》8「故魏之俗褊以嗇，魏之詩哀以怨，而其聲仍宏以大也。」王

安石《臨川集補遺》認爲《魏風》皆刺有失公允。《魯說》《潛夫論‧班祿》《齊說》《鹽鐵論‧取下》「履畝稅而《碩鼠》作。」《公羊傳‧宣 15》「初稅畝，初者何？始也。稅畝者何？履畝而稅也。初稅畝，何以書？譏。」《碩鼠》反映了史家和民歌手的心聲。

葛屨

「糾糾葛屨〔屨〕，	「糾糾繚繚葛麻鞋，
可以履霜？」	穿它可以踩寒霜？」
「摻摻〔纖攕攕孅〕素手，	「細長纖纖美好手兒，
可以縫裳。」	可以縫製好衣裳。」
要〔褽〕之襋〔襋棘〔極〕之，	縫好了裳褽縫衣領，
好人服之。〔1〕	美人穿上喜洋洋。
好人提提〔褆媞娗〕，	美人錦衣玉食狡黠又安詳，
宛〔婉〕然〔如〕左辟〔襞僻〕，	見我婉然扭身避一旁，
佩其象揥〔擿〕。	象牙簪子玉璀璀。
維〔惟〕是〔此〕褊心，	只因爲她小肚雞腸，
是以爲刺〔剌〕！〔2〕	我吟成這一諷刺詩章！

【詩旨】

案：此詩大約是魏國一位基層製衣技師千辛萬苦爲貴族婦人縫製衣裳，佩有極其名貴的象牙簪子的貴婦人卻狡黠地閃過一邊，該技師故作此傷心曲、諷刺詩，篇末明旨。約作於前 662 年。

《毛序》：「《葛屨》，刺褊也。魏地陋隘，其民（《台》121/521 作人）機巧趨利，其君儉嗇褊急，而無德以將之。」《詩說》魏之內子（嫡妻）。漢‧鄭玄《魏譜》《箋》《正義》、蘇轍《詩集傳》《詩總聞》《續讀詩記》「刺褊」。《魏譜》歸入「變風」。朱熹《詩集傳》5：「縫裳之女所作。」

【校勘】

案：正字作屨，《魯詩殘碑》《唐石經》《單疏》作屨，《毛》作屨。

〔1〕正字作攕，《魯》《漢石經》《說文》《集韻》《廣韻》攕。《玉篇》鐵，《單疏》摻，摻通攕，古無「摻」字。二字讀如 shān。《說文》《古詩‧青青河畔草》注引《韓》作纖，《一切經音義》46 作孅，《考文》攕，《五經文字》攕，《詩》作摻，當作攕。《說文》本作𦥑，隸變爲要。《唐石經》要，《釋文》

褄。案：本字作褄，《五經文字》《單疏》引《說文》《唐石經》褄，當作褄，《說文》《廣雅》、《釋文》褄，《白帖》12 棘，《集韻》《段注》或作極。

〔2〕本字作媞，《魯》《釋訓》郭注《七諫》注《詩考補遺》《史·司馬相如傳》《白帖》《考文》媞，《檀弓》注作折，《考文》《唐石經》提，提讀如褆 chí，褆媞褆音義同，折當作媞。《齊》《漢·敘傳》妛，異體。P2529 作媞，媞提褆褆媞褆共是，折提字之訛。《毛》《一切經音義》11、《韻會》《說文繫傳》宛然、辟，《三家》《說文》宛如，《考文》婉如，音義同。《三家》《說文》《台》121/521.P2669 僻，《考文》婉然左僻，辟僻讀如避 bì。《稗疏》《談經》：辟通襞。《毛》揥 tì，《說文》撍，隸變爲揥。本字作惟，《魯》《漢石經》《列女傳·魯秋潔婦傳》《群書治要》P2529.P2669 惟剌，《悲憤詩》注引《毛》維，刺，刺剌同。《毛》維，《毛》是，《三國志·何夔傳》注引作「唯此」。《毛》辟，《三家》《說文》《考文》《台》121/521 僻，辟僻通避。《毛》維，《漢石經》惟。維通唯。

【詮釋】

案：「刺褊」是闡釋此詩的鎖鑰。

〔1〕糾糾葛屨，用葛草與麻糾繚編織的草鞋。屨 jù，古曰屨，漢曰履，草履。俞氏《平議》：「可」讀「何」。履 lǚ，踐。摻摻 shānshān，孅孅、纖纖、攕攕、攕攕、鐵鐵 xiān xiān，細長的好手貌，適合縫製或刺繡。裳 cháng，下服，泛指衣裳。要古字 yāo，裳褄。棘是褄的省借，極異體。褄 jí，衣領。好人，美人，貴族夫人。服 fú，穿。

韻部：霜裳，陽部；褄（棘）服，職部。

〔5〕《魯傳》《釋訓》媞媞 tití，褆褆褆褆 zhī zhī 提提媞媞 tí tí，疊韻通借，安祥貌，漂亮貌。又媞媞 shì shì，柒點貌，妍點貌。宛如、宛然、婉然，扭身貌。案：《稗疏》辟、襞，襞積，裙褶，可備一說。辟僻音 bì，通避，旋避，轉身避開。這位貴夫人全然不覺得千辛萬苦、精心縫衣的我在人格上與她本應該是平等的，心地偏窄、狹隘不堪的貴夫人見了我卻扭身避開，「安祥地」走了。《說文》媞媞 tí tí，一曰妍點也。褆褆 zhī zhī，安詳貌。而那位貴夫人卻耍小聰明，狡點地避開一旁，全不把我放眼中。余師譯爲「一扭腰兒轉向裡。」此詩直刺貴婦人的偏心褊狹。佩，佩著。象揥，貴族人家用象牙做的摘頭髮用的簪子，古人十分重視梳理頭髮。案：這大約是魏國王室或卿士、貴族家的梳頭打扮的貴重用具。《中華遠古史》所附山東泰山大汶口文化

遺址出土透雕象牙梳，《殷商史》所附河南安陽殷墟婦女子墓出土商代夔板象
牙杯顯示了該時代無可比擬的藝術水準，當時國內象分佈較多，象牙、象骨
製品多，主要是王室、卿士、貴族方才擁有。揥 tì。用來搔頭髮的首飾如象牙
簪子。維是，惟此。《魯傳》《七諫·初放》注：褊，狹（心胸狹窄）。案：詩
人用神態細節描寫，鉤其魂魄。是以，以是，為此。為刺，吟成這一諷刺詩。
末二句點睛之筆。《箋》：「魏俗所以然者，是君心褊急，無德教使之耳。」

　　韻部：提（緹姼偍），支部；辟（避）揥刺，錫部。支錫通韻。

　　《詩切》、《詩問》認為原詩應是三章，章四句：

　　「糾糾葛屨，可以履霜。摻摻素手，可以縫裳。

　　「要之襋之，好人服之。好人服之，好人提提。

　　「宛然左辟，佩其象揥。維是褊心，是以為刺。」

【評論】

　　明·鍾惺：「褊心之人作此情態，更是可厭。」清·崔述《讀風偶識》：
「執政者褊心，則在下之賢才無由進，況人之心思不能兩用，務實政者必
簡於虛文，理大事者必略於小節，若卿大夫惟以修飾容儀為美，而貴遊子
弟仿而傚之，則不復以量德程才為事，而政事之乖忤者必多。」《讀〈風〉
識小錄》：「『維是褊心』是點睛。」《臆補》：「風人未有說出所以刺之之故，
惟此明言之，是《風詩》中之別立一格者。通篇最吃緊處在『好人』二字，
蓋不提『好人』，而『刺褊』之意不醒。」（《續修》58/204）案：詩人善於
強烈對比，先是時令對比，多寒嚴霜，女抒情主人公卻穿的是草鞋，千辛
萬苦精心縫製奢華的衣飾，貴夫人見了我卻「宛然左避」，故此詩下啟漢·
梁鴻《五噫歌》、三國·魏·曹操《蒿里行》、劉宋·陶淵明《乞食》與唐·
秦韜玉《貧女》。

汾沮洳

彼汾沮洳〔濘〕，	在那汾河邊濕漉漉，
言采〔採〕其莫〔英〕，	採野菜，採酸模。
彼其〔己曁紀〕之子，	那紀侯的公子，
美無度；	善良真無法測度，
美無度，	善良真無法測度，
殊異〔異〕乎公路〔輅〕！[1]	迥異於掌管輅車的部屬！

彼汾一方，　　　　　　　　　在那汾河的一旁，
言采其桑〔菜桒〕。　　　　　採集柔嫩的桑，
彼其〔己曩紀〕之子，　　　　那紀侯的公子，
美如英〔瑛〕；　　　　　　　賢如萬人之英，
美如英〔瑛〕，　　　　　　　賢如萬人之英，
殊異〔異〕乎公行！〔2〕　　　迥異於掌管戰車的官長！

彼汾一曲，　　　　　　　　　在那汾河彎曲處，
言采其藚〔藚蕒〕，　　　　　採集牛唇荣，
彼其〔己曩紀〕之子，　　　　那紀侯的公子，
美如玉；　　　　　　　　　　精純如玉，溫潤如玉，
美如玉，　　　　　　　　　　精純如玉，溫潤如玉，
殊異乎公族！〔3〕　　　　　　他迥異於掌管宗族的貴族！

【詩旨】

　　案：女抒情主人公自具慧眼，詩人用重章疊韻唱一首情歌給心中人，激賞她美如萬人之傑，美妙溫潤之玉。「美如玉」，精純如玉好美德，溫潤如玉好性情，女抒情主人公總算適逢美玉一般的君子，她守身如玉，她讚美他，願意終身廝守。英乃萬人之傑，此君子乃萬人之傑，國之瑰寶，瑚璉之器，詩人用趁韻，讚美：縱然他清貧靠採野荣度日，女主人公自獨具慧眼，願與他締百年良緣。《通論》「此詩人贊其公族大夫之詩。」《詩問》：美魏國男女能勤儉。《風詩類抄·甲》：「這是女子思慕男子的詩。」

　　〔韓說〕《韓詩外傳》2「君子盛德而卑，虛己以受人，旁行不流，應物而不窮。雖在下位，民願戴之。雖欲無尊，得乎哉？《通論》6，「此詩人贊其公族大夫之詩，託言采物以見其人，以起興也。當時公族之人多習爲驕貴，不循禮法，故言此子美不可量，殊異乎公路之輩，猶言超出流輩也。正意在末章『公族』二字，『公路』、『公行』，亦公族官名，取換韻耳。」《詩說解頤》「美隱者之詩」。

　　《毛序》：「《汾沮洳》，刺儉也。其君（當依《集注》作君子，《經典釋文》「其君子」，一本無「子」。《韓詩外傳》2作君子，《序》作君）儉以能勤，刺不得禮也。」

【校勘】

　　〔1〕《毛》沮洳，《釋地》注作阻。阻讀如沮，《說文》潕，《廣雅》洳，

洳是濘之省。《毛》莫，《齊民要術》《白帖》5 作英。《毛》采，《漢石經》P2529.P2669 采，異體。案：當作莫，方叶韻，又證之於《傳》陸《疏》作莫。《魯》《漢石經》《毛》其，《韓》己。其，金文冟之省，己是冟紀之省，冟、己、紀，古紀國。《毛》路，本字作輅1　，《晏子春秋・內篇雜下》《台》121/521 P2529. P2669 輅，路通輅。

〔2〕《毛》桑，《阜》S08 枽，《漢石經》、P2529.P2669 作枽，通作桑。《毛》英，《眾經音義》引《廣雅》瑛。英讀如瑛。《毛》賣，《說文》䝴，賣是菁的隸簡。

【詮釋】

〔1〕汾，汾水。《水經注》：汾水出太原汾陽縣北管涔山，東南過晉陽縣東，晉水從縣南東流注之。又南，洞過水從東來注之。南過大陵南、平陶縣、永安縣、唐城、楊縣東，西南過高梁邑西、平陽縣、臨汾縣，西從長脩縣、皮氏縣、汾陰縣北，西注於河。」案：濘洳同。沮洳 jū rù，疊韻詞，沼澤潤濕的地域，大地的肺，今山西汾河濕地。言，發聲詞。莫 mù，菜名，酸迷、羊蹄菜。《本草綱目》名酸模，酸母，形似羊蹄，味酸，其葉酸美可食；中藥材，主治暴熱腹脹，療痢，以及癧疽毒瘡。《藥海》蓼科植物羊蹄 Rumex japonicns Houtt。功效：殺蟲療疳，涼血止血，滑腸通便，清熱瀉火，解毒疔瘡。那個紀侯的兒子雖未得重用，位居下僚，或隱居的賢者。美，善，賢，《晉語》「彼將惡始而美終。」度 duò，度量，測量。殊異，迥異。乎，於。路 lù 通輅 lù，諸侯輅車，詳《秦風・渭陽》、《小雅・采薇》《采芑》《大雅・韓奕》。主管魏公輅車的長官。三句，高本漢分譯為：「他很不同於公的車上的人」，「他很不同於公的衛士」，「他很不同於公的從屬。」

韻部：洳（濘），魚部；莫，鐸部；度度，魚部；路（輅），鐸部。魚、鐸通韻。

〔2〕方通旁。在汾河一方，我采其桑。桑葉可養蠶，桑果可食，中藥材，《藥海》：桑葉可代茶飲，清熱明目，桑根鎮驚袪風濕通經絡，消腫，袪風生發，桑瀝殺蟲止癢。英，本義華。又英，萬人之傑。又英，《眾經音義》引《廣雅》作瑛，瑛，玉之精華。三訓都可通。郭璞《爾雅序》：德過千人曰英。《魯傳》《淮南・氾論》高注：才過萬人曰英。《集解》李樗注「美如英，萬人為英」。英，瑛 yīng。行，公行，主管兵車的長官。

韻部：方桑英英行，陽部。

〔3〕曲 qū，河灣，汾河灣。藚 xù，澤瀉科，中藥材，《本草綱目》19芒芋，五月採葉，八月採根，九月採實，主治風寒濕痹，乳難，養五臟，益氣力，肥健消水，補虛損，消渴淋瀝，宣通水道，止尿血，消腫脹。澤瀉科植物澤瀉　Alisma orientalie .根塊莖入藥，功效主治：利水滲濕，小便不利，水腫脹滿，泄瀉淋濁，止咳化痰，下氣平喘，活血下乳。其子實主治：祛風除濕，平補肝腎。《稗疏》1 藚，牛唇荣，山蕳荣，苗嫩時可食。美，精純，純美。案：德美如玉，古人以玉比德，懷玉即懷德，《老子》：「知我者希，則我者貴，是以聖人被褐懷玉。」公族，掌管魏國宗族事務的長官。

韻部：曲藚玉玉族，屋部。

【評論】

《韓詩外傳》2「君子盛德而卑，虛己以受人；旁行不流，應物而不窮。雖在下位，民願戴之，雖欲無尊，得（能）乎？《詩》曰：『彼其之子，美如英；美如英，殊異乎公行。』」《臆補》：「『彼其之子，美無度』，逕接『殊異乎公路』，則韻致索然矣。複三字，殊妙。」（《續修 58/204》）《詩誦》：詩有每章略易一二字，詠歎淫泆，使人於言外領取神味。……《汾沮洳》等詩，則絕無痕跡，但反覆引申，以盡其一唱三歎之致。後世唯張平子《四愁》得其遺意。《原始》6「前篇刺褊，此篇美儉，二詩互證，義旨乃明。……詩人於採莫、採桑、採藚之際，得覩勤勞而歎美之。以爲『彼其之子』，身居貴冑，德復粹然，而又能勤與儉，毫無驕奢習氣，殊異乎公族輩也。」

園有桃

園有〔樹〕桃，	園子裡有桃，
其實之殽〔肴〕，	桃子當荤肴，
心之憂矣，	我爲國家多憂愁啊，
我歌〔謌〕且謠〔𣌾𣌾〕。	沒有伴奏，我唱起歌謠。
不我知者〔不知我者〕，	不瞭解我的人，
謂我：「士也驕！	說我「這士太驕傲！」
彼人是哉，	那人是正確的，
子曰『何其？』	您說奈何？
心之憂矣，	我爲國家在分憂愁啊，
其誰〔誰知□思之〕知之？	誰知道去分辨考量？

其誰知之〔誰知思之〕！　　　　　誰知道去分辨考量？
蓋亦勿思！」〔1〕　　　　　　　　何不也不去思想？」

園有棘〔棘棘棘樴〕，　　　　　　園子裡有酸棗樹，
其實之食。　　　　　　　　　　　酸棗也當食。
心之憂矣，　　　　　　　　　　　我爲國家在分憂愁啊，
聊〔耶〕以行國。　　　　　　　　姑且行吟國邑。
不知我者〔不我知者〕，　　　　　不瞭解我的人，
謂「我士也罔極。」　　　　　　　反說我等士沒有準則，
彼人是哉，　　　　　　　　　　　那人是正確的，
子曰『何其？』　　　　　　　　　您說奈何？
心之憂矣，　　　　　　　　　　　我爲國家在分憂愁啊，
其誰知之〔誰知□思之〕？　　　　眾人誰知道我憂在國邦？
其誰知之〔誰知思之〕！　　　　　眾人誰知道我憂在國邦？
蓋亦勿思！」〔2〕　　　　　　　何不也不去思量！

【詩旨】

　　案：群賢是國家的脊樑，此詩賢者憂國之歌，或行吟詩人憂國之歌。《詩說解頤》「美隱者之詩。」

　　〔韓說〕《韓詩外傳》9「君子之居也，綏如安裘，晏如覆杅。天下有道，則諸侯畏之；天下無道，則庶人易之。非獨今日，自古亦然。昔者范蠡行遊，與齊屠地居；奄忽龍變，仁義沉浮，湯湯（讀如愓 shāng，憂傷）慨慨，天地同憂。故君子居之，安得自若？《詩》曰：『心之憂矣，其誰知之！』」

　　《齊說》《易林·泰之否》：「陟岵望母，役事未已。王政靡盬，不得桐保。」

　　《毛序》「《園有桃》，刺時也。大夫憂魏君國小而迫，而儉以嗇，不能用其民，而無德教，日以侵削（唐寫本作國小而迫，而數見侵削），故（《台》121/521 民作人，故作而）作是詩也。」

【校勘】

　　〔1〕《魯》《呂覽·重己》高注《初學記》引《詩》作「園有樹桃」，據《漢石經》，「樹」字衍。本字作肴，《毛》殽，《釋文》本又作肴，《魯》《典引》注引《說文》《初學記》24、《御覽》197 作肴，殽通肴。《毛》歌，《說文》謌，謌歌同。《毛》謠，唐本《說文》引作䚻，䚻古字，《廣韻》䚻，通謠。《唐石經》「其誰知之」，《漢石經集成》37 作「誰知□之，」案：兩本俱存，似當

依《漢石經》，理由：「其誰知之，」其是祈使副詞，而「誰知□之」，則與《箋》「知是則眾臣無知我憂所爲也，」「無知我憂所爲者則宜無復思念之以自止也，眾不信我，或時謂我謗君，使我得罪也。」則□當爲「思」字，末句「思」則重「思」字。《毛》聊，P2329、P2669聊，俗字。

〔2〕案：本字作棘，《漢石經》棘，《魯》《九歎》《說文》作棘，《漢石經殘碑》棘，《魯》《釋木》《孟·告子上》《唐石經》棘，《考文》棘，《釋文》棟，《初刻》8/885 作棘，棟、棘棘是俗字。《正義》《毛》《唐石經》《光堯石經》《台》121/521《白文》「不我知者」，《毛》閩本、明監本、相臺本作「不知我者」誤倒。下同。作「我不知者」、「不知我者」俱非。張汝霖：「經云：『不知我者（當作不我知者），謂我士也驕，彼人是哉，子曰何其』，俱作不知我者之詞，義甚順適」（《學詩毛鄭異同籤》，《續修》經71/27）造成「不知我者」的原因，是因解《箋》「不知我所爲歌謠之意者。」

【詮釋】

〔1〕宋·黃震東《新刻讀詩一得》：首句用興。《魯傳》《呂覽·重己》高注：樹果曰園。之，是。殽 yao，肴，食。《初學記》15引《韓詩章句》：「有章曲曰歌，無章曲曰謠。」《說文》徒歌曰䚻。《廣韻》引作繇，繇通謠。不我知者，不瞭解我的人。驕，以爲驕，士關心國家大事，關心國家命運，卻被誤解爲驕傲。士，事（事）。何其，奈何？其 jì，表示疑問語氣的語助詞。其，發語詞。之，代詞，我心。蓋通盍 hé，何不。《詩志》：「四『其誰知之』，隱然見所負，兩『蓋亦勿思』，低頭吞聲，多少憤慨！」一說蓋，大概，詳《經傳釋詞》。

韻部：桃殽（肴）謠驕，宵部；哉其矣之之思，之部。

〔2〕此句用興。棘，樲酸棗樹。其棗酸，種子、果皮、根入藥。食，名詞作動詞，吃。聊，姑且。行，去。罔，無；極通則，準則。

附注一、《漢石經殘碑》「□□□之誰知之」，與《毛》異。清·馮登府認爲當作「其誰知之誰知之」七字句。

韻部：棘食國極，職部；哉其矣之之思，之部。職之通韻。

【評論】

《經說》3「觀此詩，可見其憂深思遠矣。所刺者不能用其民耳，不能用其民則不能治，豈復有德教？其致侵削，可知也。國無政事則亡，故詩人憂思之深也。」《詩集傳》頁82，引廣漢張氏曰：「夫子謂：『與其奢也，寧儉』。

則儉雖失中，本非惡德。然而儉之過，則至於吝嗇迫隘，計較分毫之間，而謀利之心始急矣。《葛屨》《汾沮洳》《園有桃》三詩，皆言其急迫瑣碎之意。」《批評詩經》「只一『憂』字，輾轉演出將十句，經中亦罕有。」《臆評》：「詩人憂其國小而無政，故作此詩，」「他人於心之憂矣，『我歌且謠』，意無餘矣。此卻借『不知我者』，轉出一段光景，而結以『蓋亦勿思』者，有波瀾頓挫，有吞吐，有含蓄。」（《存目》，經 61-252），《臆補》：「多少含蓄，曲折盡致，有嶺斷岡連之妙。『我歌且謠』，『聊以行國』，如屈原行吟澤畔之類。……姜白巖曰：是篇一氣六折，自己心事，全在一『憂』字。喚醒群迷，全在一『思』字。至其所吟之事，所思之故，則俱在筆墨之外，託興之中。」（《續修》，58-204）《詩誦》2「《園有桃》詩最妙在『謂我士也驕』，便可接『心之憂矣』，中間忽橫插『彼人是哉，子曰何其』八字，代為說辭，將當日無限國是盡納入八字中，泄泄之聲音顏色，小人所由亡國敗家者在是，君子所為痛哭流涕者在是，而仍含蓄不露，是何等曲折！」賀貽孫《詩筏》：「詩家有一種至情，寫未及半，忽插數語，代他人詰問，更覺情致淋漓。最妙在不作答語，一答便無味矣。如《園有桃》章云：『不知我者，謂我士也驕。彼人是哉，子曰何其。』三句三折，跌宕甚妙。」《會通》引舊評：「吞吐含蓄，長歌當哭，沉鬱頓挫，與《黍離》異曲同工。」

陟岵

陟彼岵兮，	登上草木郁郁蔥蔥的山岵，
瞻望〔望〕父兮〔矣〕，	眺望老父，
父〔父兮〕曰：「嗟！予子！	父親說：「可歎！我兒，
行役〔役〕夙夜無〔毋〕已〔巳〕！	服役早晚莫休止，
上〔尚〕慎旃哉！	希望戒慎之哉！
猶〔猷〕來無〔毋〕止！」(1)	願早回家，莫留那裏！」
陟彼屺〔岐〕兮，	登上屺山，
瞻望〔望〕母兮，	眺望老母，
母曰：「嗟！予季！	母親說：「可歎，小兒子，
行役〔役〕夙夜無寐〔沫〕。	服役早晚莫熟睡！
上〔尚〕慎旃哉！	希望戒慎之哉！
猶〔猷〕來無〔毋〕棄〔弃〕！」(2)	願早回家，莫棄那裏！」

陟彼岡〔罡〕兮，　　　　　　　　登上山脊，
瞻望〔望〕兄兮，　　　　　　　　眺望長兄，
兄曰：「嗟！予弟〔季〕！　　　　長兄說：「可歎，我的弟弟，
行役〔役〕夙夜必偕。　　　　　　服役早晚同去，莫脫單！
上〔尚〕慎旃哉！　　　　　　　　希望戒慎之哉！
猶〔猷〕來無〔毋〕死！」〔3〕　願早回家莫死在那邊！」

注一、清‧陳喬樅：「父」字下所缺必「兮」字。

注二、本詩句逗從段玉裁，詳《續修》經部 64/94。

【詩旨】

　　〔齊說〕《易林‧泰之否》：「陟岵望母，役事不已。王政靡鹽，不得相保。」《後漢‧荀爽傳》：「陟岵瞻望，惟日為歲。」

　　《毛序》：「《陟岵》，孝子行役，思念父母也。國迫而數〔見〕侵削（《台》123/225.P2669 號作「國小而迫，而見侵削，役於大國之間。」《台》121/521「數見」。123／225「間」下有「儉以嗇」，《定本》作「國迫而數侵削。」應為「數見」），役乎大國（《台》121/521 作「役於大國之間」），父母兄弟離散，而作是詩也。」《臆評》：「孝子行役，不忘其親而作。」

　　案：遠役之人追憶父母長兄而賦這一婉曲情深的懷想之詩。詩眼：瞻望。

【校勘】

　　〔1〕《毛》兮，《白帖》18 矣。案：古本作毋，《毛》無，《魯》《漢石經殘碑》、P2669 號作毋，無通毋。《漢石經》「父曰」作「父兮曰」。《毛》役，案：《魯》《韓》《劉向傳》《韓策 3》P2529.P2669 作伇，伇古字。《毛》上、無，《魯》《漢石經》《集注》尚、毋已，《台》121/521 作毋，上通尚，無通毋。《唐石經》已，已讀若已。《毛》猶，《魯》《漢石經》《釋言注》「猶」作「猷」，古通。《毛》棄，《唐石經》避唐諱作弃，弃，古字。下同。《漢石經》無作毋。

　　〔2〕案：本字作屺，《說文》屺，《毛》屺，《詩考補遺》《三家》《三蒼》岐，屺岐同，屺當為屺。《毛》寐，P2529.P2669 寢，俗字，《魯》《招魂注》《離騷注》《廣雅‧釋詁四》沬，寐通沬。《魯》《荀‧不苟》《釋言》郭注引作猷。古文作棄，《說文》棄，《毛》棄，當為棄，棄棄古今字，《九辯注》《說文》《玉篇》P2669 號、《唐石經》《廣韻》弃，古字，避唐廟諱。

　　〔3〕《毛》岡，P2529.P2669 罡，罡通岡。《毛》弟，《初學記》8《白帖》19 季，音近義近。《毛》無，《漢石經》毋，無通毋。

【詮釋】

〔1〕岵 hù，《魯》《釋山》《說文》《玉篇》《廣韻》有草木曰岵。《毛詩正義》：「《釋山》云：『多草木，岵；無草木，屺。《傳》言無草木曰岵，下云有草木曰屺，與《爾雅》正反』，當是轉寫誤也。」陟，登。瞻望，眺望。嗟，嘆詞。予，我。行役，服兵役服徭役。夙夜，早晚，無時不。無通毋，不要。已 yǐ，止，懈倦。上讀如尚，祈使副詞，希望，勉勵。無讀如毋。旃，之、焉的合音。哉，語氣詞。猶，願。一說：猶（犹），可。來，歸來。

韻部：岵父，魚部；子已哉止，之部。魚之通韻。

〔2〕屺崎同 qǐ，《魯》《說文》山無草木曰屺。季，古時排行伯、仲、叔、季，季，小兒子。案：寐 mèi，沬 mò，寐沬雙聲通借，《魯》《離騷注》：沬，已。《離騷》「芬至今猶未沬」，《招魂》「身服義而未沬」。或訓補寐為寢，莫要睡得太沉，要警惕。棄 qì，人死的諱語。棄尸他鄉。

韻部：屺母，之部；季，脂部；哉，之部。脂、之合韻。寐，物部；（沬，月部）；棄，質部。物、質通韻。月、質通韻。

〔3〕岡 gāng，山脊。偕，共，俱。上，尚。案：詩主眞率，詩主純情，而不計工拙，此處層層遞進，父、母、兄念行役之人，情愈切，辭愈直，一任眞情噴迸。來，回來。死，莫死在那裏。

韻部：岡（罔）兄，陽部；弟偕死，脂部；哉，之部。脂、之合韻。

【評論】

《詩疑》1，「《陟岵》之詩，見父子兄弟相望之眞情，亦善作詩者也。晉之《鴇羽》，《小雅》之《杕杜》皆不及也。」《臆評》：「思父母而曲體其念己之心，眞孝子也。乃其作筆絕奇。」（《續修》58/205）王夫之：「行役無已，可以悲矣，未也。瞻望父，瞻望母，瞻望兄，而生其悽惻，悲矣，猶未劇也。念父母兄弟之恤其勞，恤其死，而後悲不可以絕。悲不可絕，而尚責其力，不已憊乎！嗚呼！君子之使民如借，重此焉耳矣。」（《詩經稗疏·附考異叶韻辨·詩廣傳》，頁 361）《詩誦》2「『慎』之一字，是家人臨別丁甯口角，是孝子在途保重心腸。詩人可謂體會入微。」「白香山詩『料得家中深夜坐，也應說著遠行人』，是以此詩為藍本者。〔王〕摩詰〔維〕詩『遙知兄弟登高處，遍插茱萸少一人，』亦是此詩卒章意也。杜〔甫〕詩『遙憐小兒女，未解憶長安』，明知其憶，而反言未解，更進一層，是推陳出新法。」《詩筏》：「《陟岵》章云：『父曰嗟，予子行役，夙夜無已。尚慎旃哉，猶來無止』。四句中

有憐愛語，有叮嚀語，有慰望語，低回宛轉，似只代父母作思子詩而已，絕不說思父母，較他人作思父思母語更爲淒涼。漢、魏以來，此法不傳久矣。惟唐岑參『昨日山有信』一首，末四句只代杜陵叟說話便止，全不說別弟及還東谿語，深得古人之意。」唐‧王維《九月九日憶山東兄弟》、杜甫《月夜》、白居易《至夜思親》本此。

十畝之閒

十畝〔晦畝〕之間兮！	一塊桑地十畝大，
桑者〔柘〕閑閑〔閒〕兮〔旖〕。	採桑人兒都息下。
「行與子還〔旋〕兮！」〔1〕	「且和你同回家。」
十畝〔畝晦〕之外兮！	桑樹連桑十畝外，
桑者〔柘〕泄泄〔洩奕吔訵〕，	採桑人兒閑下來。
「行與子逝兮！」〔2〕	「且和你在一塊。」

【詩旨】

案：魏國民家風情詩。這大約是畢萬事晉獻公時寫，民歌，老百姓雖貧而儉嗇，尚能自由歌唱融洽的農家生活，是魏國的田園短詩（ladyll / ldyl）的情歌，句句皆韻，善用疊韻，描繪、抒情，這是採桑的人們融融泄泄的採桑歌，這是絲綢王國人們抒發歡快心情的天籟之聲。

《毛序》「《十畝之間》，刺時也。言其國削小，民無所居焉。」《序》、詩不洽。《詩志》《詩誦》《原始》以爲招隱詩，失之牽合。《詩志》2「『閑閑』，寫出農家樂」。獨具隻眼。

【校勘】

〔1〕古作晦，《毛》畝，《齊》《周禮》《考文》晦，《干祿字書》畝通，畞正。《單疏》、《唐石經》畝，《釋文》畝，俗作畞。通作畝。晦古字。一、四句《毛》兮，《考文》《白帖》無「兮」。案：依《阜》S106 兮作閒旖（旖 yì）推知，漢代《詩經》必有「兮」字，則《詩》有「兮」。《考文》無「兮」字，下同。《毛》桑者，《漢石經》、P2529.P2669 桑作桒，同。潘岳《內顧詩》謝惠連《秋懷詩》李注《白帖》82 引《韓詩外傳》「桑柘」，柘、者同聲通借。《毛》閑，《登徒子好色賦》注引《毛》閒，《單疏》閒，與上避重。《釋文》閒，本亦作閑，閑、閒同。本字作旋。案：《毛》還，P2529、P2669 作旋。「還」讀如「旋」，下同。《釋文》還，本亦作旋。

〔2〕本字作呭或詍，《毛》泄，《三家》《說文》詍，一作呭，《孟·離婁上》引作泄，《唐石經》洩，泄洩避唐廟諱。《白帖》82、《秋懷詩》李注引作「桑柘奕奕」，為《韓詩》，師受不同。

【詮釋】

〔1〕余師《詩經選》：「這是採桑者勞動將結束時呼伴同歸的歌唱。古時西北地方種桑很普遍，和今時不同。」《水經注》：故魏國城南西二里，並去大河可二十餘里，北去首山十餘里，處河山之間，土地迫隘，故著《十畝》之詩。晦畝古今字，周制：百步為畝。閒 jiān，間。旃讀如猗、兮。桑柘，桑者，柘 zhè 者 zhě，音同假借，者讀如柘，柘桑，桑科，葉可喂蠶，莖皮可造紙，木堅忍可作弓，木汁可染赤黃色，根皮入藥，《本草綱目》云主治婦人崩中，血結虐疾，風虛耳聾，補勞損、腰腎冷，洗目令明。桑者，採桑的人們。閑閒同，閒閒 jiànjiàn，自由自在貌，男女無別，往來貌。《述聞》：行，且。還 xuán，旋 xuán，迴旋，回歸。《泉水》「還車言邁。」逝兮，相呼而共往。

韻部：間閑還，元部。

〔2〕外 wài，（古）疑月。泄泄、詍詍、呭呭、奕奕，重言摹狀詞，和樂貌。謝惠連《秋懷詩》李注引《韓詩章句》奕奕 yìyì，盛貌。泄泄 yì，詍詍、呭呭音義同，眾人多言貌。泄詍呭奕同為餘母。逝，往，往回走。案：至於其中有無羅曼史，從接受美學的角度分析，有與無，不必執意加以尋繹，更不必如封建道學家斥之為「淫詩」。絲綢王國中大家採桑，其樂融融，寫勞動的美與樂，本天籟之聲。

韻部：外泄逝，月部。

【評論】

明·陳第：「動乎天機，不費雕刻。」《詩志》2「悠然方外之致，絕佳招隱詞。賢者思歸於農圃，則世事可知矣。……『閑閑』，寫出田家樂。」《臆評》9「政亂國危，賢者不樂仕於其朝，而思與其友歸於農圃，故其詞如此。」「言有盡而意無窮。非身在宦境者不知此語之真」，（《存目》，經 61-252）《通論》：「寫西北人家如畫。」案：此詩多田園真淳之美，和樂之情。余師《詩經選》指出：「這是採桑者勞動將結束時呼伴同歸的歌唱。古時西北地方種桑很普遍，和今時不同。」案：詩人同《芣苢》的作者，是民歌手，歌頌勞動的愉悅，用重章疊句，描繪了融融洽洽的勞動者的心情，勞動美，詩也美。東晉劉宋年間的大詩人陶淵明《懷古田舍》、《歸田園居》、《飲酒》、《歸去來

兮》胚胎於此。如果與古希臘詩人忒奧克里托斯（Tneocritos，約前 310～前
250）的田園詩 Pastoralis 表現農村生活的詩歌相比則早出 400 年左右。

伐　檀

坎坎〔欿鼛〕伐檀兮，　　　　　　　丁丁冬冬來把檀樹砍，
寘〔寁〕之〔諸〕河之干兮，　　　砍下檀樹放河邊，
河水清且漣〔瀾〕猗〔漪兮〕。　　河水清清紋兒像連環。
不稼不穡〔嗇〕，　　　　　　　　　栽秧割稻你不管，
胡取禾三百廛〔厘㕓㕓㕓〕兮？　憑什麼千捆萬捆往家搬？
不狩不獵，　　　　　　　　　　　　上山打獵你不沾，
胡瞻爾庭有縣狟〔懸狟狟〕兮？　憑什麼你家滿院掛豬獾？
彼君子兮，　　　　　　　　　　　　那些大人先生啊！
不素餐〔餐飧殄湌〕兮！〔1〕　　可不是白白吃閒飯！

坎坎〔欿鼛〕伐輻兮，　　　　　　做車輻丁冬砍木頭，
寘〔寁〕之〔諸〕河之側兮，　　　砍來放在河埠頭，
河水清且直兮〔倚〕。　　　　　　　河水清清河水直溜溜。
不稼不穡〔嗇〕，　　　　　　　　　栽秧割稻你閒瞅，
胡取禾三百億〔億〕兮？　　　　　憑什麼千捆萬捆你來收？
不狩不獵，　　　　　　　　　　　　別人打獵你抄手，
胡瞻爾庭有縣糸〔懸〕特兮？　　憑什麼你滿院掛野獸？
彼君子兮，　　　　　　　　　　　　那些大人先生啊，
不素食兮！〔2〕　　　　　　　　　可不是無功把祿受！

坎坎〔欿鼛〕伐輪兮，　　　　　　做車輪兒砍樹丁冬響，
寘〔寁〕之〔諸〕河之漘〔脣〕兮，　砍來放在大河潯。
河水清且淪猗〔漪〕。　　　　　　　風吹河水圈圈波紋。
不稼不穡〔嗇〕，　　　　　　　　　下種收割你不忙，
胡瞻禾三百囷〔笹篙〕兮？　　　憑什麼千笹萬笹往家屯？
不狩不獵，　　　　　　　　　　　　上山打獵你不幫，
胡瞻爾庭有縣糸〔懸〕鶉〔鱎雖〕兮？　憑什麼鱎雕掛成行？
彼君子兮，　　　　　　　　　　　　那些大人先生啊，
不素飧〔飧殄湌〕兮！〔3〕　　　可不是白白受供養！

注：此用余師譯文，略有更動。

【詩旨】

案：關心民生大業，《書・泰誓》：「民之所欲，天必從之。」《左傳・桓六》「民，神之主也。」《左傳・莊32》：「國將興，聽於民。」《逸周書・芮良夫解》：「德則民戴，否則民仇。」這一首雜言體諷刺詩，鈎魂攝魂，直刺尸祿素餐的人、無功無德之人卻經緯萬端，窮奢極侈，貪鄙異常。余師《詩經選》：「這詩反映被剝削者對於剝削者的不滿。每章一、二兩句寫勞動者伐木。第四句以下寫伐木者對於不勞而食的君子的冷嘲熱罵。」

《孔叢子・記義》引孔子曰：「於《伐檀》，見賢者之先事後食也。」

〔魯說〕《琴操》：「《伐檀操》者，魏國之女所作也。傷賢者隱避，素餐在位，閔傷怨曠，失其嘉會。夫聖王之制，能治人者食於人，治於人者食於田。今賢者隱退伐木，小人在位食祿，懸珍奇，積百穀，並包有土，德不加百姓。傷痛上之不知，王道之不施。仰天長歎，援琴而鼓之。」（《續修》1201/222）

〔齊說〕《鹽鐵論・國疾》：「功德不施於天下，而勤勞於百姓；百姓貧陋困窮，而家私累萬金。此君子所恥，而《伐檀》所刺也。」《易林・謙之坎》「懸狟素餐，食非其任；失望遠民，實勞我心。」

〔韓說〕曹植《求自試表》李注引《韓詩傳》：「何謂素餐？素者，質也。人但有質樸而無治民之材，名曰素餐。尸祿者，頗有所知，善惡不言，默然不語，苟欲得祿而已，譬若尸矣。」《漢・王吉傳》「今使俗吏得任子弟，率多驕驁，不通古今，至於積功治人，亡（無）益於民，此《伐檀》所為作也。」

《毛序》「《伐檀》，刺貪也。在位貪鄙，無功而受祿，君子不得進仕爾。」《唐石經》同。

《原解》10，「朱子（熹）改為『美君子之不素餐』，非也。所謂不稼穡而取禾，不狩獵而縣狟，此正無功受祿之比，歎君子之不素餐者，乃所以刺小人，取禾塵，庭縣狟，皆小人貪鄙之象，亦不似美君子之辭。」清・莊有可《毛詩說》「刺尸位也……不用賢則國虛，不務農則國貧，不講武則國弱，是素餐也，而國之滅亡無日矣。」

【校勘】

〔1〕《魯》《漢石經殘碑》欿，《毛》坎，《齊》《說文》竷，欿欿、竷竷、坎坎 kǎnkǎn，擬音詞。寘，段氏《定本》窴．P2529.P2669 作檀，寘寘檀通置。《毛》之，《齊》《中庸》鄭注引、《漢・地理志》作諸，之通諸。《毛》漘，《釋文》本亦作脣，同音通借。案：本字作兮、灘，《魯》《漢石經殘碑》《考文》

兮，作兮，與全文統一。《單疏》《毛》《文選》26 作猗，誤，當作兮、猗，《說文》猗，漣作瀾，猗兮同。《魯》《釋水》《爾雅注》《說文》瀾猗，《說文》又作漣猗，漣，或體。徐鍇本、徐鉉本《說文》誤作漣猗。《毛》漣猗，《阜》「簡兮」作間猗《續修》197/606 引作漣猗。《漸漸之石》《箋》「波瀾」作波漣。案：正字，兮、猗，後人增益水旁作旁作猗，案：晉、南北朝時已誤作猗，《吳都賦》李注引作猗。《釋文》本亦作猗，同。《考文》作猗。《台》121/521 作倚，非，《漢石經》作兮。《毛》穭，《漢石經》嗇，古字。本字作壝，《釋文》本亦作壝，又作廛，《單疏》《毛》廛《周禮》壝，《漢石經》廛，《台》121/521 作壝、123/225 作壝堙，當作壝或作廛，堙或體，詳《慧琳音義》8。《四家》《說文》縣，古字，《齊》《易林・乾之震》《台》121/521 作懸，《釋文》狟亦作狟。《單疏》作狟，避宋眞宗、欽宗諱。《毛》餐，《考文》飱，《台》123/225 殮，《單疏》《唐石經》餐，同，《魯》《考文》《九辯》飱，《說文》《孟子趙注》、《說苑・修文》、《潛夫論》、《風俗通》、《論衡・量知》餐，《單疏》《釋文》《唐石經》餐，異體，通作餐。《釋言》殮，《字林》《廣韻》飱。飱俗字，殮飱餐同。

　　〔2〕《毛》猗，縣《台》121/521 作倚、懸。倚讀如猗。《毛》億，《說文》億，古字。《毛》坎，《漢石經》欿欿，《毛》湄，《釋文》本亦作脣，脣是湄的省借，《說文》湄。《毛》猗，《台》121/521 猗，當是猗、兮之訛。

　　〔3〕案：《毛》囷，《說文》㭒，㭒篅與囷古今字。本字當作鷻，《單疏》鶉，《唐石經》鶉，《說文》：「鷻（鷙），雕也。」鶉有兩讀：鵪鶉之鶉 chún，（古）禪諄；鷻雕之鷻 tuán，（古）定淳。從文例分析，一章狟，大獸；二章特，三歲獸，則三章當是大鷻，雕。此鶉當是《四月》「匪鶉匪鳶」之鷻。詳《稗疏》《新證》。《唐石經》《白文》殮，《報孫會宗書》注引作飱，《魯》《列女傳》《齊》《鹽鐵論・散不足》904 年抄《玉篇》引《毛》飱，潘岳《關中詩》李注引《韓》殮，殮餐的省寫。

【詮釋】

　　首三句興而賦。此詩章法如清・李惇《群經識小》所云：「《伐檀》三章，首三句言所用之不當其材也。次四句譏在位者無功而受祿也，末二句以君子規在位之貪鄙也。」

　　〔1〕欿欿、轟轟、坎坎，砍木聲。檀 tán，堅韌木，可作車。寘寘通置，安放。之通諸，之、諸同爲章母，《檀弓》「弟子識之。」諸，之於，之乎。干，澗，同聲通借。《詩地理考》引《水經》永樂澗。一說干，岸。漣猗，瀾

兮，《毛》僅第三句作猗，《魯》《漢石經》全作兮。連讀如瀾 lán，大波瀾。稼，耕種；穡，收割。胡，何，何以，憑什麼。禾，黃粱。廛墶壇同 chán，一夫所耕田 100 畝，據《孟·滕文公上》《周禮·遂人》一夫之廛 100 畝田，一畝百步，或城市平民一家所居的房地。三，多數。《玉篇》引《韓傳》：廛，摶 tuán，圓形貯糧的竹器。《平議》9、管禮耕《操養齋遺書》2 廛改壇、億改繶不僅犯破字解經的大忌，於古籍無據，而且不合詩旨，王力先生已經批駁。狩 shòu，冬季圍獵。獵 liè，四時田獵。庭，庭院。縣糸，懸（懸）掛。貆 huán，貈 hé，狗獾。《讀〈風〉臆補》「『胡瞻爾庭有縣貆兮』，八言詩之祖。」（《續修》經 58/206）

　　韻部：檀干（澗）瀾（漣）廛貆餐，元部。

　〔2〕案：「素飧尸祿」「素食尸位」，古之恒語，「素餐尸位」出此。漢儒與今人對「素餐」的詮釋不同。餐 cān，河北人呼食爲餐。《魯》《孟·盡心》此是詰問句，公孫丑：不素餐，不耕而食。《魯論》《潛夫論·三式》：「批評無功受祿。」《論衡·量知》：空虛無德，飧人之祿。《求自試表》李注引《韓詩章句》：「素者，質也。人但有質樸而無治民之材，名曰素餐。尸祿者，頗有所知，善惡不言，默然不語，苟欲得祿而已，譬若尸矣。」不勞而食，貪鄙。輻 fú，車輪輻條，連接車轂、車輞的直條。側 cè，岸旁。嗇穡 sè，收穫。億 yì，萬萬曰億。《平議》億通繶，誤。特，三歲的大獸。食，素食，無功無德而食，無才無質無勞而食，白吃飯食。

　　韻部：輻側直穡（嗇）億特食，職部。

　〔3〕輪，有輻條的車輪。《稗疏》：輻用檀，取其直。牙用檀，取其圓。漘 chún，水岸。脣通漘。《月賦》李注引《韓詩章句》：「順流而風曰淪。淪 lún，文貌。」禾，嘉穀，代指九穀。囷 qūn，圓倉。《說文》：笸 dùn，用竹簍編曳的儲存穀物的器具，篅 chuán，竹製圓形倉庫。囷 qūn，圓形倉庫。鶉，讀如鷻，鷻，雕。飧飧 sūn，熟食。

　　韻部：輪漘囷鶉飧，諄部。

【評論】

　　案：這是一首複沓式雜言體的政治諷刺詩，善於用排筆，長短句錯綜，而且句句押韻，首三句興而賦，後六句賦寫社會生活畫面，而議寓其中，後兩句是犀利的抨擊，字字蘊含機鋒，語語直刺貪鄙，先秦不可多得的佳什，雖經周王朝樂師太師公卿的審選，而終因反映周朝現實尤其是履畝稅之後的

實況，得以選錄，而不掩其偉大現實主義詩歌藝術的光輝。通篇句句協韻，有音韻美。魏・張揖《上林賦》注：「悲《伐檀》，張揖曰：其詩刺賢者不遇明王也。」（《文選》李善注頁 377）《單疏》頁 73：「經先言君子不仕，乃責在位之貪鄙，故章卒二句皆言君子不素饗，以責小人之貪，是終始相結也。此言在位則刺臣，明是君貪而臣傚之，雖責臣亦所以刺君也。」《臆評》「以如此境，有如此志，那得素飽？」《存目》，經部（61/253）《臆評》：「摹擬，想像，說此二段，文章家代字訣也。」「忽而敘詩，忽而推情，忽而斷制，羚羊掛角，無跡可求，後人更能效步否？」《臆補》：「『胡瞻爾庭有縣狟兮』八言詩之祖。」「短長〔言〕雜奏，當雜言〔詩〕之祖。」（《續修》58/206、227）《詩誦》2「刺貪意全在對面照出，美不仕者之廉以刺在位者之貪，正所謂言乙而意在刺甲也。首三句宜著意。」《通論》：「寫西北人家如畫。」《詩志》：「起落轉折，渾脫傲岸，首尾結構，回應緊湊，此長調之神品也。」《詩疑》：「《伐檀》之詩，造語健而興寄遠。」《新證》頁 76，「《伐檀》共三章，係國風中的傑出作品，反映了勞動人民終歲勤苦的勞動果實爲統治階級所攫取。」

碩　鼠

碩〔鼫〕鼠碩〔鼫〕鼠，	狡猾的大老鼠，狡猾的大老鼠，
無〔毋〕食我黍〔禾黍〕！	不要貪吃我們的黃黍，
三歲貫〔宦〕女〔汝〕，	多少年我們豢養了汝，
莫我肯顧〔頋〕。	竟然對我們不加恤顧。
逝〔誓〕將去女〔汝〕，	我們約誓，馬上拋棄汝，
適彼樂土，	去那我們理想的樂土，
樂土樂土〔適彼樂土〕，	去那我們理想的樂土，
爰得我所。〔1〕	在哪裡有我們該去的處所！
碩〔鼫〕鼠碩〔鼫〕鼠，	狡猾的大老鼠，狡猾的大老鼠，
無〔毋〕食我麥。，	不要貪吃我們的三麥，
三歲貫〔宦〕女〔汝〕，	多年我們豢養了你等，
莫我肯德〔得〕。	竟然對我們不感恩戴德，
逝〔誓〕將去女〔汝〕，	我們發誓離開你們，
適彼樂國，	到那我們的理想國，
樂國樂國〔適彼樂國〕，	到那我們的理想國，
爰得我直。〔2〕	實現我們的人生價值。

碩〔鼫〕鼠碩〔鼫〕鼠，	狡猾的大老鼠，狡猾的大老鼠，
無〔毋〕食我苗。	不要貪食咱秀穗的禾苗，
三歲貫〔宦〕女〔汝〕，	多年我們豢養了你等，
莫我肯勞〔逃〕。	從不肯對我們勞徠慰勞。
逝〔誓〕將去女〔汝〕，	我們發誓將離開你等，
適彼樂郊。	到那快樂的遠郊，
樂郊樂郊〔適彼樂郊〕，	到那快樂的遠郊，
誰之永〔詠詠〕號〔謼〕？〔3〕	有誰不詠歌？有誰不歡叫？

注：大約《詩・碩鼠》古本各章六、七兩句重，且有累累如貫珠，迴環的音樂美，誠如清・宋綿初所云：「今《毛詩》作樂土樂土，按文從《韓詩》爲得。」

〔魯說〕《說苑・雜事5》「《詩》曰：『逝將去女，適彼樂土；適彼樂土，爰得我所』……」《新序校釋》頁961～962，引「《詩》『逝將去汝，適彼樂郊；適彼樂郊，誰之永號。』」《新序校釋》頁961～962，引《詩》「逝將去汝，適彼樂郊；適彼樂郊，誰之永號。」繫於前683年。

〔韓傳〕《韓詩外傳》2「《詩》曰：『逝將去女，適彼樂土；適彼樂土，爰得我所。』」「《詩》曰：『逝將去汝，適彼樂土；適彼樂土，爰得我所。』」「《詩》云：『逝將去汝，適彼樂土；適彼樂國，爰得我直。』」

眞本《玉篇》引《詩》亦重，當是《魯》《韓》傳本。日本高山寺之新井政毅藏書卷子本《毛詩》（狩穀掖齋所舊收）《碩鼠》旁記：「古本作『逝彼樂土，適彼樂國』者與《韓詩外傳》所引同。（〔日〕島田翰著《漢籍善本考》，北京圖書館出版社，2003，123）清・朱士端《齊魯韓三家詩釋》所論甚詳，抄件存揚州市圖書館古籍部。辯證地看，疊與不疊，古代口耳相傳，不免有異本，難於劃一，如《呂覽・舉難》高誘注引不迭，《漢石經殘碑》「口將去女，適彼樂郊；樂郊」，而作爲《魯詩》弟子，劉向《新序》《節士》、《雜事》所引則疊，如《新序校釋》頁763「《詩》曰『逝將去女，適彼樂土；樂彼樂土，爰得我所。』」可以推知前175年魯詩也曾定爲「逝彼樂郊；樂郊樂郊」，但遲於前漢劉向三百多年。

【詩旨】

案：繫於前709～前677年間，當是詩人寄情於烏托邦（Utopia）式的理想國，用詩回答誰養活誰的根本問題。〔魯說〕《潛夫論・班祿》：「履畝稅而《碩鼠》作。」《後箋》：「此詩正意自因重斂，民不堪命，甘心流亡。」

　　〔齊說〕《鹽鐵論・取下》：「及周之末塗，德惠塞而嗜欲眾，君奢侈而上求多，民困於下，怠於上公，是以有履畝之稅，《碩鼠》之詩作也。」

　　《毛序》：「《碩鼠》，刺重斂也。國人刺其君（《台》123/521「君」下爲「汝詠重斂蠶食之於人」）重斂，蠶食於民，不修其政，貪而畏人，若大鼠也。」《單疏》頁 74，「《正義》曰：國人疾其君重斂畏人，比之碩鼠，言『碩鼠碩鼠，無食我黍』，猶言國君國君無重斂我財」。

　　中華文明史早期有崇德尙群的思想，《衛世家》記載周公申告康叔「務愛民」，並「告以紂所以亡者淫於酒，酒之失，婦人是用，故紂之亂自此始」，作《無逸》以戒成王明辨君子小人，勤政愛民，作《君奭》提出「天不可信，我道惟寧王德延」，周成王作《顧命》，《文王》主「維新」、「多士」、「宜鑒於殷，駿命不易」，《清廟》諸篇主張「秉文之德」、「我求懿德」，前 594 年，魯國實行初稅畝，按田畝收稅，履田十取一，（《穀梁傳・宣 15》）除去公田之外，又稅私田什一也。正是在這嚴酷的局勢，魏民作《碩鼠》，善用譬喻，用簡筆賦寫，強烈抒憤，在周定王時首次決絕地提出「逝將去汝，適彼樂土」，樂土、樂國、樂郊這樣的理想國——烏托邦（Utopia）。

　　凡夫唐在《雜文月刊》發表《詩經裏的移民傾向》認爲這是「告知自己的移民傾向」。

【校勘】

　　〔1〕《九家易》《魯》《釋獸》《類聚》95 引樊光注晉・郭璞《爾雅圖贊》鼮，《毛》碩，音義同。《毛》無、黍，《魯》《漢石經》毋、秄，《孔宙碑》秖，秄黍秖同，無通毋。《毛》女，《魯》《新序》《韓詩外傳》2 王粲《從軍行》《贈白馬王彪》李注引《毛》《單疏》《台》121/527 汝，女，古字。《毛》顧，P2529.P2669 作顅，簡體。《漢石經》肯作冐，同。

　　〔2〕本字作誓。《漢石經》《毛》逝，《齊》《公羊傳・昭公 15》徐彥《疏》引作「誓」。楊樹達《小學述林》：《三家》作誓，用本字也。《毛》用逝，用假字也。《毛》樂土樂土，《魯詩殘碑》劉向《新序》《節士》與《雜事》《韓》《韓詩外傳》2 都疊「適彼樂土」詳《韓詩外傳集釋》頁 57、59～60，都是西漢初年書。案：劉向則親聞於申公，又治《韓》，當可信。《詩經》中疊句甚多，有音樂的廻環美，累累如貫珠，當是，又見之於《中谷有蓷》《丘中有麻》《東方之日》《汾沮洳》。

〔3〕《毛》貫、肯，《漢石經》宦、肎，肎同肯，《毛》德，《毛》《韓》《魯》《漢石經》「勞」，《毛》肯勞，《漢石經》有勞，《魯》《呂覽・舉難》高注引作得、「逃」。《管・七臣七主》，得讀德。案：「勞」「逃」，古音同宵部通假。《毛》之，《魯》《呂覽・音初》高注「之，其」，高注是訓之爲其，並非之作其，由注文並非專指此句。案：本字作詠，理由有五：一、《呂覽・舉難》高注引作「之」，可證，《魯》《毛》同爲「之」。《唐石經》誰之永號，永，《釋文》詠，本亦作永，音詠歌也。《考文》《台》121/527 作詠。「誰之詠號」當是古本，《考文》、敦煌文獻俱在，善本可珍；二、詠、詠古今字，詠號，連語；三、《經典釋文》出詠字，云：詠，本亦作永，同，音詠，即是說所見本作詠，詠同詠。四、《單疏》頁 74「《正義》曰：言彼有德之樂郊，誰往而獨長歌號呼，言往者皆歌號喜樂得所，故我欲往也。」五、小字本、相臺本作詠。《新證》校改爲「唯以永號」，可備一說。《魯》《新序・節士》《韓詩外傳》2 引《詩》疊「適彼樂郊。」《毛》號，《唐石經》諕，避唐諱。此詩在齊桓公時已盛傳。

【詮釋】

案：據《忽鼎》五個奴隸才值一匹馬、一束絲，奴隸、臣隸、庶人社會地位低下，此詩是發自社會底層的心聲。

〔1〕碩鼫 shí，大。《魯說》《爾雅圖贊》鼫鼠，「五能之鼠……詩人歌之，無食我粒。」《詩緝》：碩鼠，指聚斂之臣。詩人用移就手法，將碩鼠比擬爲聚斂之臣。《臆補》：「呼鼠而女之，實呼女而鼠之，怨毒之深有如此者。」無通毋，禁戒之辭。黍 shǔ，黃黍；穄，不粘的小米，代指五穀，莊稼。宦 huàn，臣隸，做貴族的奴僕，《越語下》種與范蠡入宦於吳。貫 guàn，服事。女，汝，你。莫我肯顧，爲協韻，莫肯顧我，不肯顧念咱。下同。逝讀若誓 shì，發誓。去，離開。土，樂土，其時「樂土」、「樂國」、「樂郊」，當是《禮記・禮運》所說的「大同」世界、柏拉圖《理想國》式的烏托邦。所，處所。

韻部：鼠黍女（汝）顧女土土所，魚部。

〔2〕麥，大麥、元麥、小麥，代指莊稼。德 dé，不報德，不感恩。國，樂國，理想之邦。直 zhí；直通值。直職疊韻通借。《述聞》：「直，當讀爲職，職亦所也。」

韻部：麥德國國國直，職部。

〔3〕苗，嘉穀，《蒼頡篇》：禾之秀曰苗。逃勞疊韻通假。勞 láo，勞徠，恤其勞苦，慰勞。一說逃跑之逃。郊，境地。之，其。《通釋》「永，《釋文》

本作詠，云：『詠，本亦作永，同，音「詠」。《足利》本作「詠」。《箋》：「永，歌也」，正讀永爲詠。古詠歌字多省作永，永號猶詠歎也。……之，其也。《呂覽·音初篇》高注：『之，其也。』『誰之永號』，猶云『誰其永號』。」案：《經典釋文》：詠，本亦作永，同音詠，歌也。永，詠、詠，《舜典》「歌永言」，《漢書·禮樂志》引作詠，詠歌，歌唱；號háo，《慧琳音義》94注引《博雅》：「號，謹（歡）大聲也」，《箋》：「之，往也。永，歌也。樂郊之地，誰獨當往而歌號者，言皆喜悅無憂苦。」可見，號有喜歡喜悅義，故詠號爲連語，又詠號，歌號，喜悅。《單疏》：「言彼有德之樂郊，誰往而獨長歌號呼，言往者皆歌號喜樂得所，故我欲往也。」《新證》：誰通唯，之猶以，唯以歌呼。

　　韻部：苗勞（逃）郊郊郊號，宵部。

【評論】

　　案：《呂覽·舉難》高注：「歌《碩鼠》也。」《馬融傳》注引《說苑》曰：「甯戚飯牛於康衢，擊車輻而歌《碩鼠》。」齊桓公前685年～前642年在位，當時《碩鼠》早已傳誦廣泛，大約寫在周莊王（前696～前682）時。案：詩歌出於自然，緣於純情，是對大自然和內心世界、社會生活最凝練而有韻味的藝術反映。詩有美刺功用，詩人蒿目時艱，用大倉鼠、五技鼠比喻貪殘、狡猾的貪鄙之徒，抒寫大眾的憤怒之情，顯示了峻切的現實主義特色，深深催生了曹操《蒿里行》孔融《臨終》陳琳《飲馬長城窟行》、王粲《七哀》等文學和唐代杜甫《三吏三別》；又以浪漫主義筆致，以詩歌藝術首次寫出中國勞苦大眾的理想境域，比古希臘哲學家柏拉圖（Platoon，前427～前347）《理想國》提出烏托邦（Vtopia，烏有之鄉，主哲人執政，理性），早出260年，比古羅馬詩人昆圖斯·賀拉斯烏斯·弗拉庫斯（賀拉斯Quintus　Horatius Flaccus）的《諷刺詩集》早出600年，比文藝復興時期英國空想共產主義者莫爾（Thomas More，1478～1535）1516年著《烏托邦》則早出1178年。《魏風》音韻美尤嘉，句句協韻。所以吳公子札到魯國觀奏《魏風》，激賞道：「美哉！渢渢（fān fān，樂聲宛轉悠揚）乎！」《公羊傳解詁·宣公十五》「饑者歌其食，勞者歌其事。」劉向《新序·雜事》引祝簡云：「賦斂厚則民怨謗，詛矣。」唐代詩人曹鄴《官倉鼠》取法於此。《詩集傳》5，「民困於貪殘之政，故託言大鼠害己而去之也。」《義門讀書記》：「《伐檀》則無臣，《碩鼠》則無民，魏安得而不亂且亡乎？」《原始》：刺重斂。

　　案：《伐檀》《碩鼠》詩人以深切著名、犀利尖銳的語言，爲後世所豔稱、引用，體現了基層民眾的率直性格、犀利詩風，反映其思想特質是務德安民，無論是《韓傳》的「素，質也」，《魯傳》《九辯章句》「勤身修德，樂《伐檀》也」，「不食空祿而曠官也」，或者今人訓爲「白吃飯」，關鍵是從老百姓出發，體恤人民，經常被後世所豔稱、所引用，所以後來在前 485 年，吳延州對子期說了一段發人深省的政治言論──「二君（吳、楚二諸侯）不務德，而力爭諸侯，民何罪焉？我請退，以爲子名。務德而安民！」（《左傳‧哀 10》）下啓漢《古詩十九首》、東漢‧王粲《從軍詩之五》、蔡琰《悲憤詩》《三曹詩》、唐‧杜甫《赴奉先詠懷五百字》、白居易《賣炭翁》、李紳《憫農》等現實主義文學傳統的藝術創作。

卷十　國風十

唐　風

　　唐，堯舊都，考古發現，唐城在今山西翼城、曲沃兩縣交界的天馬——曲村。周成王封母弟叔虞於堯故墟，名唐侯。叔虞子燮改遷晉水旁，故改稱晉侯。其地在今山西翼城、曲沃、聞喜絳縣一帶，汾水中游，（江林昌（2011）《考古發現與文史新政》）。前 679 年曲沃武公滅唐。當是前 679 年以前唐國的民歌選。《椒聊》《綢繆》婚戀歌；《鴇羽》訴周王晉獻公等征伐、行役太多；《蟋蟀》斥過度逸樂，主張賢良敏於事；《山有樞》斥晉侯不悟，會被他國佔領，即使庶民，也憂深思遠，時刻關心國家命運；《揚之水》提示國人將叛而歸曲沃，刺晉昭侯；《羔裘》斥責倨傲的卿大夫，不恤民眾；《杕杜》寫流落他鄉者的孤苦無依；《無衣》對晉武公寓刺於頌，「有杕之杜」善友；《葛生》寫晉國的寡婦悼亡夫；《采苓》斥讒言誤國。所以，吳季札認爲《唐風》「思深哉！其有陶唐氏之遺民乎？不然，何憂之遠也！非令德之後，誰能若是？」至於《通釋》以爲《唐風》「無一非刺詩」，欠公允。

蟋　蟀

蟋蟀〔悉蟀〕在堂，	促織已在堂裡了，
歲〔歲〕聿其〔之亓〕莫〔暮〕，	一年又到了歲暮，
今我不樂，	年底我如不快樂，

日月其〔㞆〕除。　　　　一年時光又飛度。
無已〔巳以〕大〔太〕康，　莫要用那太安逸，
職〔𦀚〕思其居；　　　　常想想自己的本份職守，
好樂無〔毋〕荒，　　　　要快樂切莫荒亂，
良士瞿瞿〔眀眀〕。〔1〕　賢人警視正眀眀。

蟋蟀〔悉蟀〕在堂，　　　促織已在堂裡了，
歲〔歲〕聿其〔之〕逝。　一年即將要飛逝，
今我不樂，　　　　　　年底我如不快樂，
日月其邁。　　　　　　一年時光又往邁。
無已〔巳以〕大〔太〕康，莫甚用妄亂迷失，
職思其外；　　　　　　常想想職內職外。
好樂無〔毋〕荒，　　　　要快樂切勿妄亂，
良士蹶蹶。〔2〕　　　　賢士蹶蹶然奮邁！

蟋蟀〔悉蟀〕在堂，　　　促織已在堂裡了，
役車其休。　　　　　　供役的車也已休，
今我不樂，　　　　　　年底我如不快樂，
日月其慆〔陶〕。　　　時光滔滔將流走，
無已〔以〕大〔太〕康。安逸莫要成妄亂，
職思其憂；　　　　　　常想想爲國分憂。
好樂無〔毋〕荒，　　　　快樂切莫變迷亂，
良士休休。〔3〕　　　　賢士休休安閒過。

【詩旨】

《詩論》簡27「孔（孔子）曰：《七衜（蟋蟀）》智于（智）難，中氏君子。」《孔叢子・記義》引孔子云：「於《蟋蟀》，見陶唐儉德之大也。」大約是晉國賢士警戒「好樂無荒」，憂患意識形之於詩歌藝術。

〔魯說〕張衡《西京賦》「獨儉嗇以齷齪，忘《蟋蟀》之謂何！」薛綜注：「儉嗇，節愛也。《蟋蟀》，《唐詩》，刺儉也，言獨爲節愛，不念《唐詩》所刺邪！」（《六臣注文選、文選顏鮑謝詩評》，上海古籍出版社，1993.56）《詩說》：「唐人相戒之詩。」

〔齊說〕《鹽鐵論・通有》：「古者，宮室有度，輿服以庸；采椽茅茨，非先生之制也。君子節奢制儉，儉則固。昔孫叔敖相楚，妻不衣帛，馬不秣粟。孔子曰：『不可，大儉極下。』此《蟋蟀》所爲作也。」

　　《毛序》：「《蟋蟀》，刺晉僖公也。儉不中禮，故作是詩以閔之。欲其及
時以禮自虞（日本京都藏奈良朝唐抄本作虞，延文本作娛。虞娛古通。）樂
也。此晉也，而謂之唐，本其風俗，憂深思遠，儉而中禮，乃有堯之遺風焉。」

　　〔韓說〕《魏志・曹植傳》《疏》：「故任益隆者負益重，位益高者責益深，
《書》稱無曠庶官，《詩》有『職思其憂』。此其義也。」

　　《詩緝》11「僖公之病在於鄙陋局促而無深遠之慮，此詩欲開廣其志意，
提策其精神，以爲圖回國事之地，非欲其自虞樂而已也。」《直解》：士大夫
憂深思遠，相樂相警，勉爲良士之詩。《編年史》繫於前 738 年。

　　案：此詩大約作於前 739～前 731 年，晉國的大夫潘父弒昭侯，迎立曲沃
桓叔，楚侵申。晉人敗桓叔，立孝侯。《蟋蟀》，春秋時期唐國詩人一本民心，
提出節制「樂」的重要思想，《左傳・襄 27》：「樂而不荒，樂以安民，不淫以
使之，後亡，不亦可乎？」詩、史相一，大約是鄭重的政治家、詩人或士關
於「好樂無荒」、「職思其憂」、「職思其外」的具有難能可貴的憂患意識，奮
發圖強的自警詩、相戒詩。

【校勘】

　　《毛》已，《唐石經》一、二章作巳，末章作已。

　　〔1〕《孔叢子》《毛》蟋蟀，《詩論》作《七衘》，日本國京都抄本作《蟋
堂》，樞作摳，《說文》悉蟀，《毛詩音》作悉，蟋字當是後人增益偏旁。《漢
石經》《毛》其，《阜》s109 作亓，亓，古字。《文選注》作之，俱語詞。《毛》
莫，日本東洋文庫所藏唐抄本《唐風殘卷》暮，莫古字。案：本字作已。《唐
石經》巳，《釋詁》邢疏《後漢・張昇傳》李注引作以，本字作已，唐抄本作
已，以通已。《毛》大，《魯》《列女傳》P2529 太，《釋文》大音泰，以下同。
《毛》職，P2529 軄，軄異體。《毛》逝，P2529 遊，俗字。《毛》無，《阜》
S110 毋，日京都抄本作無，古字，無讀若毋。《單疏》瞿，《魯》《釋訓》《說
文》昍、瞿，《玉篇》《檀弓》作昍，昍古字。

　　〔3〕《毛》役，《漢石經》役，《說文》、日京都抄本作伇，同。案：本
字作洅。《毛》慆，《韓》《玉篇》陶。《釋文》：慆，過也。《說文義證》慆，
經典借陶字。陶、慆讀如洅。

【詮釋】

　　〔1〕首句是寫物候，蟋蟀 xīshài，疊韻詞，由田、外戶到堂內，已近歲
晚。歲，年。聿、其，語詞。其莫，其暮，狀事之詞。除 chū，逝去。無通毋，

禁止之辭。已，甚。大讀如太，無已太康，不要過於逸樂。《書·無逸》「不敢荒寧。」《毛公鼎》：「女（汝）毋敢妄寧」。古語：「生於憂患，死於安樂」，古往今來的有遠見有作爲的政治家都主張憂患意識。康，樂；職，常。《魯說》《呂覽·先識》高注：「康，安（樂，娛，逸樂）也。安淫酒之樂。樂極則繼之以悲也。」《毛公鼎》「女毋敢妄寧。」居 jū，職責。案：「職思其居」與二、三章「職思其外」、「職思其憂」，自警，又警國人。無讀若毋，不要；荒，荒廢政事，荒敗，迷亂，妄亂。良士，賢良之士。瞿瞿 jùjù，左右視，警覺貌。

　　韻部：莫（暮），鐸部；除居瞿，魚部。鐸、魚通韻。

　　〔2〕逝，流逝。邁，往逝，外，《箋》：「外，謂國外至四境。」《單疏》踰越禮樂。《詩本義》4「『職思其外』者，謂國君行樂有時，使不廢其職事而更思其外爾，謂廣爲周慮也。一國之政所慮非一事，不專備侵伐也。」蘇轍《詩集傳》「既思其職，又思其職之外。」案：蹶蹶 guìguì，迅速奮起爲國家民族奮勉不已。《魯》《釋訓》：「蹶蹶，敏也。」

　　韻部：逝邁外蹶，月部。

　　〔3〕役車，士、庶人所乘的供役使的車。休，休息。慆陶通淘，其慆，慆慆 tāo tāo，《韓傳》：陶，除也。慆慆、陶陶、滔滔 tāo tāo，流逝不返。憂，分憂，憂患意識，尤爲可貴，而絕非平日玩物喪志，醉生夢死，糊塗處政，一旦敵寇來犯，驚慌失措。休休，安閒貌。《考文》：休休，樂道之心。

　　三章複詠「好樂無荒，」陳第《讀詩拙言》：「恬淡而慮長。」

　　韻部：休慆（滔陶）憂休，幽部。

【評論】

　　《夏書》《五子之歌》「民惟邦本，本固邦寧。」「無已太康」，具有普世價值。在用韻方面，此詩有一大特色：奇數句同用韻，偶數句同用韻。戴溪：《讀〈唐風〉》：「夫好樂而無荒，此亦良士所當爲也。但瞿瞿然週旋卻顧，蹶蹶然敏於事功，不至於蕩然忘反，頹惰而晏安爾。末章『良士休休』，深言寬閑之意，以釋慘戚之懷也。」《批評詩經》：「構法最緊淨。」《臆補》：「正意只『好樂無荒』四字耳，卻從『今我不樂』二句倒翻來，而急以『無已太康』一句喝醒，何等抑揚！何等轉折！……掉尾一語，大是韻致。」（《續修》，58-207）《治齋讀〈詩〉蒙說》2「《詩》中多有暗渡，暗轉法，……『良士蹶蹶』、『良士休休』之類，皆是只寓意一二字中，渾然不覺，化工也。」《詩志》2，「此詩正旨本諷人君以深思周慮而不廢其政事，卻以及時行樂發之。

詞氣愈婉，意思愈緊。『職思其外』、『職思其憂』，便有利害死生之慮，此非田家語也。」《通論》：「感時惜物詩，肇端於此。」「上四句言及時行樂，下四句又戒無過甚也。」《會通》：「詩意精湛之至，粹然有道君子之言。」

山有樞〔蓲〕

山有樞〔蓲蘊區摳〕，隰有榆。
子有衣裳，
弗〔不〕曳〔電襼〕弗〔不〕婁〔妻摟溜〕，
子有車、馬，
弗馳弗驅。
宛〔苑菀〕其死矣，
他人是愉〔婾偷〕。〔1〕

山有栲〔枛〕，隰有杻。
子有廷〔庭〕內，
弗灑〔灑〕弗埽〔掃掃騷〕。
子有鐘〔鍾〕鼓〔皷〕，
弗〔不〕鼓〔擊〕弗〔不〕考〔攷攷〕。
宛〔苑菀〕其死矣，
他人是保！〔2〕

山有漆〔桼淶〕，隰有栗〔㮚〕。
子有酒食，
何〔胡〕不日鼓〔皷〕瑟？
且以喜樂，
且以永日。
宛〔苑菀〕其死矣，
他人入室。〔3〕

山上長刺榆，濕地長白枌。
君有衣有裳多著呢，
卻不穿不牽擔個名分，
君有車有馬多得很，
卻不馳騁空有其名！
待到你苑苑然萎死了，
他人盜取，來享福分！

山上長臭椿，濕地長檍喬，
君有朝廷宮室，
從不打掃，徒有名號，
君有編鍾大鼓，
從不敲擊，空有名號，
待到你苑苑然萎死了，
他人卻來佔有了！

山上長漆樹，濕地長栗子，
君有酒有食有栗子，
為何日飲酒彈琴瑟？
姑且以喜悅，
姑且以消磨時日，
待到你苑苑然萎死了，
別國來侵佔宮室！

【詩旨】

　　大約是前 739 年，詩人辣評晉昭公政事荒廢，大權旁落，文化不修，國家垂危，詩人抒發了凝重的憂國之思，並諷刺慳吝人，提出警惕桓叔謀取其國。

　　《毛序》：「《山有樞》，刺晉昭（本字作昭，日本東京都藏唐抄本作照。案：當是避武則天、唐昭宗諱。或避日本國孝昭天皇（前 475～前 393）諱。照當為昭。《台》121/521 作昭。）公也。不能修道以正其國，有財不能用，

有鐘鼓不能以自樂，有朝廷不能灑掃，政荒民（《唐石經》尸）散，將以危亡，四鄰謀取其國而不知，國人作詩以刺之。」《詩序辯說》上，「此詩蓋以答《蟋蟀》之意而寬其憂，非臣子所得施於君父者，《序》說大誤。」

《三家詩》：「當周公、召公共和之時，成侯曾孫僖侯（晉釐侯司徒前 840~前 823 在位）甚嗇愛物，儉不中禮，國人閔之，唐之變風始作。」

【校勘】

〔1〕《管‧地員》「區榆」，《漢石經》《說文》藲，由《管子》與《漢‧地理志》顏注藲音甌，則區榆之區藲藲都音 ōu 甌，絕非音樞，《釋文》云：「藲，《詩》云『山有樞』是也。本或作藲。」《爾雅》《集韻》樞，加「木」乃後人所加形旁，變樞當是後人去「艸」爲樞，古字本作藲音 ōu 甌不音樞 shū。《馬融傳》陸璣《疏》《單疏》《唐石經》唐抄本作樞。《爾雅》《齊》《漢志》《文選注》《詩考補遺》引《三家》《西京賦注》《齊》藲，日本京都藏唐抄本《唐風殘卷》藲作摳，俗體，樞摳區藲藲共區，通藲。《漢石經》《毛》弗曳，日藏唐抄本作㫐，作㫐是傳寫之訛，當作曳，各家作曳。本字作婁，《單疏》《唐石經》婁，《魯》《馬融注》《毛》婁，《韓》《韓詩外傳》2《魯》《釋詁》《西京賦》《玉篇》摟，婁古字。《阜》s112 作弗㳻弗留，異本，聲近通借。本字作菀。《毛》宛，《釋文》宛，本亦作菀，《台》121/521、日帝國大學藏唐抄本作菀，菀同菀。婾本字，《毛》愉，《魯》《西京賦》注、《慧琳音義》45 注引《蒼頡篇》《齊》《漢‧地理志》《後漢‧張衡傳》《廣雅‧釋詁》《段注》婾 tōu，《箋》作偷。馬融、鄭玄訓偷爲取，《疏證》：愉偷婾並字異而義同。《釋詁》愉，通作婾。案：結合二、三章，當從《三家》愉，讀曰偷。《蒼頡》：婾（偷），盜也。

〔2〕《毛》栲，《說文》枑，同。《毛》廷，日藏唐抄本、《台》121/521《御覽》185 庭，古字通，《毛》灑掃，日藏唐抄本作灑埽，P2529 作埽，俗字，灑與灑、埽與掃古今字。《阜》s114 作騷，騷、掃聲近通借。本字作鍾，《單疏》作鐘，《毛》鐘鼓，《齊》《周禮》《廣雅》《集韻》《正字通》《東洋文庫》唐抄本《唐石經》鍾鼓，鐘鍾古通，鼓古字。本字作攷，《毛》弗鼓弗考，《說文》攷，《河陽縣作》注引《毛》、《事類賦》、日藏唐抄本、P2529、《御覽》522「弗擊弗考」。《御覽》582、唐‧李應《四品女樂判》「不擊不考」。《傳》考，擊也。《釋文》：鼓如字，本或作擊，非。《定本》弗鼓弗考。《正義》同。當依《定本》、《正義》本。

〔3〕《毛》漆栗，P2529 漆作㳫，《周禮・周官》《說文》《魯詩世學》㮚，古字。本字作桼。《毛》何、鼓，《阜》S115、《漢石經》胡、皷，皷古字。何、胡同源字。《毛》灑，《說文》《外傳》灑，洒，古字。埽掃同。

【詮釋】

〔1〕藚樞蕰 ōu，刺榆（Hemiptelea davidii）。木材可製器具農具。其葉利水消腫，清熱除煩，嫩葉可作羹或作食，其花健脾化痰，利尿通便。子，尊稱。黃焯《平議》指昭公。有，擁有。以下指慳吝人的特性不過守財奴而無遠見宏圖。婁摟，溜通婁（摟），曳 ye，婁 lú，曳摟，連語，牽拉。弗，不。馳驅，連語，策馬。宛通苑，yùn，隕 yùn，枯萎隕落，代稱死，如「哲人萎矣」，苑苑然萎死貌。他人，別國。《箋》「偷，盜也」。愉婾通偷 tōu，盜取，竊取。案：詩人是一位清醒鄭重、關心國家命運前途的政治家以詩歌形式呼籲對外國保持應有的警戒。

韻部：藚（蕰）榆婁（摟）驅愉，侯部。

〔2〕栲栲 kǎo，臭椿。葉可飼牛。嫩葉可食，消風去毒。根、皮殺口鼻疳蟲。杻 niǔ，高大的檍樹，葉可飼牛，木可作車輞、弓弩幹。庭，朝廷，宮廷；內，宮室；灑灑 sǎ，灑水掃地，埽 sǎo。廷，古字。皷，古字。弗鼓弗考，鼓擊同義。攷，古字，攷考 kǎo，叩擊或彈奏。《單疏》：「獨言鐘鼓者，據娛樂之大者言之也。」保 bǎo，據有，佔據。

韻部：栲（栲）杻掃考（攷）保，幽部。

〔3〕桼 qī，漆樹（Anacardiaceae），漆汁可漆飾，葉可活血去瘀，解毒殺蟲、止血；皮可接骨續筋，通筋活絡；根可活血去瘀止痛，破瘀，調婦人經脈；木心可行氣止痛，消積殺蟲破瘀，治癥瘕瘀血蟲積。㮚栗 lì，栗子，堅果，《別錄》列為上品，周代盛產，栗（Castanea），主治健脾和中，補益肝腎，活血止血，消腫解毒；葉主治解毒殺蟲，溫經通陽；栗殼主治和胃和中，收斂止血；栗花主治收澀止瀉，溫經去寒。食 shí。何胡古字通，疑問副詞。鼓，彈奏。瑟 sè，二十七絃的絃樂器。且，暫且。以，用。樂，喜。日，永日，盡日，消磨時日。案：有衣裳車馬、廷內、鐘鼓、酒食、琴瑟，當是晉昭侯們或晉國權貴，不能與民同樂，任由外人自樂，任「是偷」「是樂」「是保」「入室」，至羞恥事！

韻部：漆栗瑟日室，質部。

【評論】

馬融《廣成頌》:「是以《蟋蟀》、《山樞》之人,並刺國君,諷以太康馳驅之節,夫樂而不荒,憂而不困,先王所以平和府藏(腑髒)頤美精神,致之無疆。」宋‧張端義《貴耳集》:「《毛詩》,聖人取小夫賤隸之言,最近於人情道理處,誠使人一唱三歎,如《山有樞》三章,聞之者可以爲戒。言衣裳車馬,『宛其死矣,他人是愉。』言鐘鼓『宛其死矣,他人是保』。言酒食,『宛其死矣,他人入室。』『愉』、『保』、『猶』可說,至於『入室』,則鄙吝之言極矣。」謝枋得:「一章始言「他人是愉」,二章中言「他人是保」,三章末言「他人入室」。一節悲一節,此亦憂深思遠也。」(《傳說匯纂》)《臆評》:「本以遣愁,翻令愁劇。似達似呆,晉代風流,陳、隋極欲,此其濫觴。」《詩志》2「促節疊調是悲慼,不是曠達。四鄰謀取其國家而不知,勸他曳驅飲樂何益!蓋以爲與其爲他人守,上不如及時行樂之爲愈也。特設此反詞寓言以爲悚動耳。細繹乃得之,故曰憂深思遠。」《詩誦》2「詩人不勸其及時修政,而轉勸其行樂,蓋辭雖謔而意愈苦矣。『宛其死矣,他人入室』,危言苦語,骨竦心驚,如其念此,人非隋煬,未有不皇然改圖者,尚何行樂之有?『黃金費盡教歌舞,留與他人樂少年』,唐人諷刺亦有此意。」《通論》認爲優生惜死之歎,當爲漢、魏詩鼻祖。《會通》引舊評:「愈曠達,愈沉痛,得其立言之旨。」

揚之水

揚〔楊〕之水,	涷河激揚的水,
白石鑿鑿〔毇〕。	可見水中石鑿鑿,
素衣朱襮〔襮裱褾宵霄〕,	素衣丹領刺繡文,
從子于沃。	桓叔強盛在曲沃。
既見君子,	已經看見晉昭公,
云何〔胡〕不樂?⑴	我爲什麼不快樂?
揚〔楊〕之水,	涷河激湍的水,
白石皓皓〔晧晧〕。	沖刷得水中石白晧晧,
素衣朱繡〔綃〕,	素衣朱繡禮服新,
從子于鵠〔皋〕。	桓叔舉兵於皋。
既見君子,	已經看見晉昭公,
云何〔胡〕其憂?⑵	我爲什麼憂愁?

揚〔楊〕之水，　　　　　　　　涑河湍急的水，
白石粼粼〔磷瓑粼〕。　　　　　沖刷得水中石白磷磷。
我聞有命，　　　　　　　　　　我聽說國家有危難，
不敢〔可〕以告人。〔3〕　　　　可不能告知他人。
　　　　　　　　　　　　　　　〔否則危及自身！〕

注：《魯詩》《荀子・臣道》作：「國有大命，不可以告人，妨其躬身。」

【詩旨】

案：前 738 年前，晉昭侯時，晉國人將叛、歸曲沃，詩人見微知著，用
詩歌這種特殊形式，用隱晦的藝術語言，不告而告，加以諷刺。詳《晉世家》。
《編年史》繫於前 745 年。

〔魯說〕《荀・臣道》「事聖君者，有聽從無諫爭；事中君者，有諫爭無
諂諛；事暴君者，有補削無矯拂。迫脅於亂時，窮居於暴國，而無所避之，
則崇其美，揚其善，違其惡，隱其敗，言其所長，不稱其所短，以爲成俗。《詩》
曰：『國有大命，不可以告人，妨其躬身。』此之謂也。」抑或是逸詩。

〔齊說〕《易林・否之師》「揚水潛鑿，使石絜白。衣素表朱，戲遊皋沃。
得君所願，心志娛樂。」

《毛序》「《揚之水》刺晉昭公也。昭公分國以封沃，沃盛強（《白文》
彊），昭公微弱國人將叛而歸沃焉。」惠周惕《詩說》中「詩雖刺昭公，實
刺桓叔也。桓叔之傾晉，唯潘父、欒賓之黨從之，國人弗予也。其謀已泄，
微聞於晉，晉之臣如師服者已知晉之不能久，特昭公弗知耳。」《編年史》
繫於前 745 年。

【校勘】

〔1〕《單疏》《齊》《兩漢全書》揚，《魯》《漢石經》劉公幹《贈從弟》
注引《毛》、《東洋文庫》日藏唐抄本、《御覽》333、815、816、956 引作楊，
古揚楊通。案：正字作鑿 zuò，《毛》鑿，《阜》S116、《段注》作鑿，鑿通鑿。
案：本字作綃。後魏・劉芳《毛詩箋音義證》：繡當爲綃。（《續修》1201/408）
《毛》《齊》《士昏禮》鄭注引《說文》襮，《魯》《新序・節士》《易林・否之
師》表，《易林》又作宵，唐抄本作襮，《三家》《魯》《郊特性》注引《續修》
1201/408 載《毛詩箋音義證》《御覽》948 引《詩辨妄》又作綃，《特性饋食禮》
鄭注引作繡。襮古寫，襮古字，《阜》S119、《魯》綃，繡通綃，因爲周代繣

刺白黑相次的圖案在衣領上，如《儀禮·士昏禮》鄭玄注：「凡宵讀爲《詩》朱綃之綃」，則漢代《詩經》作綃，至於作宵、日藏唐抄本作霄，宵霄通綃。《方言注》裱，表，衣領。作綃作表，異本。陳喬樅《齊詩考》：假宵爲綃，假繡爲綃。《毛》何，《魯》《漢石經》胡，何胡古字通。

〔2〕本字晧，《唐石經》初刻作皓，磨改作晧，《說文》《釋文》《廣韻》《東洋文庫》《白文》作晧，《台》121/521 浩，《毛》皓，同晧。浩讀如晧。《毛》鵠，《齊》《易林》皋，皋通鵠。《涑水注》鵠。《毛》何，《魯》《漢石經》胡。

〔3〕正字作磷，《說文》鄰，《毛》鄰，本字作磷，《毛詩義問》、《贈從弟》注引《毛》磷，《釋文》鄰，日藏唐抄本作鄰，宋本作粼，鄰粼鄰鄰通磷。《單疏》《唐石經》敢，《魯》《台》121/521 可，案：師受不同，作「敢」作「可」，均可，理由有五：一、「敢」是見母字，「可」是溪母字，是喉音旁紐字，可通；二、《毛》「我聞有命，不敢以告人。」《荀·臣道》「國有大命，不可以告人，妨其躬身。」三、《毛》前二章文例章六句而第三章章四句，《魯》如依魯詩之祖荀子《荀·臣道》第三章是章五句；四、楊倞注爲逸詩，段玉裁指出：「此所云即是《詩》之異文，前二章六句，此章四句，殊太短，恐漢初相傳有脫誤也。」《毛》有脫誤，當以《魯》加以補正。五、《毛》不敢以告人，《初刻》8/888、《台》121/521「不可以告人」，正與《荀子》「不可以告人」合。《東洋文庫》作「不可以告人」，《初刻》「不可告人」，《齊傳》《漢·藝文志》「魯最近之」，《魯傳》《史·儒林傳》：「申公獨以訓故以教，無傳疑，疑者則闕弗傳。」《御覽》232 引《魯國先賢傳》：「漢文帝時，聞申公爲《詩》最精，以爲博士，申公爲《詩傳》，號《魯詩》。」

【詮釋】

〔1〕據《晉世家》：引君子言：「晉之亂其在曲沃（桓叔）矣。末大於本而得民心，不亂何待？」前 738 年晉昭侯被弒，桓叔欲入晉。《單疏》：揚，激揚之水。鑿 zuò，通鑿，鮮明貌。《士昏禮》焦贛注：「素衣朱襮，衣素表朱也」，繡 xiù，繡花衣服，周代規定「諸侯繡黼丹朱中衣」，而桓叔級別低於晉昭公，表朱則不免如陳橋黃袍加身之嫌，晉昭公桓叔的關係是尾大不掉。襮 bó、表古今字，表 biāo，（古）幫宵；綃 xiāo，（古）心宵。表、綃同在宵部，表通綃，古經又作繡，繡讀爲綃，繡刺白黑相次之文於衣領，諸侯禮服之一，桓叔乃越禮之舉。沃 wò，春秋晉邑，故址在今山西省曲沃縣。1992～1994 年考古發現，

唐都在今山西翼城、曲沃兩縣之間的天馬——曲村。東有沁河，西有汾河。從，隨從；子，桓叔。樂 lè，喜。云，發語詞。胡、何，疑問副詞，爲何。

韻部：鑿沃樂，藥部；襮，鐸部。藥鐸合韻。

〔2〕晧 hào，晧晧然，潔白貌。曲沃，邑名，《水經注校證》：「涑水又西南逕左邑縣故城南，故曲沃也。晉武公自晉陽徙此，秦改爲左邑縣，《詩》所謂『從子於鵠者』也。」《毛》繡 xiù，《齊》宵，《魯》綃，雙聲通借。綃，刺文，刺绣。《水經注》鵠 hú，安鵠，在今山西省聞喜縣東。憂 yōu，深慮。

韻部：晧（皓）繡皋憂，幽部；鵠，沃部。幽、沃通韻。

〔3〕粼粼鄰通磷，磷磷 línlín，明淨清澈。案：古時涑水流急，沖刷水中石磷磷可見。鑿鑿晧晧、磷磷，興兼比，譬喻諸侯下屬尾大不掉。詩人用反話。有命，桓叔及其黨羽謀劃顛覆晉國，如《荀·臣道》「國有大命，不可以告人，妨其躬身」，詩人以國家的命運爲重，此處指桓叔將有叛，國家命運有危險，這個秘密不能對人說，說了會危及自身。卻用詩揭露了。命，禍福吉凶。身 shēn，自身，自身安危；妨，妨害。《詩輯》：「命謂桓叔篡晉之謀已定，命其徒以舉事，禍將作矣，我聞其事，而不敢以告人也。言有命者，迫切之辭。言不敢告人，乃所以深告昭公也。」《臆補》10「語甚隱妙。」

韻部：磷（粼）命人，真部。

【評論】

《魯傳》《晉世家》引君子曰：「晉國之亂其在曲沃矣。末大於本而得民心，不亂何待！」《詩輯》「昭公時，晉人之心尙未渙散，其樂從沃者，沃之黨耳。作詩者說爲國人相與之詞曰：『我聞有命，不敢以告人』正所謂泄沃黨之謀，而非叛晉者之所自作也。」《詩集傳》頁 89，引李氏曰：「古者不軌之臣欲行其志，必先施小惠以收眾情，然後民翕然從之。田氏之於齊，亦猶是也。故其召公子陽生於魯，國人皆知其已至而不言，所謂『我聞有命，不敢以告人』也。」《後箋》10：「詩所謂刺其君者，非徒刺之已也。必實有愛君憂國之心，而事有不容顯言者，故其慮深，其情切，而其詞轉隱，或者有詭詞以託意，反言以著事者如此。詩託爲叛者之辭云，既見桓叔而樂，又反言聞命而不敢告，乃正所以告之，此所謂主文譎諫，風人之旨也。」《會通》引舊評：「此詩巧於告密者，晉昭不悟，奈何！」

椒　聊

椒〔茮柮〕聊〔茮朹捄聊〕之實，	香椒子多！
蕃衍〔蔓繁延〕盈升。	蕃衍已滿升！
彼其〔己〕之子，	我心中的那位女子啊！
碩〔實〕大無朋〔冃册〕。	魁梧高大無比健壯啊！
椒聊且！	彷彿香椒啊！
遠條〔脩〕且！〔1〕	馨香遠揚啊！
椒〔朩茮〕聊之實，	香椒子多啊！
蕃衍盈匊〔掬菊〕，	蕃衍滿一匊！
彼其〔己〕之子，	我心中的那位女子啊！
碩〔實〕大且篤〔毒箌竺蔫〕。	高大又仁篤啊！
椒聊且！	彷彿香椒啊！
遠條〔脩〕且！〔2〕	馨香遠播啊！

【詩旨】

　　前 745 年，唐國歌手在採花椒時的樂歌，善用比興，對有魁梧美、仁厚美的女子所唱的情歌，讚美她名聲遠播如香椒馨香條暢！錢澄之《田間詩學》：「此於初婚之時，旁人為之慶喜之詞。」

　　《毛序》「《椒聊》，刺晉昭公也。君子見沃之盛彊，能修其政，知其蕃衍盛大，子孫將有晉國焉。」

　　《魯說》應劭《風俗通》「《漢宮儀》，皇后稱椒房，取其蕃實之義也。《詩》曰：『《椒聊》之實，蕃衍盈升。』」《風詩類抄》：「《椒聊》喻多子，欣婦女之宜子也。」案：這是如《螽斯》反映人類繁衍的意願與古代中國人的多子多福的祈福心理。

【校勘】

　　〔1〕案：本字作茮茦或茮朹，《說文》有茮無椒，茮、椒古今字。《說文》茮茦。《毛》、陸璣《疏》《經典釋文》《疏》椒聊，訓聊為辭（語詞），P2529 作柮聊，俗字。《魯》《釋木》邢《疏》「朹，盛實之房」邵《正義》朹與茦通，《箋》「今一朹之實蕃衍盈升，非其常也。」《箋》《釋文》朹，唐寫本、宋本作朹。案：椒，古字作朩，《說文》朩或作茮，《說文》茮茦聊，《集韻》聊作柳，茮朹柮朹柳，實詞，聚生成房，聊通茦朹。鄭樵《爾雅注》：「此類結子成毬朵。」《毛》王肅《注》《魯》《漢官儀》「蕃衍」，《魯》《魯殿靈

光賦》李注、《韓》《求通親親表》注引、《一切經音義》19引作「蕃延」，《白帖》18「繁衍」，通作「繁衍」。此與《螽斯》反映周代生殖崇拜意識。《魯》《說苑・立節》《毛》其，《韓詩外傳》2、《台》121/522、日藏唐抄本作己。《毛》朋，《漢石經》𠂤，同，P2529冊，俗字。本字作脩，《唐石經》《東洋文庫》唐抄本作條，《廣雅》《考文》《初刻》8/688、《校勘記》、《詩經小學》作脩，條通脩。

〔2〕案：本字作菊，《說文》《玉篇》《慧琳音義》《唐石經》《考文》《釋文》菊，本又作掬，日藏唐寫本作菊，菊古字。《奈良朝》唐抄本「菊」旁有小字，本又作掬。掬，俗體，菊通菊。《毛》篤，《說文》𥸸，古字；P2529作蔦，俗字。《釋名・釋言語》竺，義同《釋文》毒，毒篤同音通借。《魯》《說苑・立節》《外傳》《考文》《唐石經》宋本、岳本作碩。閩本、明監本作實，俗本，誤。《義門讀書記》實作碩。

【詮釋】

〔1〕案：茉莍 jiāoqiú，椒聊、椒莍疊韻詞，茉，椒，芸香科，可作調料，可榨油（可入藥），葉可製農藥。聊 liú，（古）來幽，莍梂 qiú，（古）群幽，同爲幽部，來紐、群紐准鄰紐，聊通莍，果實外皮密生疣狀突起的腺體。《說文》莍，茉，椴實，陸《疏》《釋文》《疏》等訓爲語詞，誤。蕃衍、蕃延、繁衍，疊韻詞。盈，滿。此處用喻，比喻子孫繁衍。碩大，高大，壯健、魁偉。朋 péng，比擬，比較。案：朋，配，曹植《豫章行》：「鴛鴦自朋親，不若比翼連。」這是寫古代以高大健壯、魁偉豐腴爲美，顯然不是以細腰爲美，應該說這是勞動人民心目中的美。《箋》、孫毓則訓朋爲朋黨。《詩總聞》：「西北婦人大率以厚重爲美，東南婦人以輕盈爲美……嘗見北方士女圖皆厚重中有妍美態，與東南迥不同也。」（《四庫》經72/525）案：遠條、遠修（脩），連語，遠。條 tiáo，長。條暢，馨香遠聞。《魯》：脩，長。條脩，疊韻通借，《樂記》「感條暢之氣。」聊且 jū，句末語氣詞。

韻部：升、朋，蒸部。

〔2〕菊掬 jū，兩手一捧。且 jū，句末語氣詞。下同。篤 dǔ，《易・大畜》：「剛健篤實，輝光日新其德。」此句是說既心寬體胖，高高大大，又仁義厚道。篤，敦厚。

韻部：菊（掬菊）篤，沃部；莍（聊）條（脩），幽部；幽沃通韻。

【評論】

《韓詩外傳》2引子路云：「士不能勤苦，不能輕死亡，不能恬貧賤，而曰『行我義』，吾不信也。」舉申包胥爲存楚求援兵於秦廷等史實，引《詩》曰：「『碩大而篤』，非良篤修身行之君子，其誰與之哉！」《臆評》：「淡淡語，卻自無限情境，神品之文。」《詩志》2「蕭閒曠遠，意思咀嚼不盡。」《會通》：「末二句詠歎淫溢，含意無窮。憂深慮遠之旨，一於弦外寄之，三代之文大率如此。」

綢　繆

綢繆〔凋穆〕束薪，	〔新娘〕纏纏綿綿捆束薪啊，
三星在天。	當空燦燦有參星啊，
今夕何夕？	難忘今宵是良辰啊，
見此良人！	嫁給這一位意中人啊！
子兮〔嗟嗞〕子兮！	可美的我啊，可美的我啊，
如此良人何！〔1〕	如何對待這意中人啊！
綢繆束芻〔蒭〕，	〔新郎〕纏纏綿綿捆芻草啊，
三星在隅。	心宿三星在東南角照耀啊，
今夕何夕？	難忘今宵是良宵啊，
見此邂逅〔解覯〕！	悅懌賢妻我樂陶陶啊！
子兮〔嗟嗞〕子兮！	可美的我啊，可美的我啊，
如此邂逅〔解覯〕何！〔2〕	如何對待這美姣姣啊！
綢繆束楚，	〔新郎〕纏纏綿綿捆荊楚啊，
三星在戶。	河鼓三星照當戶啊，
今夕何夕？	難忘今宵是良宵啊，
見此粲〔粲奻奻〕者！	娶這賢妻配夫婦啊！
子兮〔嗟嗞〕子兮！	可美的我啊，可美的我啊，
如此粲〔粲奻奻〕者〔都〕何！〔3〕	如何對待這百年好合啊！

注：譯文取錢鍾書《管錐編》「三章法」

【詩旨】

案：誠如顧炎武《日知錄》所說此是「農婦之詞」。大約是晉唐農村的新婚進行曲。新郎與新娘互相愉悅的情歌。須知封建社會男女見面難，詩人極寫新婚喜悅之情。《詩切》：新婚詞。

《魯說》《淮南・俶眞訓》「孰肯解構人閒之事」高誘注：「解構猶會合也」。

《毛序》「《綢繆》，刺晉亂也。國亂則婚姻不得其時焉。」《詩序辨說》上，「此但爲婚姻者相得而喜之詞，未必爲刺晉國之亂。」

《直解》與邵炳軍《詩旨補正》：是帶有原始信息的鬧新房式的樂歌。

【校勘】

〔1〕《毛》綢繆，《阜》s120 作凋穆，異本，凋通綢，穆通繆。P2529繆作繆，俗字。《毛》子兮訓嗟嗞，感歎詞，《秦策》「嗟嗞」，《管・小稱》嗟茲，子兮通嗟嗞。

〔2〕《毛》芻，《東洋文庫》敦煌本作蒭，蒭是後人增益形旁字。《毛》邂近，《釋文》引《韓》邂覯，《釋文》邂，本亦作解覯。解覯，解媾；解說，解悅。P2525、《考文》《台》121/522、日奈良藏唐抄本「解覯」，音義同。案：解覯、解構，當是詩之古文，邂遘、邂逅、邂覯通解覯、解構，字異音義同，喜悅，所悅之人。

〔3〕本字作敉，《毛》粲，《說文》敉，《字林》姿，P2529 作㮣，俗字，《集韻》敉，或作姿，《唐石經》粲，粲同㮣，㮣通敉，姿或體。至於周伯奇《六書正訛》云：「俗用粲，非。」此論非允，《周語上》《史・周紀》：「粲，美之物也」。《毛》者，《台》121/522、P2529 都，者古音堵，此處讀爲都，者是都的省借。

【詮釋】

〔1〕一章女性伴舞之女聲合唱戲新婦。案：首兩句興兼賦，古人婚禮在黃昏後舉行，燎薪燃燭以便照明，以示家庭日子紅火，喻夫婦和美。綢繆，疊韻詞，綑束得緊，隱喻（metaphor）夫婦感情融洽，纏纏綿綿，親親密密。原始謎語，薪 xīn，代新婦。三星，昔儒所訓有三星，參星之說如《毛傳》、王肅《注》，在十月後；有心星之說如《鄭箋》以爲在三、四月；近人則以爲三章三星分別爲參宿三星、心宿三星、河鼓三星，參星也好，參宿、心宿、河鼓也好，是指夜晚天空中鄰近的很明亮的星，周代建立了以 28 宿爲代表的星象座標體系，其時於世處於領先地位，三星，參 shēn 宿三星，參宿，《克鼎》等金文顯示西方白虎七宿末宿參宿的亮星。獵戶座中的三顆亮星。「今夕何夕？」驚喜之詞，或正常按冬季結婚，或戰亂失時而隨時結婚，或久別乍逢的驚喜之夕。《九歌・東皇太一》「吉日兮辰良」。良人，夫婦互相視爲良人。《魯傳》《孟・離婁下》趙注：「良人，夫也。」《疏》訓美人。此處訓爲新娘

稱新郎爲良人。案：子，嗟 jiē，同爲精母，陰聲韻之、歌相轉。兮 xī，（古）
匣支；嗞茲 zī，（古）精之，匣、精紐准鄰紐，支、之通轉，子兮通嗟嗞、嗟
茲，《秦策》「嗟嗞乎！」《管子・小稱》「嗟茲乎！」《楚策》「嗟子乎！」雙
聲詞，讚歎詞。喜締美滿姻緣的讚歎詞。二、三章集體伴舞之男女合唱戲新
夫婦。案：如、奈，日、泥准鄰紐，魚月通轉，如讀若奈。「如……何」，猶
「奈……何」，俗語：我怎麼報答您？我怎樣對待您才好？邂逅 xiè hòu，雙聲
詞，喜悅之人。繪寫婚筵後浪漫蒂克的溫馨、甜蜜與愉悅之情。

韻部：薪天人人，眞部。

〔2〕芻 chú，馬草，蒭同芻。隅 yú，東南角。古代觀天象以授時，參宿
在天，始見東方，在隅，十至十二月在東南角。此從《毛》《王肅注》《後箋》。
心宿，東方蒼龍七宿的第五宿，有星三顆。案：覯即遘，見覯、邂逅，即遘
合。《魯說》《淮南・俶眞訓》高注：「解構猶會合也」，解覯，《釋詁下》「遘，
遇也」。解覯、解構，會合（結婚）而喜悅無比，邂逅 xièhòu、邂遘、邂覯、
解垢、解覯、解構，雙聲疊韻詞，余師：邂逅，愛悅，可悅的人。陳奐訓爲：
志相得。《後箋》：「因會合而心解心悅焉。」

韻部：芻隅逅，侯部；何，歌部。侯歌通韻。

〔3〕四章男性伴舞之合唱戲新夫。河鼓星屬牛宿，在牽牛星北。宋・呂
祖謙：「三星見則非昏姻之時。」「在天」、「在隅」、「在戶」，隨所見而互言之，
不必以爲時之先後。方束薪而見三星，慨然有感於男女失時，而其不期而見，
又似於男女適然相遇也，故歎息而言曰：『是夕也，男女儻相見，其樂當如何！』
曰『良人』，曰『粲』，蓋互爲男女之辭，以極其思望之情。」粲通姣 càn，《說
文》姣，美也。指新娘子鮮好美豔貌。者 zhě，（古）章魚；都 dū，（古）端魚，
同在魚部，章紐、端紐準鄰紐，者通都，《包山楚簡》「新者莫囂剩，新都口
夜公。」案：姣、都如碩篤含碩大仁篤，姣都，既美好又嫻雅都雅，古人十分
重視嫻雅美，《有女同車》：「洵美且都」。

韻部：楚戶者，魚部；何，歌部。魚、歌合韻。

【評論】

明・魏浣初《詩經脈講意》：「通篇俱是詩人口氣，特體夫婦之意而敍述
也。……『今夕何夕』，有喜慰驚疑、恍若如夢之態。」（《存目》，經部 66/59）
孫月峰：「三星，景妙，『今夕何夕』一語，心事刻酷，是神來句。」《臆評》：
「淡淡語，卻有無限情境。神品之文。」（同上書，經 61-254）《直解》頁 352

～353,「一章戲新婦喜見新郎之詞;」「二章,戲新夫婦初見、彼此喜悅之詞;」「三章,戲新郎喜見新婦之詞。此後世鬧新房歌曲之祖。」陳僅:「讀『今夕何夕』四語,宛聞兒女子新婚之夕喁喁私語口吻,吾不知詩人既摹寫到極眞處,又何其言之大雅若是,唐人《本事詩》亦奉教於此詩否?」(《續修》,58-209)《臆補》10「怨曠有年,喜來望外,故人間樂事翻驚爲天上奇緣也。其注意當在中章『邂逅』句。」《原始》稱其爲「天籟」,只描摹男女初遇,神情逼眞,自是佳作,不可廢也。案:新娘欣喜地稱新郎爲良人,新郎喜慶地稱新娘爲粲者,由新婚之夜的甜蜜私語進而放聲歡歌,情眞意摯,甜甜蜜蜜的新婚二人情感世界以「綢繆」二字盡之。情海綢繆,愛河綢繆,詞藻斐邠,詞旨綢繆。邵炳軍《〈詩・唐風・綢繆〉詩旨補正》:「《綢繆》首章爲女性伴舞之女聲部大合唱的『戲新婦』之辭,次章爲男女集體伴舞之男女二聲部大合唱的『戲新夫婦』之辭,卒章爲男性伴舞之男聲部合唱的『戲新夫』全詩構成了一部多聲部、多角色的愛情交響曲,成爲後世『鬧新房』詩歌之祖。」(《詩經研究叢刊》第14輯)

杕　杜

有杕〔狄折〕之杜,	杕杕赤棠樹,
其葉〔萋葉〕湑湑〔胥〕	樹葉茂密長得旺。
獨行踽踽〔偊禹〕	可憐我獨自行走,
豈無他〔它〕人?	無人肯相幫,
不如我同父!	總不如兄弟好心腸。
嗟行之人	可歎那些流離失所的人,
胡不比焉?	他人決不憐憫幫襯?
人無兄弟,	我無兄弟,
胡不比焉?〔1〕	誰人協比相助幫襯?
有杕〔狄折〕之杜,	杕杕孤赤棠樹,
其葉〔萋葉〕菁菁〔蓁青〕,	樹葉郁郁菁菁。
獨行睘睘〔睘睘煢煢悍嬛〕,	可憐我煢煢彷徨,
豈無他人?	世上難道無他人?
不如我同姓。	總不如同祖兄弟熱心腸。
嗟行之人,	可歎那些流離失所的人,
胡不比焉?	他人決不親密幫襯?

人無兄弟，	我無兄弟，
胡不佽焉？〔2〕	誰人資助幫襯？

【詩旨】

案：隨著春秋時期奴隸、臣妾的普遍，井田制宗法公社的瓦解（此用顧德融、朱順龍《春秋史》觀點），戰爭頻繁，據《史·晉世家》自晉昭侯立到曲沃武公滅晉，前784～前679年間，攻伐九次，不少人流離失所，《杕杜》大約寫於前679年，是流浪者之歌。《直解》：「乞食者之歌。」

《毛序》「《杕杜》，刺時也。君不能親其宗族，骨肉離散，獨居而無兄弟，將爲沃所併爾。」《詩序辨說》上，「此乃人無兄弟而自歎之詞，未必如《序》之說也，況曲沃實晉之同姓，其服屬又未遠乎？」《通論》6「此詩之意，似不得於兄弟而終望兄弟比助之辭。」《編年史》繫於前679年，云：閔宗族離散。

【校勘】

〔1〕《杕杜》《詩論》簡18作《折杜》。《五經文字》《單疏》《唐石經》杕，《顏氏家訓·書證》引河北本作狄，狄通杕。本字作葉，《單疏》葉，《唐石經》蒅，避唐諱。《毛》湑，《阜》S121作胥胥，胥胥通湑湑。《毛》踽，《正字通》偊，《阜》S121禹禹，禹讀如踽。《毛》他，《魯》它，它古字。《漢石經》《毛》佽，《集注》次，佽古字。

〔2〕《毛》菁，《東都賦》注、《雲臺》注引《韓》作蓁蓁，薛君：蓁蓁，盛貌。《釋文》菁，本又作青。青菁通。

本字作惸，《單疏》《唐石經》睘，《毛》睘，《五經文字》睘，《說文》嬛、睘，《台》121/522作嬛，嬛字之訛，睘是俗體，又作趜，睘本字，《說文》睘，睘、睘訛字，《韓》惸。本字作趜，《說文》《玉篇》、《說文繫傳》、《廣韻》、錢大昕、《段注》趜趜，《魯》《思美人注》《疏》煢，《疾世注》《思玄賦》李注引《憫上注》、《東洋文庫》藏唐抄本引作煢，《方言》倹，《釋文》睘，本亦作煢，《台》121/522嬛。正字作惸，倹古字，煢是煢之省，通作煢，倹睘煢趜煢、惸孿、嬛與煢煢字異而音義詞。《毛》佽，《集注》《東京賦》注引作次，佽古字。

【詮釋】

〔1〕杜，杜梨。案：杕 dì 特 tè 雙聲通借，杕杕，特特，屈萬里，孤獨貌。特特，孤高獨立貌。《談經》：杕是杕，大。杜之爲木，其木材所生之實，率酸澀不可食。必以他木接之，始一度而爲梨或甘棠，稱果中美品。故杕之

有無，乃杜之美惡之所由係。苦其無杙，直棄材也。此詩人之所以屢託興於林杜也。案：吳說是論及果木嫁接，誠一說。然而不免破字解經。有杕，按《詩經》文例，則爲有×，有×，形容詞，《唐石經》《正義》均作杕。案：日藏唐抄本引《玉篇》：「湑湑，木盛貌，支葉扶疏，不相比近也。」湑 xǔ，湑湑然，猶藇藇 xùxù 然，疑本作藇藇，湑（古）心魚；藇，同爲魚部，心、邪鄰紐，湑湑通藇藇，茂盛貌。獨行，孤兒行走。禹讀踽，偊偊，踽踽 jǔjǔ，獨行無人相親比貌。它他古今字。同父，《晉世家》晉國從昭公被殺，五世攻伐，宗族離叛。朱順龍《春秋史》「春秋時代是宗族公社瓦解時期」，如史籍所載王室式微，夷狄侵犯，晉受戎狄包圍，如《詩經》《雨無正》《十月之交》《召旻》《瞻仰》等所描繪，「邦君諸侯，莫肯朝夕」，「今也日蹙百里」「民卒流亡」，「邦國殄瘁」。嗟，悲嗟。行之人，流亡之人。不，語詞。同父，親兄弟。嗟行之人，悲嗟流浪之人。《魯說》《釋詁》：比 bǐ，俌（輔，輔助，親比）也。比，望詞，親近，親密。人，我，今方言中仍有「人」作「我」用，如北京官話、江淮官話、陝甘口語、粵語中仍在使用。《稽古編》：胡不乃決詞，言他人決不輔助我。佽 cì，佽助，幫助，給以便利，比佽，扶助。人情冷漠，非無兄弟，與無兄弟同。焉 yān，助詞。

韻部：杜湑踽父，魚部；比佽，脂部。魚脂通韻。

〔2〕菁菁、青青 jīng，蓁蓁，茂盛貌。煢 qióng，趜趜煢煢悍悍婷婷傸傸嬛嬛睘睘，重言形況字，字異音義同，獨行無所依而驚懼貌。姓，同姓。

韻部：菁姓，耕部；比佽，脂部。

【評論】

《詩論》簡 18，「《杕（杕）杜》，則情（喜）丌（其）至也。」顧起元：「各上五句，自傷其孤特。下四句，求助於人也。」（《傳說匯纂》）《讀風偶識》3「使晉君能服膺此詩，則無復有三家分晉事矣。然則無論此詩所言爲家爲國，而其禍福皆如燭照數計，無怪乎季札以爲思深而憂之遠也。」《臆補》10，「看他詞氣何等委婉，真有遑遑焉如不我就之意。」（《續修》，58-209）《識小錄》：兩「不如」字，四「胡」字，指示點逗，奕奕有神。

羔　裘

羔裘豹袪〔袪〕，	穿著羔羊裘裝豹皮裾的卿大夫，
自我人居居〔倨〕。	雖說是我，他也傲傲倨倨？

豈無他人？　　　　　　世界上難道沒有其它人？
維子之故！〔1〕　　　　以你我曾是老友的緣故！

羔裘豹褎〔褎裏袖裒〕，　穿著羔羊裘裝豹皮袖的權貴們，
自我人究究〔宄宄仇仇〕。雖說是我們，他也倨傲無情。
豈無他人？　　　　　　世界上難道沒有其它人？
維子之好！〔2〕　　　　以你我曾有老友的情分。

【詩旨】

《毛序》「《羔裘》，刺時也。晉人刺其〔君〕（《毛》《唐石經》《定本》日藏唐抄本無「君」字，《單疏》：俗本或其下有「君」，衍字。《台》121/522 有君，）在位〔之〕（日藏唐抄本有「之」，《正義》脫）不恤其民（《正義》、日藏唐抄本有民，《單疏》民，又作民，《唐石經》作𡋑，《台》121/522 脫）也。」
案：此詩是斥責貴族不愛恤人民、忘卻故舊的詩。

【校勘】

〔1〕《定本》日本靜嘉堂本、《考文》作祛、裒。P2529 作祛，非。《毛》裒，《釋文》裒，本又作褎，P2529 作褎、《東洋文庫》唐抄本作裒。《讀詩記》引《釋文》褎，裒褎古袖字。裒通褎、褎。本字作宄（宊），《魯》《釋訓》《毛》究，陳奐：古究宄聲同，當讀作宄 guǐ，懷惡不相親貌。案：《魯》《毛》究究，惡也，懷惡不相親貌，詞性是形容詞與居居相承，宄，古字作宊，雖同在幽部，依《書》孔安國傳則作名詞，《晉語 6》「亂在內為宄，在外為姦，《說文》「宄，內亂」。古籍亦無重言為宄宄例，似為破字解經。《毛》居，《齊》《孔子家語》倨，居居、倨倨同。

〔2〕《今注》究究，當讀為仇仇，《釋訓》「仇仇，傲也。

【詮釋】

〔1〕祛 qū，（古）溪魚，裾 jū，（古）見魚，溪、見鄰紐，祛裾疊韻通借，衣服後襟。案：自，雖，即使，《吳越春秋・句踐 21 年》：「及其犯誅，自吾子亦不能脫也。」詩人大約是唐國的文化人或有名望的人，老友。《魯》《釋訓》：居居、究究，惡也。豈，難道。維，惟，以。故，故舊，老友，言危難中投奔老友。

韻部：祛居（倨裾）故，魚部。

〔2〕褎褎，袖 xiù，衣袖。裒 póu，與褎褎同部通借。李巡、孫炎《爾雅

注》居居 jùjù，不狎習（不親近 人民）；究究 jiūjiū，窮極人之惡，懷惡而不與民相親，是不狎習也。案：居居、究究，重言字，居、究雙聲詞，傲慢，悖惡。用民力而不憂其困，是窮極人之惡也。維，惟；好 hǎo，友好之人，老友。《詩切》:「刺貴官不念貧交也。」

韻部：褎（褏袖）究（宄宼）好，幽部。

【評論】

案：詩人用借代格，周代服用羔裘豹袖是卿大夫、權貴的等級標誌，用複遝式，諷刺。朱睦㮮《五經稽疑》「蓋今在位者不肯恤民謀國爾。」《單疏》頁 82，「刺其在位不恤其民者，謂刺朝廷卿大夫也。戴溪：「《羔裘》刺大夫不恤其民也。『蓋裘豹袪』，言大夫盛飾若此。……今也知有我而不知有人，自我而已，人居居然而不恤也。居居然者，置其人於不問之地也。究究然者，窮甚而莫之救也。」王質：「此朋友切責之辭，切責之中，忠厚所寓，此風亦可嘉也。」《臆評》10「居居、究究，字法極新。」《詩志》:「苦心厚道，較《碩鼠》深婉。」案：詩人以詩表明心跡，絕不與奸宄爲伍，尤有普世價值。

鴇羽

肅肅〔翿翿〕鴇〔鳵〕羽，	地鶬翿翿飛，
集于苞栩。	降在叢生的櫟樹，
王事靡盬〔苦𪊄〕，	王事沒完沒了，
不能蓺〔藝藝〕稷黍〔禾黍〕。	咱們無暇種稷黍。
父母何怙！	雙親還有何依怙？
悠悠蒼〔倉〕天	茫茫蒼天，
曷其有所？〔1〕	何時方有安身之所？
肅肅〔翿翿〕鴇〔鳵〕翼，	翿翿地鶬，
集于苞棘〔棘〕。	降在叢生酸棗樹，
王事靡盬〔苦𪊄〕，	王事沒完沒了，
不能蓺〔藝〕黍稷，	我無暇種穀子、黃黍，
父母何食！	父母又靠誰養活？
悠悠蒼〔倉〕天	茫茫蒼天，
曷其有極？〔2〕	何時有個結束？

肅肅〔翻翻〕鴇〔鳻〕行，　　翻翻地鴇，
集于苞桑〔棠〕。　　　　　　降在叢生桑樹上，
王事靡盬〔苦處〕，　　　　　王事沒完沒了，
不能蓺稻粱，　　　　　　　　我不能種稻粱，
父母何嘗〔嚐〕！　　　　　　父母一年到頭有什麼嚐？
悠悠蒼〔倉〕天　　　　　　　茫茫蒼天，
曷其有常〔有其〕？〔3〕　　何時才能恢復正常？

【詩旨】

　　案：農民苦於徵役、徭役，而不能奉養雙親，故吟成此詩。《編年史》繫於前 709 年，云：痛攻戰不休，不能養父母。《魯說》《潛夫論·愛日》「國之所以有國者，以有民也；民之所以爲民者，以有穀也，穀之所以豐殖者，以有人功也；功之所以能建者，以日力也。」

　　《齊說》《易林·訟之改履》：「植樹菽豆，不得耘鋤。王事靡盬，秋無人收。」《鹽鐵論·執務》：「《詩》云：『王事靡盬，不能蓺稷黍，父母何怙？』……吏不奉法以存撫，倍（背）公任私，各以其權充其嗜欲人愁苦而怨思……」

　　《韓詩外傳》2「孔子曾援琴而彈《詩》曰：『肅肅鴇羽，集於蒼栩，王事靡盬，不能蓺稷黍。父母何怙！悠悠蒼天，曷其有所！』予道不行邪（耶），使之如願者。」

　　《毛序》「《鴇羽》，刺時也。昭公之後，大亂五世，君子下從征（《考文》《定本》《台》121/522、日藏唐抄本作政，《唐石經》小字本相臺本《正義》作征）役，不得養其父母，而作是詩也。」《詩集傳》「民從徵役，而不得養其父母，故作此詩。」

【校勘】

　　〔1〕《毛》肅，《鴻雁》《釋文》《廣雅》翻。擬聲詞。《說文》《毛》鴇，《魯》《漢石經殘碑》唐寫本 P2529 作鳻，《玉篇》作鳻。同。《單疏》P2529 蓺，《齊》《鹽鐵論·執務》《台》121/522 藝，日本唐抄本作藝，蓺古字。艺是簡體。《漢石經》黍又作禾，《毛》黍，P2529 作黍，俗字。《毛》盬，P2529 盬，俗字，《魯》《釋詁》苦，《方言》郭注處，音義同。《毛》棘，《唐石經》棘，棘當爲棘。《唐石經》蒼，《詩考》引《韓》《韓詩外傳》8 作倉，倉古字。

　　〔3〕《唐石經》《毛》嘗，《漢石經》嘗，同嘗。舊岳本誤作「有其」，《唐石經》「曷其有常」。

【詮釋】

比興體。

〔1〕前 746～前 707 年晉國先後有五侯當政。709 年晉曲沃武公伐翼，虜晉哀侯，晉人立小子侯，武公誘殺小子侯。詩人著眼於民生，用寫實筆法，寫出「五侯之亂」背景下「曷其有常」的慘景。肅肅翩翩 sùsù，擬聲詞。鴇 bǎo，又名地鵏，鴇科，似雁而大，無後趾，頭小頸長，善走不善飛。集，停息；于，在；栩 xǔ，麻櫟，其子爲皂斗，殼汁可以染皂。苞，叢生。王事，徭役等。靡，無。案：盬 gǔ；苦 gǔ，盬 gū，同爲魚部見母，止息。晉昭公、孝侯、鄂侯、哀侯、小子侯五世大亂，攻伐不止。蓺藝，種。黍 shǔ，黏性小米。稷不黏。怙 hù，依怙。曷其，何時。所 suǒ，處所，家。《屈原列傳》：「夫天者，人之始也；父母者，人之本也；人窮則反本。故勞苦倦極，未嘗不呼天也；疾痛慘怛，未嘗不呼父母也。」《定本》：經三章皆上二句言君子從征役之苦，下五句恨不得供養父母之辭。

韻部：羽栩盬黍怙所，魚部。

〔2〕翼 yì，翅。苞，叢生；棘 jí，酸棗樹。稷 jì，小米。食 shí，吃。極 jí，止。

韻部：翼棘稷食極，職部。

〔3〕行 háng，成行。梁 liáng，白梁、黃梁，上好的粟米。嘗嘗嘗 cháng，食。常 cháng，正常的生活秩序。

韻部：行桑梁嘗常，陽部。

【評論】

《詩總聞》6「詩以種蓺爲辭，當是農民爲民而從王事，亦固其分有其地，不當征而征者，故曰『曷其有所』。有其數至頻而不止者，故曰『曷其有極』。有其期當更代而不得者，故曰『曷其有常』。曷其，何其也，問天之辭也。」《臆評》：「〔「父母何怙」〕，縮此一句，如湧波激石，響玉撒珠。」（《存目》，經 61-254）《詩志》2「音節妙，頓挫悲壯。三呼父母，愴然孝子之音。」《臆補》10「一呼父母，再呼蒼天，愈質愈悲，讀之令人酸痛摧肝。」（《續修》58-209）《識小錄》：「『曷其有』字，望眼欲枯。『曷其有常』，一筆寫兩面，時勢、心情俱見矣。」

無　衣

豈曰無衣	難道說我沒有衣？
七兮？	冕服七章啊！
不如子之衣可	不像您的冕服漂亮，
安且吉兮！〔1〕	又是舒適，而且吉祥啊！
豈曰無衣	難道說我沒有衣？
六兮？	冕服六章啊！
不如子之衣	比不上您的冕服鮮亮，
安且燠〔奧〕兮！〔2〕	又是舒坦，而且暖洋洋！

【詩旨】

　　宋・趙惪《詩辨說》：「《無衣》，唐刺晉武公。」《魯傳》《史・晉世家》：「〔前 676 年〕曲沃武公伐晉侯緡，滅之，盡以其寶器賂獻於周釐王。釐王命曲沃武公爲晉君，列爲諸侯於是盡並晉地而有之，作此刺詩。《毛序》「刺（《詩序辨說》作刺，《正義》《唐石經》《考文》《程氏經說》《傳疏》《詩說解疑正釋》《後箋》作「美」，阮《校》《白文》作「美」，）晉武公也。武公始並晉國，其大夫爲之請命乎天子之使，而作是詩也。」《詩說》：唐公孫倗弒三君而取其國，盡以寶器賂周僖王，王命之爲晉侯，國人刺之。《編年史》繫於前 678 年。《單疏》：請命之詞。《會歸》頁 838「此七命六命之衣，於未得王命之先。」

　　關於此詩詩旨，歷來頗多異議，《正義》、《程氏經說》、朱熹《詩集傳》、《傳疏》、《後箋》、王先謙《集疏》、《編年史》持美晉武公說；《續讀詩記》《詩集傳》《詩緝》與黃震《讀詩一得》持刺晉武公說；聞一多認爲「此感舊或傷逝之作」，《通釋》、黃典誠《詩經通譯新詮》「晉武公始併晉國，列於諸侯，他屬下的大夫就寫了這篇詩恭維他。表面上雖是恭維他，背地裡可在諷刺他」；《今注》：「這是統治階級作品。有人賞賜或贈送作者一件衣服，作者作這首詩，表示感謝。」

【校勘】

　　《單疏》《唐石經》唐寫本、《唐石經》《白帖》12、《正義》燠，《書大傳》《老子》《魯》《釋言》《齊》《漢・五行志》《考文》奧，古字。《釋文》奧，本又作燠。

【詮釋】

〔1〕《原始》：起筆飄忽。案：此詩當作於前 678 年。據《左傳》，前 704 年春，晉曲沃武公滅翼，冬，周桓王派虢仲立晉哀侯的弟弟緡爲晉侯。第二年秋，虢仲、芮伯、梁伯、荀侯、賈伯伐曲沃。前 679 年，齊桓公稱霸，晉曲沃武公殺晉侯緡，併吞翼，晉統一。前 678 年，周僖王命曲沃伯晉武公稱爲諸侯。七 qī，侯伯的禮服七章衣，加服。子，周王的使者卿大夫。《單疏》「經二章，皆請命之辭。」安，安舒舒適。吉 jí，吉祥。《詩》無達詁，如聞氏感舊說，《注析》《全注》《詩經與楚辭精品》均同。安，安舒。吉，吉善無災。宋・黃震《讀詩一得》：「〔《無衣》〕所以著世變之窮，而傷周之衰也。」

韻部：七吉，質部。

〔2〕六 liù，周王之卿穿六命之服，《周禮・典命》：上公九命爲伯，侯伯七命，子男五命，王之三公八命，卿六命，大夫四命。奧 yù，燠，暖和。

韻部：六燠（奧），沃部。

【評論】

《續讀詩記》1「己不請命於天子，其大夫乃爲之請命於天子之使。蓋〔晉〕武公自嫌強大，不敢少屈，使其大夫風天子之使而取之。觀其詩詞，傲然可憤。『豈曰無衣』，自詭強盛也。『不如子之衣』，以敵體相輕也。衣者天子之衣，豈使臣之衣？當是時，晉猶未強，未得天子之命服，誠不可以久安，非武公謙辭也。外示強大，中實歉然，眞情所見，不可掩也。」明・孫月峰：「突出兩句，前後更無襯語，機鋒最冷。」《通釋》11「惟《無衣》詩以美武公，然得周由於篡取，命服出於貨賂，飾其詞以美之，實隱其言以譏之。」李泉：「章法奇特，首句突兀而起，二三句轉承而訖，洗練緊湊，機鋒冷峻。」《詩志》2「語脈橫甚，儼然無君面目演弄名器服章，眞如兒戲。」《原始》6「此蓋詩人窺見武公隱微：自恃強盛，不惟力能破晉，而且目無天王，特以晉人屢征不服，不能不藉王命以懾服眾心，故體其意而爲是詩。」

有杕之杜

有杕之杜，生于道左。	有一棵孤獨立的赤棠，生在路左旁，
彼君子兮，	那一位有道德的君子喲，
噬〔逝逝〕肯適我？	何時才來得及看看本姑娘？

中心好之，　　　　　　　　我內心愛著您啊，
曷飲食之！〔1〕　　　　　何日我性愛才會正常？

有杕之杜，生于道周〔右〕，　有一棵孤獨的赤棠，生在路之右，
彼君子兮，　　　　　　　　那一位有道德的君子啦，
噬〔遾逝〕來遊？　　　　　何時才來此一遊觀？
中心好之，　　　　　　　　我內心戀著他啊，
曷飲食之！〔2〕　　　　　何日不與您同情愛？

【詩旨】

案：心戀君子，故放歌。《類鈔》、《注析》都以爲情歌。《古義》：尙賢歌。〔齊說〕《漢書·匡衡傳》《疏》：「晉侯好儉，而民畜聚。」《編年史》繫於前677年，云：刺晉武公無好賢之心，不求賢以自輔。

《毛序》：「《有杕之杜》，刺晉武（當從《唐石經》《台》121/522有「公」。《毛》脫「公」）也。武公寡特，兼其宗族，而不求賢以自輔焉。」《單疏》：「經二章皆責君不求賢人之事也」；《詩童子問》《續〈讀詩記〉》《詩說解頤正釋》《詩故》《詩志》《新詮》都主好賢說；《風詩類鈔》：求愛；《全注》與余師、韋鳳娟主編《詩經與楚辭精品》同爲招意中人共飲；《直解》：乞食者之歌；《今注》：歡迎客人的短歌。大約作於前678～前677年。

【校勘】

〔1〕《毛》杕，監本毛本作杖，杖字不體。《毛》噬，《釋文》《詩考》引《韓》《考文》逝，《魯》《釋言》遾，字異義同，遾噬通逝。

〔2〕本字似作右。《唐石經》周，一、《讀詩記》引《釋文》引《韓》「右」，二、《單疏》釋爲右；三、首章作「左」，二章作右，隋、唐時《韓》尙在，作「右」是，周讀如右。

【詮釋】

〔1〕杜，甘棠。杕杕 dìdì，獨立貌。左 zuǒ，道左，東。噬逝 shì 與曷疊韻通借，曷，何。《釋文》引《韓》逝，及。古本注：肎，可。適，至。中心，心中。好 hào，婚戀情好。曷盍 hé，何不。原始謎語：食，性交。

韻部：左我，歌部。食與下章食遙韻。

〔3〕右 yòu，（古）匣之，西；周 zhōu，（古）章幽，章、匣准鄰紐，之、幽相轉，周通右。周、右，旁。《單疏》：《王制》云：道路，男子由右，婦人由左，左右據南向西向爲正。在陰爲右，在陽爲左。毛訓周爲曲。游，遊觀。

清・杭世駿《訂訛類編》1 引宋・丘光庭云：「日中之後樹，陰過東，杜生道左，陰更過東，人不可得休息也。」食，相好。

　　韻部：周遊，幽部；好，幽部。食，職部。

【評論】

　　《詩故》4「非刺晉武也，好賢之詞也。晉之好賢莫如公子重耳，所從五臣卒以致霸，此蓋公子時作。」《詩志》2「杜實少味而杕杜寡蔭，託喻最切。」「『中心好之』二語畫出求賢若渴，汲汲如不及之神。『曷』字有欲言不盡之妙。質婉可味。」《會通》引舊評：「一句一折，情致纏綿。」《會歸》頁 840「唐之兩杕杜，一刺不親宗族，一刺不求賢人，兩旨相類而相發，故同以杕杜之枝疏蔭少起興，詩旨甚明。」《風詩類抄》：「首二句是唱歌人給對方的一個暗號，報導自己在什麼地方，以下便說出眞正意思來。古人說牡曰棠，牝曰杜，果然如此，『杜』字又是象徵女子自己的暗語。」

葛　生

葛生蒙楚，　　　　　　　〔念夫〕葛藤纏綿著荊樹，
蘞〔蘞〕蔓于野，　　　　　蘞草延蔓到田野。
予美亡〔無〕此，　　　　　我所摯愛的人走了，
誰與？獨處！〔1〕　　　　與誰爲伴？我獨自居處！

葛生蒙棘〔棘〕，　　　　　〔念夫〕葛藤彌蔓著酸棗樹，
蘞〔蘞〕蔓于域，　　　　　蘞草延蔓著墳墓，
予美亡〔無〕此，　　　　　我所鍾情的人走了，
誰與？獨息！〔2〕　　　　與誰爲伴？我獨自歇處！

角枕粲〔粲粲〕兮，　　　　〔念夫〕方枕還鮮亮燦爛，
錦衾爛〔爛〕兮，　　　　　錦被還尙且燦爛鮮亮，
予美亡〔無〕此，　　　　　我所最愛的人走了，
誰與？獨旦！〔3〕　　　　與誰爲伴？我獨自到天亮！

夏之日，　　　　　　　　　〔自歎〕炎炎夏天天日長，
冬之夜。　　　　　　　　　漫漫冬夜夜永長，
百歲〔歲〕之後，　　　　　我要待到百年後，
歸于〔乎〕其居。〔4〕　　與君化蝶永成雙！

冬之夜，　　　　　　　　　〔自歎〕冬天夜漫漫，
夏之日。　　　　　　　　　　　　　夏日日融融。
百歲〔歲〕之後，　　　　　　　　　待到百年後，
歸于其室。〔5〕　　　　　　　　　　共偕墓塋中。

【詩旨】

案：晉國前 672～前 652 年，二十年間戰爭不止，晉國的寡婦寫此哀悼亡夫歌。繫於前 661 年。《詩論》簡 29：「《角枕》（當是《葛生》的別名），婦好人！」

《毛序》「《葛生》，刺晉獻公也。好攻戰，則國人多喪矣。」《單疏》：「經五章皆妻怨之辭。」《箋》：「夫從徵役，棄亡不反，則其妻居家而怨思。」案：晉獻公（前 676～前 637 年），前 672 年伐驪戎；前 661 年滅霍、滅魏、滅耿；前 660 年伐東山皋落氏；前 655 年伐蒲，滅虢，滅虞；前 654 年伐屈；前 652 年伐狄，攻戰甚多。丈夫戰死多，妻怨。據《左傳》，當作於前 652 年，以「蔓生蒙楚」、「角枕粲兮」，郝懿行《詩問》、今人多以爲妻子悼亡夫之詩。《程氏經說》3、《詩集傳》持「思存」說，可備一說。

【校勘】

〔1〕案：本字作蘞，《三家》《說文》《玉篇》蘞，《毛》陸《疏》《單疏》《唐石經》蘞，或體。《毛》粲，《慧琳音義》66 作粲，《單疏》、《唐石經》粲，粲同粲，粲當爲粲。《單疏》爛，《說文》《方言》《台》121/522 爛，隸變爲爛，字異音義同。末句句讀依《箋》、《毛鄭詩考證》。

〔2〕《毛》于，《魯》《後漢·蔡邕傳》乎，乎於通。

〔3〕《毛》亡，《箋》無，漢人多作亡，無讀作亡。

【詮釋】

〔1〕前三章寫今。葛藤延蔓于荊楚，楚荊木。《墨子·節葬下》「葛以緘之（用葛條束棺），可能此詩寫此古俗，哀夫之死，悼亡詩。蘞 liǎn，豨蘞（Siegesbeckia Orientalis）多年生蔓草，菊科藤本植物，掌狀複葉，聚傘花序，漿果球形。《本草綱目》18 烏蘞莓主治痈疔瘡腫蟲咬，去风濕，節結酸通，四肢麻木，涼血解毒，治小便尿血，跌打損傷。鮮叶搗爛外敷，治蛇咬傷，蜂蜇傷。予美，我所摯愛的丈夫。亡，喪。前 661～前 652 年晉獻公時戰事多發。自問：誰與？與誰。與，共；予，我。

韻部：楚野處，魚部。

〔2〕域，墓地。《魯》《法言‧重黎》：「死則裹尸於葛，投之溝壑。」息，止，寢息。

韻部：棘域息，職部。

〔3〕《單疏》：《內則》云：夫不在斂枕篋簟席韣（dú，束）而藏之。角枕，方枕。粲 càn，燦燦然。錦，美好。衾，被。《山居賦》注：有爛，爛爛 lànlàn，鮮明燦爛。旦，天明。

韻部：粲爛旦，元部。

〔4〕後二章寫今後。夏日長，冬夜長。「百歲之後」，死的諱稱。乎通於。居 jū，墳墓。周代有夫妻合葬的風俗。居，同其墓居。《詩集傳》引蘇氏：「思之深而無異心，此《唐風》之厚也。」

韻部：夜，鐸部；居，魚部。鐸、魚通韻。

〔5〕冬夜長，夏日長，尤念亡夫（或亡妻）。室，墓室。

韻部：日室，質部。

【評論】

此詩是悼亡詩之祖，西晉‧潘岳《悼亡詩》與劉宋‧江淹「蔓草蒙骨，拱木斂魂」《古詩十九首‧冉冉孤生竹》《涉江采芙蓉》、《庭庭有奇樹》胎息於此。宋‧王質：「生無可見之日，死有相逢之期，此詩傷存悼沒最哀，又非《大車》生則異室，死則同穴之比也。」明‧孫月峰：「夏日冬夜下，更不著情語，陡接『百歲』句，煞是奇駿！」《臆補》引陳僅：「前三章爲一調，後二章爲一調，中一章承上章而變之，以作轉紐。『獨旦』二字爲下『日夜』、『百歲』之引端篇法。於諸詩別出一格。」《詩志》：「『角枕』、『錦衾』，殯葬之物也。極慘苦事，忽插極鮮豔語，更難堪！」「此篇章法結構一意貫串。拙厚惋惻，絕妙悼亡詞。」清‧朱彬《經傳考證》4「『予美』二句，爲句中韻，『美』與『此』韻，『與』與『處』韻，言予美則亡此矣，在此者誰與？獨處而已，反覆嗟歎，所謂繁音促節也。」陳澧《讀詩日錄》：「此詩甚悲！讀之使人淚下。」朱守亮：讀此詩不僅知爲悼亡之祖，亦悼亡詩之絕唱也。〔日本〕山本章夫《新注》：「此兩章唯日『夏之日，冬之夜』，而不著憂思字，爲後世歇後語之濫觴。」

采苓

采苓〔蘦蓮蘦〕采苓〔蘦蓮蘦〕，
首陽之巔〔顛〕。
「人之爲〔僞譌〕言，
苟亦無信！
舍旃！舍旃！
苟亦無然！
人之爲〔僞譌〕言，
胡得〔旻旵〕焉？」〔1〕

「採黃藥，採黃藥，
到首陽山頭找。」
「那些遊談無根的話，
誠無信，且別信爲好！
甭理睬它！甭理睬它！
謊言實在不足靠！
有人靠欺詐維生，
那什麼也得不到！」

采苦采苦，首陽之下。
「人之爲〔僞譌〕言，
苟亦無與？
舍旃！舍旃！
苟亦無然！
人之爲〔僞譌〕言，
胡得〔旻旵〕焉？」〔2〕

「採苦荬，採苦荬，到首陽山麓。」
「那些遊談無根的話，
且也勿用吧！
甭理睬它！甭理睬它！
欺詐實在不可靠！
有人靠說謊過日子，
到頭來啥也得不到！」

采葑〔蘴〕采葑〔蘴〕，首陽之東。
「人之爲〔僞譌〕言，
苟亦無從〔茫縱〕？
舍旃！舍旃！
苟亦無然！
人之爲〔僞譌〕言，
胡得〔旻旵〕焉？」〔3〕

「採蔓菁，採蔓菁，到首陽山東。」
「有人專愛造謠說謊，
且莫聽從！
甭理睬它！
造謠實在也不明不聰！
有人靠謠言惑眾，
到頭來豈得善終？」

【詩旨】

《晉語》：「僞言誤眾。」《魯說》《呂覽・貴因》記載諜報殷商內亂的政治原因——「讒慝勝良」，高誘注：「讒，邪也；慝，惡也。而皆進用之，忠良黜遠之，故曰勝良也。」《毛序》：「《采苓》，刺晉獻公也。獻公好聽讒焉。」《詩本義》：「采苓者積少成多，如讒言漸積以成惑，與《采葛》義同。《編年史》繫於前 652 年。

【校勘】

〔1〕《毛》苓，《魯》《爾雅》《說文》《本草綱目》蘦，《詩考補遺》引

《三家》《夢溪筆談》藡。非甘草。《義門讀書記》《談經》作蓮。《義門讀書記》「采苓采苓二句，古人苓與蓮通用，以澤草而求之山巔，豈可哉！《七發》『蔓草芳苓』，《七啓文》『寒芳苓之巢龜』，李善注並云：古蓮字。《史・龜策傳》：龜千歲乃游蓮葉口之上。徐廣云：蓮一作領。」又見《文選》頁 1565、1579。苓通藡，苓通蓮。《毛》得，《魏石經》旻，又作尋，通作得。案：本字作顚，《唐石經》巔，《說文》《北海相景君銘》《西狹頌》《考文》《白帖》92 作顚，顚古字。案：本字作僞，《說文》《漢石經》《王氏注》《唐石經》相本台小字本作爲（爲），《台》121/522、《釋文》《箋》《正義》《單疏》《白帖》92、《定本》作僞，《說文》譌，《正義》譌，爲僞、譌古今字。《釋文》爲言，本或作僞字，非。

〔3〕《毛》封，《字書》豐，字同。《毛》無從，《漢石經》䢃，《考文》無縱，從、縱古今字。

【詮釋】

〔1〕苓，又名甘草，靈通。苓通藡、藡，《本草綱目》卷 12，引《夢溪筆談》：「乃黃藥也，其味極苦，故謂之大苦，非甘草也。」卷十八黃藥子又名大苦，主治諸惡腫瘡瘻，喉痹，蛇犬咬傷，涼血降火，消癭解毒。案：依隋、唐李善注當作蓮，不僅蓮巔叶韻，蓮生澤中。苓，藡藡 líng。蓮 lián，同爲來母，苓通蓮。首陽山，山西永濟縣東南，詳江林昌《考古發現與文史新證》頁 259。顚巔古今字 tiān，山頂。蓮豈生山頂？《通論》：「通篇以疊詞重句，纏綿動聽，而姿態亦復搖曳。」

〔2〕《稗疏》：苦，地黃苗可煮食。濕地生。一說敗醬草。爲讀僞，如爲、僞、譌（é，（古）疑歌，《正義》：」詐僞之言」，無根之言，讒毀之言。《單疏》：「經三章皆上二句刺君用讒，下六句教君止讒。《眾經音義》引《韓》：苟，且也。詐僞之言，遊談無根之談，止於智者，且莫信！阮《校》：爲言，爲人僞，善言。無，勿。信，信從。舍通捨，捨棄。旃 zhān，旃是之、焉的合聲。無然，不正確。胡，何。焉 yān，句末語氣詞。

韻部：苓苓，耕部，（蓮蓮元部），顚巔信，眞部。旃旃然言焉，元部。元、眞合韻。

〔3〕苦 kǔ，當生山田及澤中。苦蕒 mǎi（Lactuca indica），越年生菊科，莖有白汁，莖葉嫩時可食，是頗養人的野菜。《稗疏》：地黃。苟，且。無與 yǔ，勿用。

韻部：苦下與，魚部；旆旆然言焉，元部。

〔4〕菶豐 fēng，蔓菁，生田中。東，東部東麓。朱熹：從 cóng 聽。《考文》縱，放縱。實在也不能聽之任之，放縱姦邪之徒以僞言惑眾！對一切詐僞之言必須取無信、無與、無縱的正確態度。

韻部：菶菶東從，東部。旆旆然言焉，元部。

【評論】

《堯典》：「昔在帝堯，聰明文思，光宅天下」，堯對四嶽云：「明明揚側陋。」要求舜：「欽哉（嚴肅審慎地治理國政）！」《集解》：「當從歐〔陽修〕、程〔頤〕之言，以爲戒獻公，以爲聞人之言，且勿聽信，置之且勿以爲然，更考其言，何所得焉，蓋當深察其虛實也。」明・戴君恩《臆評》：「各章上四句，如春水池塘，籠煙浣月，汪汪有致；下四句，如風起浪生，龍驚鳥瀾，莫可控御，細味其語氣，當自得也。」（《存目》經 61/255）《詩志》2「奇調婉神。只籌畫一聽言之法，而堅讒之意自見，即聽讒者亦足以戒矣。一篇惓惓，無限深情苦衷。」〔日本〕・山本章夫《新注》：「此篇以可採之物興不可取之，則爲反興。」案：《周語》「僞言誤眾。」絕不可信從僞言、不實之論，所以《采苓》抨擊僞言。

卷十一　國風十一

秦　風

　　秦遠祖益（伯翳）與契、稷在虞舜時期佐禹治水，虞舜大帝命作虞官，掌管山林川澤，賜姓嬴氏。禹時爲大臣。甘肅天水是秦部落發祥地，周孝王封其後非子始封於秦邑，前857年秦侯立；前821年莊公立；前775年秦襄公立，討西戎救周室，周室東遷以岐、豐賜之，列爲諸侯，春秋時爲秦伯。秦，古邑名，在今甘肅省張家川東，古所謂四塞之國，後向陝西拓展。前688年，秦武公置邽（guī，今天水市秦州區，一說在甘肅省天水西南）、秦城、秦亭在今甘肅張家川東。含今甘肅天水、隴東與陝西西部。在三秦大地上，西有華山之險，東有終南山之雄渾，中有八百里秦川，北有中華第一陵黃帝陵，古風雄邁強悍，激於義，篤於情。秦風清揚雄邁高亢而粗獷。《齊傳》《漢書·地理志》：「天水、隴西，山多林木，民以板爲室屋。及安定北地、上郡、西河，皆迫近戎狄，修習戰備，高上氣力，以射獵爲先。」秦有尚武精神、強悍矯厲之風。史念祖《俞俞齋文稿初集》「《秦風》十篇，氣象凜冽，絕無舒緩纏綿之概。」案：《秦風》多英武之概，尚武精神，這是一個民族強盛的基因之一。《小戎》《車鄰》《四驖》言備戰、畋獵，有英武強悍之風；《蒹葭》情詩，又是八百里秦川的名片；《終南》美秦襄公；《無衣》頌美同仇敵愾、袍襗之情；《晨風》情詩；《渭陽》寫甥舅情深；《黃鳥》《權輿》爲變風，《黃

鳥》抨擊秦繆公人殉之罪;《權輿》斥前恭後倨。吳季札評《秦風》:「此之謂夏聲（秦仲去戎狄之音，有諸夏之聲）。夫能夏則大，大之至也，其周之舊乎?」《後漢書‧趙岐傳》引趙岐《三輔決錄序》:「三輔（渭城以西，長安以東，長陵以北）者，本雍州之地，世世徙公卿、吏二千石及高訾，皆以陪諸陵，五方之俗雜會，非一國之風，不但繫於《詩》《秦》《豳》也，其士好高尚義，貴於名節。」可以窺見《秦風》尚義貴節的英邁風氣。從秦聲而論，三國‧孫該《琵琶賦》云:「改爲秦聲，壯諒抗慷，土風所生。」

車鄰（轔）

有車鄰鄰〔轔隣〕，	大車兒響聲轔轔，
有馬白顛〔蹎〕。	好馬兒名叫戴星。
未見君子，	好多天未見國君，
寺〔侍〕人之令〔伶〕。〔1〕	請內侍前去問訊，
阪有漆〔桼〕，	山坡長漆樹，
隰有栗〔㮚〕。	濕地長滿栗。
既見君子，	已晤見我的國君，
並〔竝倂〕坐鼓瑟。	並座兒彈瑟鼓瑟。
今者不樂，	倘若如今未能快樂，
逝〔逝〕者其耋〔絰〕。〔2〕	時光飛逝八十老耋!
阪有桑〔桒〕，	山坡長滿嫩桑，
隰有楊。	窪地長滿綠楊。
既見君子，	已瞧見我的國君，
並〔竝倂〕坐鼓〔皷〕簧。	同座兒吹笙鼓簧。
今者不樂，	倘若如今不能快樂，
逝者其亡。〔3〕	日月飛馳都成以往。

【詩旨】

案:頌美秦襄公。秦襄公始立國，前 777～前 766 在位。據《史‧秦世家》當繫於前 771 年～前 770 年。顧棟高《毛詩類釋》:「《駟驖》《小戎》《蒹葭》《終南》皆襄公時詩，此時居秦州。」周宣王時任命秦仲爲大夫伐西戎，西戎殺秦仲，周宣王命秦莊公五兄弟伐西戎，擊潰西戎，封西垂大夫。在前 770 年，秦襄公在犬戎伐周時有率兵救周之功，封爲諸侯，得岐以西。國君或一

位將軍的夫人惦念丈夫，必須通過內侍方得一見，正是難得一見，將軍夫人引吭而歌。由此詩也可見秦國的車御之盛大、禮樂之排場與內侍之弄權，以及秦風承秦部落強悍、矯厲之風與鐵的紀律，別開生面。

〔魯傳〕《秦世家》：前 827 年宣王命秦仲為大夫，前 821 年莊公為西垂大夫，秦襄公救國，前 770 年平王封秦襄公為諸侯。

《毛序》：「《車鄰》，美秦仲也。秦仲始大，有車馬、禮樂、侍御之好焉。」（《台》121/522，日本京都市藏唐抄本〈毛詩正義・秦風〉》以下有「秦仲為周宣王大夫也」。）《世本古義》：國人榮之而美〔秦〕襄公。

【校勘】

〔1〕《單疏》《考文》鄰，《漢石經》45《九歌・大司命》注引《齊》《漢・地理志序》晉：潘岳《籍田賦》注、漢・王元長《曲水詩序》注引《白帖》11《說文新附》轔，《五經文字》轔本亦作隣，《釋文》鄰，本亦作隣，又作轔，《說文》有鄰無轔，案：轔後起字，擬聲詞，通作轔。寺，《釋文》寺如字，又音侍，本亦作侍。寺古字。《毛》令，《釋文》引《韓》伶，令通伶。《毛》顛，P2529 作顛，俗體。

〔2〕本字作桼，《毛》漆，P2529 漆，俗字。《毛》栗，《魯》《說文》㿝，古字。《毛》《集解》作並，《魯》《釋言》《列女傳》並又作併，竝古字。《毛》鼛，《說文》鼛又作鼛，《單疏》《唐石經》鼛，同。

〔3〕《毛》桑鼓，P2529 作枽皷，古字。

【詮釋】

〔1〕鄰鄰、轔轔 línlín，擬聲詞。眾車之聲。顛 diān，額上有白毛的戴星馬。君子，秦君。寺人，握有引見國王的大權，出入宮闈，有時參與機要的近侍小臣，《周禮》7 寺人掌王之內人及女宮之戒令，相道其出入之事而糾之，佐世婦治禮事，掌內人之禁令。由此詩可見秦滅亡的原因之一是內寺弄權。令伶 lìng，令，伶也，內小臣，使也，國王使喚的人。此處為協韻而倒句。

韻部：鄰（轔）顛，真部；令（伶），耕部。真耕合韻。

〔2〕《詩地理考》阪，隴阪 lǒngbǎn，今隴山。桼漆古今字。㿝栗古今字。寫經濟作物漆樹、栗子樹。隰 xí，下濕地。鼓，彈奏。《魯說》《釋言》並，併也。瑟，二十七絃絃樂器。《魯》《釋言》郭注《說文》，「鼛鼛 dié，八十日鼛。」

韻部：漆（桼）栗瑟鼛，質部。

〔3〕簧 huáng，大笙。此處爲趁韻，鼓簧，吹笙。亡 wáng，身爲國事喪棄在外。《齊傳》《漢·地理志》：「秦地……及安定、北地、上郡、西河，皆迫近戎狄，修習戰備，高上（尚）氣以力，以射獵爲先。」亡，喪。呂祖謙：悲壯感慨之氣。

韻部：桑楊簧亡，陽部。

【評論】

案：《魯說》《秦本紀》前 822 年秦仲死於戎，「有子五人，其長者曰莊公。周宣王乃召莊公昆弟五人，與兵七千人，使伐西戎，破之。於是復予秦仲後及其先大駱地犬丘並有之，爲西垂大夫。」《單疏》：「美秦仲之賢，故人皆欲願仕焉。」宋·戴溪：「大夫美其君也。……當時必有同艱難、共甘苦之人，一旦稍盛，略去等夷，厄酒相勞苦，握手道故舊，慷慨悲歌，以盡平生歡，此亦人情之常也。故未見君子，得以令其寺人，未有闊絕之意；既見君子，得以並坐鼓瑟，未有禮節之繁。」鍾惺《詩經》：「寫出草昧君臣，眞率景象在目。」此詩，相思之情、英雄氣概兼而有之。《詩故》4「美秦仲也。秦仲以附庸之國入爲宣王大夫，始有車馬之儀，寺人之令，還歸，秦各邑人創見其盛，故賦其詩。秦仲既歸，略其名分，與國中雄傑之士並坐鼓瑟，其下感激榮遇，願得及時逞志以効死力，不能坐老牖下，其悲壯之氣勃乎莫禦，秦之所以強者，由是夫！」孫月峰：「陡出『寺人』字，絕有陪致，隱然微諷意。可見秦寺人重。後來趙高之禍，已兆於此。」《臆評》6「寺人之令猶朕之嚆矢也。及時行樂，阿房之濫觴也。秦之不祚，豈必降王既組之日乎！」《臆補》：「開口著兩『有』字，有淩躒一時之概。」（《續修》58/211）案：《詩志》2「『未見君子』，寫出尊嚴；『既見君子』，寫出和大。略似《唐風》語，獨覺忠愛忼慨，樸致雄風如見。莽莽草草寫出古風霸氣。讀其詩，可以知其俗。讀此篇簡易之風，悲壯之氣俱見。」此詩下啓漢武帝《秋風辭》、秦嘉《贈婦詩》、《古詩·青青陵上柏》。

駟 驖

駟〔四〕驖〔載載載鐵驖〕孔阜〔旱駂〕， 六轡在手。 公之媚子， 從公于狩。〔1〕	四匹鐵驪馬很高大， 六根韁繩手中拿， 秦公的愛子， 秦公多獵，愛子隨駕！

奉時辰〔震慎〕牡，　　　　　　逢上五歲的母鹿、公鹿，
辰〔震慎〕牡孔碩。　　　　　　母鹿公鹿很高很肥碩，
公曰「左之，　　　　　　　　　秦公命令射擊其左腋，
舍拔〔枚〕則獲。」〔2〕　　　　一射箭矢就能捕獲！

遊于北園，　　　　　　　　　　暢遊那苑囿北園，
四〔柶〕馬既閑〔閒〕。　　　　四匹馬兒都熟嫻，
輶車鸞〔鑾〕鑣，　　　　　　　輕車鑾鈴、馬鑣鈴響動，
載獫〔歛〕歇〔猲獢〕驕〔獢〕。〔3〕　載著猲獢回宮殿。

【詩旨】

案：《竹書紀年集證》3：繫於周宣王 33 年（前 795 年）。似當作於秦襄公時，前 770～前 766 年。《齊說》《漢・地理志》：「及《車轔》《駟驖》《小戎》之篇，皆言車馬田狩之事。」《編年史》繫於前 770 年。

《毛序》：「《駟（《台》121/522 作四）驖》，美襄公也。始命有田狩之事、園（《台》121/522 苑，案：當作苑）囿之樂焉。」《詩說》秦人從狩而作。

【校勘】

〔1〕本字作四、戜。《單疏》駟驖，《三家》《漢書》《說文》《初刻》8/892、《疏》作四。《毛》驖，《唐石經》初作鐵，後改驖，《說文繫傳》《東都賦》驖，《三家》《說文》《漢書》《疏》戜，當作戜 diè。《毛》阜，《石鼓文》駒，P2529 作旱，字異義同。

〔2〕《毛》辰、牡、拔，《魯》《釋獸》「牡麘牝麎」，辰通震，《玉篇》作枚，拔讀如枚 bó。

〔3〕《毛》輶，周《石鼓文》酋，酋通輶。《毛》鸞，案：本字作鑾，《說文》《毛詩音》《東都賦》古作鑾。鸞鑾同音通借。《毛》四閑，《阜》S122 作柶、閑。《毛》閑，《毛詩音》古本作閒，音嫻。《單疏》歇驕，《魯》《釋畜》郭注《齊》《漢》《說文》三國・魏・賈岱宗《大狗賦》《玉篇》《類聚》頁 1634、《初刻》8/893、《釋文》猲獢，《西京賦》注引《毛》《廣韻》《集韻》獫獢，《釋文》歇，本又作猲；驕，本又作獢。《台》121/522 歛獢，歛獫字之訛，歇通猲，驕通獢，獫猲同。獫，別體，作歇驕當是淺人所改。

【詮釋】

〔1〕駟讀如四。戜 dié，驖 tiě，鐵驪（tiělí）馬，深黑色馬。孔，很。阜，

fú，高大。《玉篇》引《韓》皁，肥也。公，秦公。媚 miè，愛。於，將要。
狩 shòu，冬獵。古人狩獵作爲戰事訓練的形式之一藉以閱兵習武。

　　韻部：皁手狩，幽部。

　　〔2〕聯繫下文，不當訓奉爲獻，奉通逢。時通是，此。案：辰、成，成
年，又辰通震，牝，母獸。牡，雄獸，春秋獻鹿，夏獻麋，冬獻狼，《魯說》
《釋獸》牝麋曰震 chén，牝麋對牡麋，雌性麋鹿，又震讀如愼，五歲〔獸〕
爲愼。牡，公鹿。言狩獵時遇上五歲的大母鹿、大公鹿。孔，甚。碩，高大。
公，秦公。曰，命令。周人尚右，左之，從左腋射進，周制；祭祀時用獸右
半體，如此則右半體完整。甲骨文《前》三‧三一「其左射隻（獲）」。案：
舍 shě 讀如射 shè，《行葦》：「舍矢既均，序賓以賢。」拔，應如《玉篇》讀如
柭 bó，箭的末端，代指箭。獲 huò，捕獲。舍拔則獲，形容射藝之精。

　　韻部：碩獲，鐸部。

　　〔3〕園 yuàn，考古發現北園即秦早期苑囿，故址在今陝西省隴縣西南。
閑通嫻 xián，嫻熟。《釋詁》閑，習。調習。輶 yóu，輕。鸞，通鑾，鑾鈴。
周代貴族的車在軛首或車衡，有鑾鈴，乃至有八個鑾鈴。《韓詩內傳》《禮記‧
經解注》：「鑾在衡，和在軾。」《周禮》疏引《韓》：「升車則馬動，馬動則鑾
鳴，鑾鳴則和應。」在八個馬鑣 biāo，勒馬具，（馬銜）的鈴聲如鑾鳥鳴聲動
聽。載，裝運，獫 xiǎn，長嘴巴獵犬；歇通猲，驕通獢，案：猲獢，xiēxiāo，
雙聲詞，短嘴巴獵犬，名獵犬。魏‧賈岱宗《大狗賦》亦作猲獢，其時四家
詩俱在，本作猲獢。倒文以協韻，獫、猲獢載於輶車。

　　韻部：園閑，元部；鑣獢（驕），宵部。

【評論】

　　《續讀詩記》1「是詩首章言馬之良、御之之善、人之嫵媚也。次章言獸
之碩大、田之合禮、公之善射也。末章言田事既畢，不淫於獵。按轡徐行，
四馬安閒。輕車鳴鑾，田犬休息，國人始見諸侯文物車馬羽旄之盛，故誇張
而美之也。」明‧孫月峰：「『載獫歇驕』，元美（王世貞）謂其太拙，余則善
其古質饒態。」《詩志》2「媚子從狩，別有親幸生情處。……『公曰左之』，
寫得指揮飛動，有聲有色。『舍拔則獲』，寫出迅妙。餘筆映帶。此罷獵後餘
波，寫得整暇自如。」《臆評》11「是一幅校獵圖。……風詩之體，每多句調
重複者，惟此篇句句不同，亦風詩中別立一格也。」（《續修》58/212）此詩爲
唐‧王維《觀獵》、宋‧蘇軾《江城子‧老夫聊發少年狂》所本。

小　戎

小戎俴收，
五楘〔鞏〕梁〔良〕輈。
遊環脅驅〔駈〕，
陰靭〔靳〕鋈〔沃〕續。
文茵〔鞇〕暢〔暘長象〕轂，
駕我騏〔騹〕馵。
言念君子，
溫其如玉。
在其板〔版〕屋，
亂我心曲。〔1〕

四牡孔阜，
六轡在手。
騏駵〔騮駬〕是中，
騧驪是驂。
龍〔尨〕盾〔戢〕是合，
鋈〔沃〕以觼〔𦈢〕軜。
言念君子，
溫其在邑。
方何為期，
胡然我念之？〔2〕

俴駟孔群，
厹〔叴〕矛鋈〔沃〕錞〔鐓〕。
蒙〔尨〕伐〔戢〕有苑〔菀〕，
虎〔虍〕韔〔暢〕鏤膺。
交韔〔暢〕二弓，
竹閉〔韠柲柲閡〕緄縢〔縢〕。
言念君子，
載〔再〕寢載〔再〕興。
厭厭〔愔愔〕良人，
秩秩〔袟袟〕德音。〔3〕

輕型兵車車廂諸橫木，
縱橫交錯皮紮曲輈上，
銅環皮帶控驂馬，
皮帶嵌上白銅妝，
虎皮車墊長車轂，
策我騏馵鬥志昂！
我念出征好情郎，
溫潤如玉精純樣，
西征西戎住版屋，
英雄時時逗亂我內心深處！

四匹公馬很高大，
六根韁繩手中拿，
騏馬騮驪當轅馬，
騧驪良馬當驂馬。
畫龍盾牌兩邊合，
飾銀銅環絲帶紮。
我念征戎好夫君，
縕藉多謀守邊陲。
將為何日為歸期？
為何我常惦念你？

淺薄銅甲戰馬很調和，
三棱矛長白銅錞，
畫龍盾牌有花紋，
虎皮弓室盾牌飾金有彩紋以金。
交叉安放兩張弓，
弓檠妥帖絲繩綑。
我念夫君征西戎，
又睡又起相思深。
丈夫忠誠又安穩，
遠遠近近揚英名。

【詩旨】

案：這是秦國著名將軍夫人的思夫歌，這是藻飾富麗，情調婉轉的軍旅情歌，名將頌，英士歌，充分張揚了秦國彪悍又貴德的尚武精神，英風壯概。這是一位獨具慧眼、鍾愛英雄又富有才情的女詩人，是那一位名將的心中的女神，爲懷念集文明與英武強悍於一身的夫君，既是征伐西戎的英雄又是溫潤如玉、具有仁義智勇信等美德、具有鐵骨剛腸與柔情的夫君所吟唱的情詩，又向海內外展示名將之所以連年報捷、獲得女詩人芳名的秘密——善戰又貴德，良人又有「秩秩德音」，有「溫其如玉」。作於前 770 年，詳《秦本紀》。《編年史》繫於前 767 年。

《毛序》：「《小戎》，美襄公也。備其兵甲，以討西戎。西戎方強，而征伐不休，國人則矜其車甲，婦人能閔其君子焉。」

《魯傳》《秦本紀》「〔秦襄公七年〕西戎、犬戎與申侯伐周，殺幽王驪山下，而秦襄公將兵救國，戰甚力，有功。周避犬戎難，東涉雒邑，襄公以兵送周平王，平王封襄公爲諸侯，賜之岐以西之地，曰：『戎無道，侵奪我岐、豐之地，秦能攻逐戎』，即『有其地』。與誓封爵之。襄公於始國，與諸侯通使聘享之禮，乃用騮駒、黃牛、羝羊各三，祠上帝西畤。十二年伐西戎至岐。」

【校勘】

〔1〕五讀如午。案：本字作鞪，《毛》䡞，P2529 作㮮，異體，當依《說文》作鞪 mù，䡞通鞪。《毛》梁，《齊》《漢・地理志》顏注引作良，梁通良。《毛》驪，唐寫本、《釋文》本亦作駈，同。《漢石經》、後周・沉重《義疏》《毛》靷，《舊本》《定本》靳。《毛》鋈，《說文》《考文》浂，浂通鋈。《毛》茵，當依《三家》《說文》《韓詩外傳》6、《急就篇》鞇。《毛》暢，《阜》S123 象，象讀若暢，《考工記》長，《說文》《廣雅》《毛詩音》暢，暢俗體，暢，長（長）。《毛》騏，《漢石經》騹，同。古本作版，《毛》板，俗字，《三都賦序》李注引《毛》作版，版是本字。

〔2〕本字作驂，《魯傳》《秦本紀》《箋》《單疏》《阜》S124《毛》，《齊》《月令》《說文》《唐石經》驂，驂當作驂。《毛》騧驪，《阜》s124 驛口，異本。《毛》龍（龍）盾，《台》121/523、日藏唐抄本作厖。蒙厖同音。阮元《揅經室集》讀爲厖。龍通厖，《毛》伐，《三家》《說文》《玉篇》瞂 fá，伐讀如瞂，瞂古字。《毛》鋈觼，《說文》浂、觼。

〔3〕《毛》厹，《說文》《釋文》《廣韻》叴，同。案：本字作馘，《毛》蒙伐，京都市唐抄本作忿，同音字。《三家》《說文》馘 fá，伐讀如馘，《韓》《玉篇》馘，古字，《釋文》本或作馘，《毛》苑，《初刻》8/894 苑，《韓》《玉篇》蒙馘有菀。《台》121/523 忿。當從《玉篇》。《毛》鋈，《說文》茲、沃，《單疏》鏃，《御覽》353茲鏃，《曲禮》鐏。本字作鞃，《三家》《說文》《毛》鞃，日藏唐抄本《正義》殘卷作暢，《釋文》：鞃本又作暢，暢通鞃。《毛》滕，《說文》《集注》勝，滕通勝，又作縢，縤。《毛》虎，《唐石經》虍，避李虎諱。案：本字作虓。《毛》閉，《齊》《既　夕禮》柲，《荀·非相》作枇，《考工記》紲，《魯》《考工記》注《儀禮注》《考文》柲，《齊》《聲類》小字本、十行本作柲，《說文》柲，《考文》柴。枇紲。閟、弼、閉柲柴讀如柲柲 bì，日本藏唐抄本作柲，《唐石經》閖。字異音義同。《毛》載，《應詔詩》注引《韓》再，載再字異義同。《毛》厭厭，《魯》《列女傳·於陵子妻傳》愔愔，案：《魯》《釋詁》《說文》《廣雅》厭厭，厭厭、懕懕，俊豓。《毛》秩秩，日藏唐抄本《正義》殘卷作袟袟，字異義同。

【詮釋】

〔1〕溫其如玉，《禮記·聘義》：「夫昔者，君子比德於玉焉，溫潤而澤，仁也；縝密以栗，知也；廉而不劌，義也；垂之如隊（《石經》作墜），禮也；叩之，其聲清越以長，其終詘然，樂也；瑕不掩瑜，瑜不掩瑕，忠也；孚尹旁達，信也；氣如白虹，天也；精神見於山川，地也；珪璋特達，德也；天下莫不貴者，道也。《詩》云：『言念君子，溫其如玉』。故君子貴之也。」

小戎，後啓行的兵車。俴，淺。用淺薄的銅爲甲。收 shōu，軫 zhěn，車箱底部四面的橫木。楘通鞪 mù，皮革束，五通午，交互，皮革交叉纏繞，製成箍形保護車轅並作爲裝飾品。梁，良，好；輈 zhōu，車轅。游環，靳環，用皮革製成，滑動於轅馬背上，中穿驂馬的韁繩，防驂馬外出。陰靷，先秦兵車用軏靷式繫駕法，引車行的皮革連接馬頸上的皮套與軸。鋈鐏 wù，在靳環上，鍍以白金，矛戟下的銅鐏。續 xù，續靷端。文茵，茵通鞇，虎皮有文采，作車墊。案：依《考工記》訓長。暢通暘，《廣雅·釋詁》暘 chàng，長。轂 gǔ，輪中，車輻所湊。騏 qí，有青黑色棋盤的紋如良馬。騜 zhù，後左足白色的馬。案：「溫其如玉」，「亂我心曲，」抒寫強悍民族的鐵骨英風中的柔情婉曲。戴溪：「襄公伐戎，志在復仇，故盛其車甲，前此國人未之見也。」

言，我。君子，丈夫。案：溫，讀如縕蘊，蘊藉多謀，《魯傳》《荀‧法行》以德比玉。板通版，《單疏》：《漢‧地理志》云：天水隴西山多林木，民以板爲室屋。故《秦詩》云：『在其板屋』。然則秦之西垂（陲）民亦板屋，言西戎板屋者，此言『亂我心曲』，則是君子伐戎，其妻在家思之，故知板屋謂西戎板屋，念想君子伐得而居之也。」《魯傳》《中說‧天地》：「歌『板屋』則知秦俗。」《唐抄文選集注》引《毛》：「西，我板屋也。」亂，爲之至念。「心曲，心之深處」。

韻部：收軸，幽部；驅輿，侯部。幽侯合韻。屋玉曲，屋部。侯屋通韻。

〔2〕驪騮古今字，《史‧秦本紀》：「誓，封爵之。襄公於是始國，與諸侯通使聘享之禮，乃用馬駒。」驪騮，千里馬。中，服馬。騧 guā，黃毛黑嘴的良馬；驪 lí，鐵驪馬。驂，在外的驂馬。龍通尨；伐讀如戲戲 fá，畫有龍紋的盾牌。觼 jué，用來繫轡，貫驂、納轡的銅環；軜 nà，驂馬內側內轡繩繫軾前。邑，古邑名，秦城，秦部落祖先非子封於此，故址在今甘肅張家川東。方，將，言將以何時爲歸期，胡然，爲何。

韻部：阜手，幽部；中，冬部；驂，侵部。冬侵合韻。合軜邑，緝部。期之，之部。

〔3〕俴 jiān，淺薄之金爲甲。孔群，甚調和。厹 qiú 矛，三棱矛。鐓錞 duì，矛的白銅平底柄套。蒙通尨 páng，大；伐通瞂 fá，盾；有苑，苑苑 yuànyuàn，盾牌有美麗花紋。虎韔，虎皮弓袋。鏤膺 lòuyīng，鏤金爲飾馬當胸的帶。交韔二弓，二弓交叉存弓袋。案：緂柴杶柲閉讀如柲柲 bì，弓檠，正弓弩的器具。緄縢 gǔnténg，織帶，用繩捆好。

韻部：群錞，文部。膺弓縢，蒸部。

〔3〕再載，又。寢，睡；興，起，此處偏義複詞，寢興，興。言心不安。案：厭，懕懕 yān yān，安詳和好貌，英俊美貌。《釋訓》：厭厭，安也。秩秩，知也。良人，好丈夫。秩秩（zhì zhì）袟袟 zhì zhì 有智，言英名在外。抒發女詩人對丈夫深深的愛。宋‧黃震《讀詩一得》引段昌武云：「孔曰：襄公以義興師，雖婦人亦知勇於赴敵而無怨。」末二句是對偶句。《魏都賦》注引《韓》：和悅貌。

韻部：興，蒸部；人，眞部；音，侵部。蒸、眞、侵合韻。

【評論】

　　女詩人亦是秦國盛開的鏗鏘玫瑰。《詩緝》：「《小戎》之事，鋪陳兵車器械之事，津津誇說不已。以婦人閔其君子，而猶有鼓勇之，其《秦風》也哉！」爲後代《紫騮馬》《折楊柳》所取法。《詩切》稱其爲「送夫從軍詞」。田雯《古歡堂集》3「《小戎》四章，奇文古色，斑斕陸離。讀至『在其板屋，亂我心曲』二語，逸情絕調，悠然無盡。」明・朱善《詩解頤》1「一章言其車之善；二章言其馬之良；三章言其器之備。以如是之兵甲，復如是之寇讎，此其矜誇之辭也。西戎者，秦人不共戴天之讎也，故復仇討賊之義不特其君知之，其卿大夫知之，其國人知之，雖行役者之婦人亦無不知之，而其形於言者如此！東周之君臣亦可以少愧矣。」《毛詩稽古編》7「襄公以義興師，民心樂戰，故子孫得收其成功耳。《小戎》一詩，實秦業興盛之本。」《詩志》2「敘典制，斷連整錯有法，骨方神圓，周《考工》、漢《鐃歌》並爲一體。一篇典制繁重文字，參以二三情思語，便覺通體靈動，極鋪張處，純是一片摹想也。借婦人語氣，矜車甲而閔其君子，立意立言俱臻絕勝。」《讀〈風〉偶識》：「兵凶戰危，人情多憚而不肯前，獨秦俗樂於戰鬥，視若日用尋常之事。《小戎》，婦人詩也，而矜言其甲兵之盛，若津津有味者，則男子可知矣。」《會歸》頁865「全篇寫車馬器械之形狀，詳審委曲，生動如繪，此詩人體物之工。敘婦念夫之言，含蓄轉折，情婉義至，斯詩人言情之妙。但狀軍容之盛，而樂戰之情自見，尤詩家所謂味外味矣。」案：我們應該感謝秦國的這位獨具慧眼的女詩人，愛深而文綺，開中國美人愛英雄、歌名將的史詩之先，又把這種交融著英風壯概、美德如玉、溫情脈脈、一往情深的吟詠訴諸詩章，形成英氣勃勃、「溫其如玉」、摯情強烈的第二自然即藝術珍品，誠如黑格爾所說：「最深刻地表現全部豐富的精神內在意蘊。」（《美學》第三卷下，頁53，商務印書館1981）感動萬眾。她的詩歌張力，遒茂麗藻，用巨幅工筆畫卷，她對戰前橫截面的藝術描繪，描繪語文與抒情語文的巧妙交融，對英雄業績、對英雄夫君的禮贊，前三章分別言車、馬、兵器的精良，女詩人極爲熟悉，其夫君可想而知，二人又都重武德，以爲國作戰爲榮，「言念君子，溫其如玉。在其板屋，亂我心曲」，寥寥十六字，寫出佳人愛英雄之業、英雄之德，充滿著陽剛美、英雄美、懿德美，寫出婦人逸情絕調，抒英雄情懷，強悍亢奮與伉儷柔情的巧妙結合，藻繪炳蔚，曲盡其妙！「言念君子，溫其在邑」，「溫其

如玉」、「厭厭良人，秩秩德音」，不去正面寫征西戎，從軍旅後方賢夫人這一角度寫來，襯托秦軍尚武好義，則必勝乃意料中事。故此詩慷爽明麗而富於英邁之氣，又不失委曲衷情伉儷纏綿之情。宋・魏慶之《碧溪》：「苟當於理，則綺麗風花同入於妙。」末二句又有對偶之妙。爲律詩開端。

蒹 葭

蒹〔薕薍〕葭蒼蒼，　　　　　　　　蘆荻花白蒼蒼，
白露爲霜。　　　　　　　　　　　　白露凝成霜，
所謂伊〔維繄〕人，　　　　　　　　我所念想的這一位美人，
在水一方！　　　　　　　　　　　　在秦川水光瀲灩的那一旁。
遡〔遡洄溯淒泝〕洄〔回〕從〔徔〕之，　我逆流而上尋覓她，
道阻〔岨〕且長。　　　　　　　　　　路途艱難又悠長；
遡〔溯淒泝〕遊〔游〕從之，　　　　　我順流而下尋覓她，
宛〔苑菀〕在水中央。〔1〕　　　　　她宛然就在水中央！水中央！

蒹葭萋萋〔淒淒〕，　　　　　　　　蘆荻青萋萋，
白露未晞〔睎〕。　　　　　　　　　　霜露未曬乾，
所謂伊〔維繄〕人，　　　　　　　　我所念想的這一位美人，
在水之湄〔麋瀀〕。　　　　　　　　在秦川水光瀲灩的那一邊。
遡〔溯淒泝〕洄從之，　　　　　　　我逆流而上去尋覓，
道阻〔岨〕且躋〔隮〕。　　　　　　　路途艱難又難攀躋，
遡〔溯淒泝〕遊〔遊〕從之，　　　　　我順流而下去尋覓，
宛〔苑菀〕在水中坻〔墀泜坄〕。〔2〕　她彷彿就在川中泜！川中泜！

蒹葭采采〔采〕，　　　　　　　　　蘆荻一派多茂美，
白露未已。　　　　　　　　　　　　遍地霜露尚未止，
所謂伊〔維繄〕人，　　　　　　　　我所念想的這一位美人，
在水之涘〔涘〕。　　　　　　　　　在秦川水光瀲灩的那一涘。
遡〔溯淒泝〕洄從之，　　　　　　　我逆流而上去尋覓，
道阻〔岨〕且右〔各〕。　　　　　　　路途艱難又迂曲難走，
遡〔溯淒泝〕遊〔遊〕從之，　　　　　我順流而下去尋覓，
宛〔苑菀〕在水中沚〔沭〕。〔3〕　　　她彷彿就在水中沚！水中沚！

【詩旨】

案：約作於前 844～前 766 年。如淳厚摯情質樸的三秦大地的男子漢，鍾情於一位秦川佳人，吟成此詩束。詩人用襯托，用趁韻，用重章疊韻，用情景交融，描摹那在古代秦部落一位美好的女青年在八百里秦川浩茫的背景中，意境空靈！在水的一方，詩人鍾情於她，秋水伊人，想方設法要尋覓在水一方的窈窕美人，也引逗讀者群的無限遐想，馳騁詩情，飛騰想像，引吭高歌，吟成這一深婉蘊藉而又飄渺的詩篇，吟成《詩經》中的天籟之聲，上古浪漫主義的傑作，中國意象派象徵派詩歌之祖。如錢鍾書《毛詩正義六〇則》所云「所賦皆西洋浪漫主義所謂企慕之情境也。」如果說《小戎》、《無衣》是秦國壯美的名片，《蒹葭》則是浩茫秀明的八百里秦川優美的名片。陸侃如《中國詩史》：「詩人之詩。」

《毛序》：「《蒹葭》，刺襄公也。未能用周禮，將無以固其國焉。」失之牽強。《詩總聞》《詩解頤》《通論》《讀風偶識》「思賢」說，《臆補》「感時撫景」說，日·白川靜《詩經研究》以爲漢水上游祭祀女神者。余師《詩經選譯》：「情詩」。日本·家井眞《原始研究》：詠水神。《會歸》頁 874，「所寫皆伊人隱居之境，即興體隱微以擬議。」

【校勘】

〔1〕《毛》蒹，宋版作薕，誤，當作蒹。P2529 作蕪，俗字。《毛》伊訓爲維，《箋》伊當作繄，伊維一聲之轉，《毛詩音》伊讀作維，伊繄音義同，伊維繄同。本字作溯，《單疏》遡，《魯》《說文》溯，《釋水》郭注、日本·京都市府藏古本《毛詩正義》泝，《說文》又作溯，泝是溯字之省文，《唐抄文選集注》1.114 作沿，P2529 作遡，異體。溯遡或體。洄，《魯》《釋水》回，回古字。《毛》阻，P2529 岨，通作阻。《毛》遊，《漢石經》游。《毛》從，P2529 徔，俗字。《毛》宛，《釋文》本亦作苑，P2529 菀，宛苑菀字異音同，通作宛。

〔2〕案：本字作萋，《考文》《釋文》《正義》宋本、明監本、閩本作萋，《釋文》萋，本又作淒，唐寫本、《唐石經》《九經》《釋文》《讀詩記》曹植《情詩》李注引《毛》作淒。《詩集傳》作淒。《釋文》萋，本亦作淒。《毛》晞，《唐石經》晞 P2529 作晞，俗字。《毛》湄，古字、金文作麋，《廣韻》灖，麋古字，灖、麋讀若湄。《毛》躋，《釋文》本又作隮，《御覽》195 作隮，字同。《說文》《唐石經》《毛》坻，《爾雅》《釋文》又作墀、泜；《韓》渚，《玉篇》、P2529 坁，俗字，《集韻》坭，同坻。

〔3〕《毛》采涘右，P2529采涘吕，俗字。《毛》沚，《河陽詩》李注引《韓》作沶，本字作沶，音義同。

【詮釋】

〔1〕案：一年逝去，抒情主人公鍾情不已。蒹 jiān，荻；葭 jiā，葦。蒼蒼淒淒（萋萋）、采采，茂盛貌。所謂，我所念想的，謂「在水一方，」《石鼓文》「在水一方」。水，秦川，關中平原，八百里秦川，在今甘肅、陝西省秦嶺以北，南邊的秦嶺是中國南北氣候的分界線。伊維繫，是，此。伊人，這一個美女。案：王質（讀《秦風》）：點出蹇叔。牽合。方 páng，通旁。溯溯遡洄泝 sù，逆水而上。《魯》《釋水》「逆流而上曰溯洄，順流而下曰溯遊。」從，追蹤，尋覓。菀、苑、宛字異音義同，宛然，宛如，彷彿。阻，險阻；長，悠長，極寫尋覓之難。此四句千古名句，狀鍾情摯愛之深入骨髓。中央，連語，中。《臆評》：「作此四語，乃覺波瀾迭出，情致無窮。」（《存目》經 61/256）《通論》：「於『在』字上一『宛』字，遂覺點睛欲飛，入神之筆！」

韻部：蒼霜方長央，陽部。

〔2〕晞 xī，曬乾。《魯》《釋水》「湄 mèi，水草交。」水涯。萋萋，茂盛貌。躋 jī，登，升。坻堚泜 chí，水中綠洲。

韻部：萋（淒），脂部；晞湄，微部。脂、微合韻。躋坻，支部。

〔3〕已 yǐ，止。涘 sì，水邊。右 yòu（古）匣之；周 zhōu（古）章幽，章、匣隼鄰紐，之、幽相轉，右通周，迂迴。沚沶 zhǐ，水中大渚。二、三章組成詩人意境、意中人意象的意象疊加。

韻部：采已涘右沚（沶），之部。

【評論】

《臆評》：「宛轉數言，煙波萬里。《秋興賦》《山鬼》伎倆耳。」鍾惺《批點詩經》：「《秦風》『所謂伊人』六句，意象縹緲極矣。異人異境，使人欲仙。」明・謝榛《四溟詩話》2「《三百篇》已有聲律若『蒹葭蒼蒼，白露為霜』，暨《離騷》『洞庭波兮木葉下』之類漸多。六朝以來，黃鐘瓦缶，審單者自能辨之。」《詩志》2「只兩句（首二句）寫得秋光滿目。……《國風》第一篇飄渺文字。極纏綿，極惝怳。純是情，不是景；純是窈遠，不是悲壯。感慨情深，在悲秋懷人之外，可思不可言。蕭疏曠達，情趣絕佳。」《臆補》11「起二語畫筆詩情，雞聲茅店，一聯得此神化，意境空曠，寄託玄淡，秦川咫尺，宛然有三山雲氣，竹影仙風，故此詩在《國風》為第一篇飄渺文字，宜以恍

惚迷離讀之。」（《續修》58/213）陳震《讀詩識小錄》：「千古妙文。」《人間詞話》：「《詩・蒹葭》一篇最得風人深致。」《會歸》頁875「所寫之境，煙波杳藹，人在畫圖，神韻天成，則又妙手體物之餘事也。」

案：以莽莽蒼蒼、溫馨怡人的八百里秦川為大背景，為空靈的意境，詩人高明處在於提煉這一深邃的意境，稍加變化，詩分三章，層層深化。《蒹葭》乃詩人出以意象，二、三章作意象疊加、如美女意象、秋水意象等，汪洋恣肆，詭譎陸離，卷舒變化，如觀蒼古而華滋的八百里秦川巨幅山水畫長卷，中有男女深情繾綣在焉，雋永哀婉，實本婉深的摯情，企慕悠悠的情境，興寄深微，鍾情所致，斐然成章，都是不可以章句摘也的抒情名篇，是千古流傳的奇思逸采，辭婉味醇，極陰柔之美，誠天籟之聲，上古浪漫主義傑構，下啟《楚辭》與晉・張華的《情詩》、南朝《西洲曲》、唐・王維《相思》與唐「三李」，《無衣》、《蒹葭》無疑是秦川壯美兼優美的名片。蕭齊時代的傑出詩人謝朓《與沈休文》《論詩》云：「好詩圓美流轉如彈丸」，旨哉斯言！《漢廣》、《蒹葭》是圓美流轉的詩歌語言藝術的範本，給後代藝術家以深刻的啟迪。

終　南

終南何有？有條〔櫲槄〕有梅〔楳〕。	中南山有什麼？有槄樹有楠樹！
君子至止，	秦君蒞臨來休息，
錦衣狐〔狐〕裘。	禮服錦衣白狐皮裘，
顏如渥〔屋〕丹〔泏赭〕，	臉上紅潤如渥丹，
其君也〔施〕哉！〔1〕	咱們國王快樂悠悠！
終南何有？有紀〔屺杞〕有堂〔棠〕。	中南山有什麼！有屺山有畢道如牆，
君子至止，	秦君來此休息，
黻〔紱黻紼〕衣繡裳。	蔽膝配上刺繡的衣裳，
佩玉將將〔鏘〕，	一串佩玉鏘鏘作響，
壽考不亡〔忘〕！〔2〕	壽高不止，萬壽無疆。

【詩旨】

案：秦廷詩人為秦君的祝壽歌。詳《秦本紀》。繫於前739年。

《注析》：勸誡秦君的詩。

案：從前601年往前計，在位年數，秦侯10年，公伯3年，秦仲23年，

莊公 44 年，襄公 12 年，文公 50 年，寧公 12 年，出公 6 年，武公 20 年，德公 2 年，宣公 12 年，成公 4 年，穆公 39 年，康公 12 年，共公 5 年。可見多數在位甚短。《編年史》承《毛序》繫於前 770 年。案：當作於秦文公二十七年即前 739 年，理由：一、《魯傳》《史·秦本紀》：秦文公承莊、襄之烈，至汧渭之會而營邑，十三年而「民多化者，十六年擊敗戎，十七年得陳寶，二十七年伐南山大梓，豐大特，」在位五十年。正與首章「終南何有，有條有梅」合，又與「佩玉將將，壽考不亡」合；二、秦襄時僅賜以岐西，在位僅十二年。

《毛序》：「《終南》，戒襄公也。能取周地，始爲諸侯，受顯服。大夫美之，故作是詩，以戒勸之。」《詩說》：襄公初爲諸侯，秦人祝之。《詩集傳》《世本古義》《詩古微》以爲美詞，《毛詩說》《詩切》以爲刺。

【校勘】

〔1〕本字作梢，《毛》《箋》《單疏》條，《漢石經》《考文》蘇轍《詩傳》梢，台 121/523 唐寫本、《釋文》條，本又作梢。《兩都賦》李注引《毛》《御覽》38 枚，枚讀若梅。《毛》梅，《釋文》柟，《釋文》《音義》「（後周、沈重）、孫炎稱荊州曰梅，揚州曰柟，其實揚州人，不聞名柟。」檢《玄應音義》20 注引漢·樊光《爾雅注》：「荊州曰梅，揚州曰柟（楠）」，以前說揚州曰梅，非。《毛》渥，《堯廟碑》屋，屋是渥之省。《釋文》《韓》沰，《韓詩外傳》丹，《毛詩音》赭，字異義同。案：《毛》：「其君也哉」，《漢石經》：「其君施哉」。也施同爲余紐歌部，也讀如施。

〔2〕本字作屺、堂。《集注》屺，《箋》《台》121/523《定本》《單疏》《唐石經》《詩集傳》紀、堂，《三家》《白帖·終南山類》5 杞、棠，唐·柳宗元《終南山祠堂碑》紀堂條枚，《釋文·音義》紀，本亦作屺。案：紀通屺，當從梁·崔靈恩《集注》《初學記》5 本作屺。（《集注毛詩》，《續修》1201/384）《三家詩》可備一說。檢《白帖》又引作「有紀有堂」（《四庫》891/80），由《傳》《箋》《疏》毛詩系統與《魯》《釋丘》「畢其道如堂之牆」正爲《毛傳》所承。《詩地理考》據曹氏引《集注》：「終南山旁有屺山。」東漢鄭玄時四家詩俱在。《毛》黻，《說文》黻 fú，韍 fú，同，《韓》《堯廟碑》紼，《士冠禮》《疏》韍，《廣雅》《小爾雅》紱，案：本字黻，敦煌本作黻，異體。紼通黻。《毛》將，《中論·爵錄》鏘，將讀如鏘。案：《毛》亡，《三家》《中論·藝紀》《士冠禮》《漢·禮樂志·安世房中歌》《唐石經》作忘，案：忘通亡。

【詮釋】

〔1〕前 770 年，周平王東遷洛邑，秦襄公護送有功，封侯，秦襄公塚中銘：「天王遷洛，岐酆賜公」。前 762 年秦文公至汧渭而營邑。秦國始有八百里秦川與中南山。終南山，周名中南山。終，《毛詩音》終讀中，秦嶺主峰，北有位居「世界四大文明古都」之首的西安。條通樤，棷 tāo，山楸 qiū，材理好，可作車板。梅，楠 nán。楺，以及梓 zǐ，八百里終南山多古木。揚之水《詩經名物新證》：條，芸香科柑橘屬中的柚。梅，薔薇科杏屬中的梅。君子，秦襄公。止，止息。錦衣狐裘，極言其「始爲諸侯，受顯服。」渥 òu 丹，紅潤。君，美，《孟子》一「君哉！舜也！」也哉，讚歎詞。案：也 yě，施 yì，雙聲疊韻通借，《漢石經》施，施施 yìyì，喜悅。

韻部：哉，之部；裘，幽部。幽之通韻。

〔2〕紀通屺 qǐ，《集注》「終南山旁有屺山。」堂，《魯》《釋丘》「畢、堂，牆也」，山崖之邊寬平如牆，又：凡山形四方而高謂堂。《詩地理考》「堂，山之寬平處。至於唐·柳宗元《終南山祠堂碑》《述聞》依《白帖》5 及文例作杞、棠，可資參考，東漢鄭玄作《箋》時四家詩俱在，梁·崔靈恩採四家之本，集眾解，著《毛詩集注》24 卷，「京師歸儒，咸稱重之……出爲長沙內史，還除國子博士（詳《釋文敘錄》、《玉海》引《釋文》），可以說博聞大家，然斷爲屺，注爲屺山，耐人尋味。屺，山有草木。又《小爾雅·廣言》紀，基。紀，山基。君子，秦侯。至，到。止，此，或訓息。故取《集注》本爲據。黻黻 fú，古代禮服繡以黑、青相間如亞（亜）形的花紋。繡裳，備五彩繡七種華飾的禮服，侯伯之衣，周王所賜。壽考，高壽。忘 wáng，亡，止，高壽無止境。

韻部：有止，之部；堂裳將（鏘）亡，陽部。

【評論】

莊有可《毛詩說》2「此詩二章抑揚盡致。」《後箋》：「蓋於頌美之中寓有規戒之意耳。」《臆補》下，「終南，秦鎮。一經提出，便有囊括全雍，尺地不可與人意。下數語亦得極力形容之妙。」《評釋》：「詩則雍容華貴，剛毅質勁。」《會歸》頁 880「此詩上興下賦，首二句爲戒勸，後四句爲頌美，而戒亦寓於美中，美即隱射戒意，非截然畫分。」

黃 鳥

交交〔咬咬〕黃鳥止于棘〔㯤〕。　　　難以忍受的眾黃鳥，止息於棘（亟），
「誰從穆〔穆〕公？」　　　　　　　〔問：〕「誰殉秦繆公？」
「子車〔輿〕奄息。」　　　　　　　〔答：〕「子車家的奄息啊。」
「維〔惟〕此奄息，　　　　　　　　〔眾：〕「惟此奄息，
百夫之特。　　　　　　　　　　　　乃是勇士們中的英傑啊。
臨其穴，　　　　　　　　　　　　　面對著壙穴，
惴惴〔慄慄〕其慄〔栗〕。　　　　　恐怖啊，戰戰慄慄啊。
彼蒼者天，　　　　　　　　　　　　啊！那青天啊！秦繆公！
殲我良人！　　　　　　　　　　　　為什麼殺我良臣賢人啊？
如可〔何〕贖兮〔也〕，　　　　　　假如能夠救贖賢良啊，
人百其身。」〔1〕　　　　　　　　　咱願以百人救贖，何等悲愴！」

交交〔咬咬〕黃鳥止于楚。　　　　　難以忍受的眾黃鳥，止息於楚（痛楚），
「誰從穆公？」　　　　　　　　　　〔問：〕「誰殉秦繆公？」
「子車〔輿〕鍼虎。」　　　　　　　〔答：〕「子車家的鍼虎啊。」
「維〔惟〕此鍼虎〔虙肅〕，　　　　〔眾：〕「惟此鍼虎啊，
百夫之禦〔禦徼〕。　　　　　　　　可是百名勇士的抵禦啊。
臨其穴，　　　　　　　　　　　　　面對著壙穴啊，
惴惴其慄〔栗〕。　　　　　　　　　恐怖啊，戰戰慄慄啊，
彼蒼者天，　　　　　　　　　　　　那青天啊！秦繆公！
殲我良人！　　　　　　　　　　　　為什麼殺死良臣賢人啊？
如可〔何〕贖兮〔也〕，　　　　　　假如可以救贖賢人啊，
人百其身。」〔2〕　　　　　　　　　咱願以百人為他贖身啊！」

交交〔咬咬〕黃鳥止于桑〔棄〕。　　難以忍受的眾黃鳥，止息於桑（喪），
「誰從穆〔穆〕公？」　　　　　　　〔問：〕「誰殉秦繆公？」
「子車〔輿〕仲行。」　　　　　　　〔答：〕「子車家的仲行啊。」
「維〔惟〕此仲行，　　　　　　　　〔眾：〕「惟此仲行啊，
百夫之防。　　　　　　　　　　　　可是百名勇士的抵當啊。
臨其穴，　　　　　　　　　　　　　面對著壙穴啊，
惴惴其慄〔栗〕。　　　　　　　　　恐怖啊，戰戰慄慄啊，
彼蒼者天，　　　　　　　　　　　　那青天啊！秦繆公！
殲我良人！　　　　　　　　　　　　為什麼殺死良臣賢人，
如可〔何〕贖兮〔也〕，　　　　　　假如可以救贖賢人啊，
人百其身。」〔3〕　　　　　　　　　咱願以百人為他贖身。」

【詩旨】

　　案：詩人痛悼子車氏三傑，暗諷秦繆公殺三良以殉。奴隸制、封建制不可取！夏、商、周竟有歷史上最荒誕、最殘酷的人殉，而且至秦二世，人殉竟很普遍！《左傳·文公六年》《史·秦紀》，前 621 年秦穆公死，殺子車氏等 177 人，因此史書將穆公改繆公，以示荒謬之極！秦人哀之，爲作歌《黃鳥》之詩。（1974 年陝西驪山南指揮村，發掘秦景公墓，殉人 186 具）據《戰國秦漢考古》，至秦二世，人殉制度普遍。詩人用諧讔手法（棘諧亟、桑諧喪、楚諧痛楚），犀利的藝術解剖刀，刻畫臨穴而慄的驚人場面，襯托萬眾憤怒的悲情背景，最慘痛的人殉，最悲愴的詩歌，將秦繆公及其幫兇永遠釘死在歷史的恥辱柱上。

　　〔魯說〕《秦本紀》：「繆公卒，葬雍，從死者百七十七人，秦之良臣子輿氏三人，名曰奄息、仲行、鍼虎，亦在從死之中，秦人哀之，爲作歌《黃鳥》之詩。」繫於前 621 年。

　　〔齊說〕《易林·革之小畜》：「子車鍼虎，善人危殆，黃鳥悲鳴，傷國元輔。」

　　〔韓說〕曹植《三良詩》：「……秦穆先下世，三臣皆自殘。……攬涕登君墓，臨穴仰天歎。長夜何冥冥，一往不復還。黃鳥爲悲鳴，哀哉傷肺肝！」

　　《毛序》「《黃鳥》，哀三良也。國人刺穆公以人從死，而作是詩也。」

　　案：據晉·摯虞《文章流別論》句逗。《漢石經》二三章互乙。

【校勘】

　　〔1〕《毛》交交，《韻略》、《嵇康送秀才入軍》、《鸚鵡賦》李注引、《集韻》引作「咬咬黃鳥」。交通咬。案：本字作棘，《單疏》《唐石經》棘，當作棘。《毛》作棘，不體，p2529 作棘，同棘。《毛》車，《魯》《左傳》《秦紀》輿，古車、輿同。《毛》維，《漢石經》惟，同。《毛》惴惴其慄，《魯》、羅振玉《熹平石經殘字集錄續編》《孟·公孫丑》趙注、《淮南·說山》高注引、《考文》《台》121/523 惴惴其栗，閩本、明監本毛本惴惴作慄慄，《考文》惴，作惴是。槁古字，慄俗字。栗古字。《毛》兮，《魯》漢·蔡邕《陳留太守胡公碑》《平輿令薛君碑》作「也」。《毛》可，P2529 作何，何讀如可。馬衡《漢石經概述》、馬無咎《漢石經集存》頁 21：仲行在仲虎後。《毛》穆，《唐石經》穆，避唐穆宗諱。

　　〔2〕《毛》禦，《集韻》御，俗字，《台》121/523 御，御禦古通。《毛》虎，P2529 作唐，俗字。《唐石經》虍，避唐諱。

〔5〕據《御覽》586引晉・摯虞《文章流別論》作七言「交交黃鳥止于桑。」

【詮釋】

〔1〕詩人用《文心雕龍・諧讔》所說的諧讔技法，棘諧亟，桑諧喪，楚諧痛楚之楚，《六書故》：「楚亦句荊，捶人即痛，因名楚痛。」案：交交、交關，難以忍受，粵語〔kau53 kwau53〕。一說交交如咬咬，擬聲詞。姚彥輝《詩釋名解》引其父首源《九經通論》黃鳥，黃雀。止，止息。從（从），殉葬。穆公，秦穆公任好，前659～621年在位，《魯說》《秦本紀》引由余的治政主張：「上含淳德以遇其下，下懷忠信以遇其上。」引君子云：「秦穆公廣地益國，東服強晉，西霸戎夷，然不爲諸侯盟主，亦宜哉！死而棄民，收其良臣而從死，且先王崩，尚猶遺德垂法，況奪之善人良臣，百姓所哀者乎？是以知秦不能復東征也。」秦繆公死，殉葬人177名。子車氏，奄息名。三良墳在今陝西省鳳翔城南翟家寺村。秦穆公陵在今陝西省鳳翔市東南。《藝文類聚》56引晉・摯虞《文章流別論》「交交黃鳥止於棘」「交交黃鳥止于桑」「交交黃鳥止于楚」七字句。

韻部：棘息息特，職部；穴慄（栗），質部。天人身，眞部。

〔2〕《箋》：特，百夫之中最雄俊。穴，墓穴。惴惴 zhuìzhuì，驚怖恐懼貌。栗，慄慄 lìlì，顫顫抖抖貌。蒼，青天，此章顯示了對蒼天這個古代視爲人格神的極大懷疑。殲殺死。良人，良臣善人。如，假如。何讀如可。可，能；贖，用100人贖回（換回）其身。

韻部：棘息特，職部。天人身，眞部。

〔2〕御通禦，抵當。

韻部：楚虎禦，魚部。天人身，眞部。

〔3〕防，當，抵當。桑喪甲骨文、金文《說文》形似，桑喪雙聲疊韻通借。《易・否》「繫於苞桑。」

韻部：桑行防，陽部。天人身，眞部。

【評論】

《續〈讀詩記〉》：「『誰從穆公？子車奄息。』其辭隱而傷，不言穆公以人從死也。『臨其穴，惴惴其慄』，兄弟三人，同時俱死，可爲戰慄，非但哀之而已。不敢歸咎於君，而呼天以致其意，隱之至也。」《詩志》2「『誰從穆公？』呼得慘痛。……臨穴惴惴，寫出慘狀，三良不必有其狀，詩人哀之，不得不如此形容爾。三良從死，何與彼蒼事，怨得不近情理正妙。『百夫之特』，

『人百其身』，自作映照迴繞。妙！呼應停折，纏綿淋漓。」《原始》7「聖人存此，豈獨爲三良悼乎？亦將作萬世戒耳。」《臆補》下「惻愴悲號，哀辭之祖。……字字是血，戰慄之狀如在目前，痛恨無極。三呼『誰從』，若爲不知之詞，悲甚！」案：詩人犀利的筆鋒點出「誰從穆公」，筆力千鈞，這是詩人的哀詞，英雄、功臣、賢良之人卻遭殉葬，人間慘劇！讀之令人愴然涕淚。歷史上尤爲荒誕的是，鮮活的英才慘遭人殉，卻造出三良「重然諾」的殺人理由，奴隸社會、封建社會不能不亡！是爲中國哀辭之祖。王粲《詠史詩》：「自古無殉死，達人所共知。秦穆殺三良，惜哉空爾爲！結髮事明君，受恩良不訾。臨沒要之死，焉得不相隨！妻子當門泣，兄弟哭路垂。臨穴呼蒼天，涕下如綆縻……」案：《黄鳥》詩極爲悲切，憤恨之情溢於詩箋，開漢詩班婕妤、徐淑、蔡文姬、劉楨、王粲、三曹詩之先河。

晨　風

鴥〔鴍鴪鷸〕彼晨〔鷐〕風， 鬱〔宛溫愠菀欝欎〕彼北林。 未見君子， 憂心欽欽。 如何如何？ 忘我實多！〔1〕	鷐鳥颻颻飛， 蓊鬱那北林。 我好久未見夫君， 憂心沉沉心神不定。 奈何？奈何？ 他把我忘得也太多啊！
山有苞〔枹〕櫟， 隰〔隰〕有六駮〔駁〕 未見君子， 憂心靡樂。 如何如何？ 忘我實多！〔2〕	山有叢生柞櫟， 濕地斑駁梓榆， 我好久未見郎君， 憂愁啊從無快樂。 可奈何啊？可奈何？ 他把我忘得也太多！
山有苞棣，隰有樹檖〔檖遂〕。 未見君子， 憂心如醉〔醉〕。 如何如何？ 忘我實多！〔3〕	山有叢生棠棣，濕地一樹樹山梨， 我好久未見郎君， 憂纏我心醉醉昏昏。 怎麼辦啊怎麼辦？ 他把我忘得也太多！

【詩旨】

丈夫喜新厭舊，妻子思夫歌中有怨，透出焦灼感。或秦康公棄賢臣，詩人斥之。余師《詩經選》:「這是女子懷念愛人的詩。她長時期見不著愛人，抱怨他把她忘了，甚至懷疑他把她拋棄了。」袁梅《譯注》: 棄婦詩。

《毛序》:「《晨風》，刺康公也。忘穆公之業，始棄（《唐石經》作穆、棄）其賢臣焉（京都市藏《秦風殘卷》「焉」作「也」。）。」宋儒王質、呂祖謙、戴溪等均持「思賢」說。《詩集傳》以爲思夫詞，「與《扊扅之歌》同意。」朱熹比之於《扊扅歌》，相傳百里奚在楚國爲人牧牛，秦穆公知其賢，用五張羊皮贖了，任秦相，其故妻撫琴作歌:「百里奚，五羊皮。憶別時，烹伏雞，炊扊扅；今日富貴忘我爲！」至於秦穆公用賢，尚有重用蹇叔等。

此詩約作於前 844～前 753 年。《編年史》繫於前 753 年前後。

【校勘】

〔1〕本字作鴥、鷐、薀，《說文》鴪、鷐，《毛》鴥晨，《唐石經》《唐抄文選集注匯存》3.449 與《群書治要》寫本作鴥，《單疏》、P2529 鴪，《纂圖互注毛詩》、小字本、相臺本、明監本作鴥，《韓詩外傳》8 鷸，《廣韻》颵，《集韻》鴥或作𩿧，鷸、颵、𩿧與鴥字異音義同。《魯》《說文》《玉篇》《毛詩音》鷐，《說文》唐寫本作鷐。《毛》鬱（郁），《唐抄文選集注匯存》3.449 欝，P2529 欝，俗字。《魯》宛，《齊》溫，《周禮・函人》注引作菀，《毛詩音》多借作菀，《考工記注》惌，《聲類》: 宛通鬱，宛是菀之省。鬱、菀一聲之轉。

〔2〕《魯》《釋木》注引作枹，《毛》苞，枹通苞。《毛》隰，《漢石經》隰。《單疏》《唐石經》《毛》駮，《三家》《古今注》《文選注》《集解》駁，同。《漢石經》樂如何。

〔3〕正字作檖。《單疏》《唐石經》《毛》檖，《三家》《說文》《爾雅注》《正字通》檖，同，《釋文》或作遂。《毛》醉，P2529 作酔，俗字。

【詮釋】

〔1〕鴥（鴥）鷸，颵颵yùyù，鴥鴥 yùyù，疾飛貌。晨通鷐 chén，鷐風鸇 zhān，似鷂而小，燕頷鉤喙，猛禽，青色。鬱 yù，繁茂蓊鬱貌。欽欽，憂而殷殷難忘貌。如何，如之何，奈何。忘我實多，你忘我是多。鶻雕尚知歸林，你忘我實多。

韻部：風林欽，侵部。何多，歌部。

　　〔2〕苞，叢生。櫟，柞櫟。六駮（駁），梓榆，有斑駮之紋。樂，余師：樂，讀爲藥療，靡樂，言不可治療。

　　韻部：櫟駮樂，藥部。何何多，歌部。

　　〔3〕棣 dì，倒文以協韻，棠棣，子如櫻桃，可食。檖 suì，野生梨，比梨小，酸，可食。案：末章透出女歌手的焦灼感。

　　韻部：棣，脂部；檖（檖）醉，微部。脂微合韻。何何多，歌部。

【評論】

　　《詩集傳》頁 99「此與殽廖（yǎnyì，此歌是古琴曲，百里奚爲人牧牛，秦繆公任爲相，其妻爲傭在相府唱此歌）之歌同意，蓋秦俗也。」《詩志》2「《晨風》六駮，稱物最奇。陡接兩『如何』，沉痛。怨之猶望之也。慍然忠厚之思。」《臆補》下「似怨似訴，意恰含蓄。」（《續修》58-214）《識小錄》：「詞質情深，『憂心』句且頓且逗，『如何』一轉，直的神行。」《談經》：「古詩之精粹處，全在比興。……且古今來曾見有黃鳥止於棘上者耶？棘之爲物，樛結而多刺，除青蠅外，殆無一物能集其上。故古人常取之以爲不得其所之喻。」此詩下啓《少年行》《塞下曲》。《會通》引舊評：「末句蘊藉。」

無　衣

豈曰無衣？與子同袍！	怎麼說沒有軍衣？和您共同戰袍！
王于興師，	國王派兵作戰，
脩我戈矛。	咱們修理好戈矛，
與子同仇〔讐〕！〔1〕	我與您敵愾同仇！
豈曰無衣？與子同澤〔襗〕，	怎麼說沒有軍衣？和您共同袴褲！
王于興師，	周王派兵作戰，
脩我矛戟。	修理好刀槍武庫，
與子偕〔皆〕作！〔2〕	我和您並肩共赴！
豈曰無衣？與子同裳〔常〕。	怎麼說沒有軍衣？與您共同衣裳！
王于興師，	周王派兵作戰，
脩我甲兵，	咱們修理好盔甲刀槍，
與子偕〔皆〕行。〔3〕	我和您共赴戰場！

【詩旨】

案：繫於前 767～前 766 年秦襄公伐西戎，據《魯說》《秦本紀》《齊說》《漢・地理志》，前年秦仲死於戎，秦武公立，周宣王封為西陲大夫，莊公有《不其簋》，秦文公時秦軍上下一心伐西戎「〔秦文公〕十六年，文公以兵伐戎，戎敗走。」軍旅詩人敵國王之愾，以天下大義為己任，抒發殷殷的袍襗之情與必勝信念、英雄氣概。當非陳古刺今之作。有秦國雄風，則有《秦風》之雄風，鼎盛的陽剛之詩，矯健激昂。秦襄公以王命征伐，周人赴之。《詩集傳》《名物抄》秦人樂攻戰。這是秦軍的同袍情誼之歌。

《齊說》《漢・趙充國、辛慶忌傳贊》：「山西天水、隴西、安定、北地處勢迫近羌、胡，民俗修習戰備，高上（尚）勇力鞍馬騎射。故《秦詩》曰：『王于興師，修我甲兵，與子皆行。』其風聲氣俗自古而然，今之歌謠慷慨，風流猶存耳。」

《毛序》：「《無衣》，刺用兵也。秦人刺其君好攻戰，亟用兵，而不與民同欲焉。」《序》、詩不合。《詩說》5 加以批駁。秦襄公以王命征戎，周人赴之。賦《無衣》。《會歸》頁 894：「陳古刺今之作。」

【校勘】

〔1〕《毛》脩，朱熹《詩集傳》修，同。《毛》仇，《韓》《吳越春秋》讐，異本。

〔2〕《單疏》《唐石經》、小字本作澤，《三家》《周禮・玉府》《箋》《說文》《北征頌》《五經文字》《考文》襗，澤襗古今字。

〔3〕《毛》裳，異體，《說文》常。《毛》偕，《齊》《魯》《漢・趙充國辛慶忌傳》《台》121/523 作皆。皆偕古通。

郭晉稀教授：〔王未興師〕，豈曰無衣，與子同袍。王于興師，〔則曰〕：「修我戈矛，與子同仇。」可資參考。

【詮釋】

〔1〕明・王夫之主秦哀公賦《無衣》，詳《稗疏》。誤以史論之，前 506 年，楚昭王從楚都逃出，過長江，進雲夢澤，楚臣申包胥作秦庭之哭，七日不食不飲，感動後，秦公為賦《無衣》是在魯定公四年，即前 506 年，詳《左傳・定 4》。此處賦非賦寫之賦，賦 fù，吟誦，背誦，《左傳》中多有此例，如《左傳・文 13》。前 544 年吳季札觀樂已見編成的詩經，詳《左傳・

襄 29》。秦國勢力、疆域至汧水、渭水流域，即先後在汧（在陝西隴縣南）、平陽（今陝西眉縣西）、雍（今陝西鳳翔縣城南）營建都邑。又《史記・秦世家》前 750 年，秦文公擊敗戎，收周餘民，完全控制岐地，將岐山以東獻周。袍，長袍，裝有絲棉或棉絮的兩層長袍，白日穿在外，夜晚當被蓋。王，周王；於，將；興，發動；師，軍隊。修，修理，準備好軍械武器。《釋詁》：仇，匹。仇、讎同，同仇敵愾。明・朱善《詩解頤》：「『與子同袍』，恩愛想結於无事之時也。『與子同仇』，患難相恤於有事之日也。」《後箋》：以同袍興同仇。

韻部：袍矛仇，幽部。衣師，微部。

〔2〕二、三章變文趁韻。澤通襗，《說文》襗 zé，綺，袴（袴褲），套褲，內蓄棉，穿，脛上，可互穿。泛指貼身衣褲。《傳》《箋》訓內衣。

韻部：澤（襗），職部；戟作，鐸部。鐸、職合韻。

〔3〕常裳古今字，裙。皆通偕，相偕而行。

韻部：常（裳）兵行，陽部。

【評論】

《詩集傳》頁 100～101，「雍州土厚水深，其民厚重質直，無鄭、衛驕情浮靡之習。以善導之，則易以興起，而篤於仕義，以猛驅之，則其強毅果敢之資，亦足以強兵力農，而成富強之業，非山東諸國所及也。」案：此詩無刺意。興象雄邁而豪放，英氣逼人，朗朗上口，如聞豪放悲壯的秦腔，令人豪情勃發，血氣賁張，正是秦的雄風、秦軍的勇敢彪悍的英風產生了《秦風》，足以激勵人心。《商君書・畫策》提到強軍之道：「是以三軍之眾，從令如流，死而不旋踵」，三國・王肅云：「豈謂子無衣乎？樂有是袍，與子為朋友，同共弊之，以興上與百姓同欲，則百姓樂致其死，為朋友樂同衣袍也。」《蘇軾文集・潮州韓文公廟碑》：「匹夫而為百世師，一氣而為天下法。」案：有《無衣》之英概，有袍襗之深情，誰與爭鋒？誠天下無敵！《秦風・無衣》這是一首古茂樸醇的袍澤之歌，軍旅詩人所噴迸的血性賁張的英武之歌。這首從軍歌以昂揚的愛國主義精神，關心國家民族，同仇敵愾，團結友愛，尚武精神，英雄氣概，最為殷厚的戰友情懷，於粗獷雄強中又有婉曲的細節刻畫：『與子同襗』。具有普世價值，古代文學的瑰寶之一。《世本古義》17「復王讎也。周宣王以兵七千命秦莊公伐西

戎，周從征之士賦此。」鍾惺《詩經》：「此詩要寫出他一種壯狠親暱之象。」
《臆補》下「有此死士，秦安得不霸？《少年行》、《出塞曲》，開口便有吞
吐六國之氣，其筆鋒淩厲亦正如岳將軍直搗黃龍。……『酬恩看玉劍，何
處有風塵？』語自慷慨。」芮城《匏瓜錄》3「吾讀《無衣》，而知周先王
與民之厚而得民之深也。」《會通》：「英壯邁進，非唐人《出塞》諸詩所能
及。」案：神州，古老的壯烈的大地，英雄之氣曾鼓鑄群英，英雄氣概不
能匱乏，袍襗之情不能或缺。《小戎》《無衣》有悲壯之美、英邁之美。這
是《秦風·無衣》留給後人的富貴的精神財富。如聞豪放悲壯的秦腔，令
人聞之豪情勃發，血氣為之賁張。

渭　陽

我送舅〔舅〕氏，	我送娘舅返晉邦，
曰至〔于至於〕渭陽。	一路護送到渭陽，
何以贈之？	用何禮品贈娘舅，
路〔輅〕車乘〔乘〕黃。〔1〕	輅車加四馬乘黃。
我送舅氏，	我送嫡嫡親的娘舅，
悠悠〔攸攸〕我思！	悠悠聯想我的親娘，
何以贈之？	用何禮品贈娘舅，
瓊〔璚璿〕瑰玉佩〔珮〕。〔2〕	瓊瑰寶玉玉琳琅！

【詩旨】

案：百年難忘娘舅情。據《左傳·僖24》，前636年正月，秦穆公（《魯》
《韓》《列女傳·秦穆姬傳》作太子罃）從雍（今渭水之南）派軍隊護送重耳（後
為晉文公）回國，太子罃（後為秦康公）親送舅父重耳至渭水北岸，即席賦詩。

《魯說》《列女傳·秦穆姬傳》：「秦穆姬者，晉獻公之女，賢而有義。穆
姬死，穆姬之弟重耳入秦，秦送之晉，是為晉文公。太子罃思母之恩，而送
其舅氏也，作詩曰：『我送舅氏，至于渭陽。何以贈之？路車乘黃。』君子曰：
慈母生孝子。」

《韓說》《後漢·馬援傳》注引《韓傳》：「秦康公送舅氏晉文公於渭之陽，

念母之不見也，曰：『我送舅氏，如母存焉。』」朱熹《詩集傳》：「秦康公送這渭陽而作是詩。」

　　《毛序》「《渭陽》，康公念母也。康公之母，晉獻公之女。文公遭麗（當作驪，驪戎之驪，《左傳》驪，《穀梁傳》《韓子》《呂覽》麗，《竹書紀年》離，《楚辭》《淮南》孋，字異音義同）姬之難，未反而秦姬卒。穆公納文公，康公時爲大（《台》121/523 太，讀如太）子，贈送文公於渭之陽。念母之不見也，我見舅氏，如母存焉。及其即位，思而作是詩也。」案：當從《魯》《韓》，必爲即席賦詩，爲何待至前 620 年作？前 628 年殽之戰，晉軍大敗秦軍，俘虜秦軍主帥孟明視、西乞術、白乙丙；前 625 年彭衙一戰，秦軍再敗，同年冬，晉、宋、陳、鄭伐秦，奪回汪、彭衙；前 623 年，秦軍占晉地王官和郊；前 621 年，晉軍擊敗秦軍，追擊到刳首。《序》說前 620 年秦康公甫就位，追憶 16 年前護送舅父重耳返晉而作此詩，不在情理之中。《會歸》頁 897「詩爲康公送舅之作。」

【校勘】

　　〔1〕《毛》曰至，《魯》《列女傳·秦穆姬傳》引作「至於」，《毛》、《魯》異本，又劉向兼習《魯》《韓》，則《毛》與《魯》《韓》異本。《御覽》62「於渭之陽。」《毛》路，《魯》《爾雅犍爲文學注》《御覽》478 輅，路通輅。《毛》舅、乘，P2529 舅、秉，俗字。

　　〔2〕《毛》瓊，《單疏》《唐石經》瓊，《三家》璿，《集韻》：璿，或作琁璿瓊璂。《漢石經》《毛》悠，《魯》《爾雅》《別雅》攸，古字。《毛》瑰佩，《御覽》478 作珮。

【詮釋】

　　〔1〕案：當時秦都在雍，在今西安之西，周至東，甫送舅舅至渭水北，咸陽。我，甫。舅氏，甫母穆姬的弟弟重耳，後爲晉文公。案：曰 yuē、欥 yù，聲近通假，曰讀如欥，《說文》欥，詮詞也。詮釋一路護送的目的地，渭水北岸，《魯》《韓》作「至於」尤明。渭水，出隴西首陽縣鳥鼠山，水之陽，北岸。《後漢注》24 引《韓》：「秦康公送舅晉文公於渭之陽，今母之不見也，曰：『我見舅氏，如母存焉。』」何以，以何。路通輅，輅車，大車，王車，飾以金玉等。乘黃，又名飛黃，名馬，駿馬，《管·小匡》：「地出乘黃」。敦煌寫本 P2529 引《毛》：「乘黃也，四馳」，可備一說。渭陽，用舅氏之典，杜甫《奉

送卿二翁統節度鎮軍江陵》：「寒空巫峽曙，落日渭陽情。」

韻部：陽黃，陽部。

〔2〕悠悠，悠遠，聯想到因為驪姬的讒言，晉太子申生被逼自殺，申生弟重耳先後逃到蒲、狄等國，夷吾逃到屈、梁，從前 656 年重耳經蒲、狄、衛、齊、曹、宋、鄭、楚、秦，20 年後，秦穆公派軍隊護送重耳返晉。璿、瓊字異義同，赤玉。瑰，美石、美玉。玉佩，含珩璜琚瑀等，《玉藻》：古之君子必佩玉，君子比玉如德焉。

韻部：思之佩，之部。

【評論】

如《齊》《漢·趙充國辛慶忌傳傳贊》所云：「《秦詩》曰：『王于興師，修我甲兵，與子皆行。』其風聲氣俗自古而然，今之歌謠慷慨，風流猶存耳。」《詩童子問》：「讀是詩者，見其情意周至，言有盡而意無窮，良心之發，固當如是也。」《臆評》：「寥寥數言，興衰撥亂之思，生死存亡之感，無不備具。」《臆補》：「此詩為後人贈言之始」（《續修》，58/214）《通論》7「『悠悠我思』句，情意悱惻動人，往復尋味，非惟思母，兼有諸舅存亡之感。」《原始》：「詩格老當，情致纏綿，為後世送別之祖，令人想見攜手河梁時也。」《會歸》頁898「語短意長，情深境婉，悽惻中饒莊敬之象，美刺詩外之別調也。」方宗誠《說詩章義》：「節短音長，此漢、魏以後送行之詩所自出。」

權 輿

於我乎！	嗚何乎！
夏屋渠渠〔蘧〕，	曾住的廈屋又深又廣，
今也每食無餘。	如今啊，每頓飯都沒餘！
于嗟乎！	嗚嗟！
〔胡〕不承權〔權〕輿〔蘱蕩〕！〔1〕	為什麼不承繼當初？
於我乎！	嗚何乎！
每食四簋〔匦蓋〕，	當年每餐飯菜用四匦裝，
今也每食不飽。	如今啊，每餐竟填不飽肚囊！
于〔於〕嗟乎！	嗚嗟！
〔胡〕不承權輿〔蘱蕩〕！〔2〕	為什麼不承繼當初禮賢下士景象？

【詩旨】

約作於前 619 年秦康公時。《毛序》：「《權輿》，刺康公也。忘先君之舊臣與賢者，有始而無終也。」余師《詩經選》：「這首詩寫一個冷落的貴族嗟貧困，想當年。」

【校勘】

〔1〕《毛》渠渠，《魯詩》《九章‧涉江章句》引作「於嗟乎夏屋渠渠。」《魯說》《魯靈殿光賦》《七依》注引作蘧蘧，「渠渠，盛也，一作蘧蘧。」同為重言擬況詞，音義同。《毛》于嗟乎！不承權輿！《群書治要》寫本于作於，《魯》《爾雅》郭璞注作「于嗟！胡不承權輿！」晉‧郭璞注《爾雅》時，四家詩俱在，《魯故》亡於晉。案：從純文學角度論，《魯詩》作「胡不承權輿」尤能抒發情感，《通釋》：多一「胡」字，詞義更婉。《魯》優於《毛》。正字作蘿蘤。《毛》權輿，P2529 橨，俗字，《魯》《爾雅》蘿蘤。

〔2〕《毛》簋，P2529 作匭，俗字，《說文》匭匭杬匭簋字異音義同，匭古字。

【詮釋】

〔1〕權輿 quán yú，蘿蘤 quán yú，是比較寬泛的雙聲詞，當初。案：於讀如嗚，我讀若何，我 wǒ，（古）疑歌；何 hè，（古）匣歌，疑、匣鄰紐，同為歌部，我通何，《蜉蝣》「於我歸處」、「於我歸息」、「於我歸說」，《韓》《箋》「我」都作何。於我乎，即嗚何乎，嗟歎詞。於嗟、於嗟、吁嗟，嘆詞。乎，讀如胡，胡，何，為什麼。《方言》1 秦、晉凡物壯大謂嘏、夏，廈與夏同。《魯說》《招魂》注《淮南‧本經》注《通典》55 引《韓》作夏屋，大屋。一說：屋，食具。《單疏》頁 96「食禮物大具」。「猶下章始則四簋，今則不飽，皆說飲食之事，不得言屋宅也。」渠渠、蘧蘧 jūjū，高大貌。案：渠蘧懃 qín，同為群母，渠渠、蘧蘧通懃懃，言當初懃懃，前恭後倨。這是抨擊奴隸社會世俗的習慣心態。每，每每。蘿蘤 quǎn yú，初生蘆荻，權輿，始也。王肅：屋立之於先君，食則受之於今君，故居大屋而食無餘。

韻部：乎渠餘輿，魚部。

〔2〕匭匭簋 guǐ，盛黍稷或食品的內方外圓的容器。

韻部：簋飽，幽部。乎輿，魚部。

【評論】

　　蘇轍《詩集傳》:「〔秦〕穆公好賢,居之以大屋,渠渠其深廣。至於康公而遇之薄矣,食之無餘者,故曰『不承權輿』,權輿,始也。」(《四庫》,經部 70/383)明・魏浣初《詩經脈講意》「通章以『今也』二字為骨,詩意全於此處著精神,乃『無餘』、猶可,而『不飽』益甚,譏刺之意以漸而深矣。」(《存目》經部 66-67)《臆補》11 引方望溪:「秦之所以亡天下,以親奄幸、疾師儒故也。聖人編《詩》,〔《秦風》〕始於《車鄰》,終於《權輿》,蓋早之見矣。」(《續修》58/215)《詩志》2「但嗟禮意不終,感慨警動。」《通論》7「此賢者歎君禮意浸衰之意。一章先言居,再言食,即『適館』、『授餐』意。二章單承食言,由『無於』而至『不飽』,條理井然。其『每食四簋』句,承上接下,在有餘無餘之間;可以意會,初不有礙。其上一言居,下皆言食者,以食可減而居不移故也。又『夏屋渠渠』句,即藏『食有餘』在內,故是妙筆。」《原始》7「起似居、食雙題,下乃單承,側重食一面,局法變換不測。於此可悟文法化板為活之妙。」《會通》:引舊評:「低徊無限。」案:此詩下啓《齊策》馮諼《長彈鋏歌》。